《深圳文艺年鉴》编委会及编辑部成员

一、2011《深圳文艺年鉴》供稿单位

深圳市委宣传部
深圳市文体旅游局
深圳市文学艺术界联合会
深圳大学
深圳报业集团
深圳广电集团
深圳华侨城集团
深圳雅昌(企业)集团有限公司
深圳市福田区文体局
深圳市福田区文联
深圳市罗湖区文体局
深圳市罗湖区文联
深圳市南山区文体局
深圳市南山区文联
深圳市盐田区文体局
深圳市盐田区文联
深圳市宝安区文体局
深圳市宝安区文联
深圳市龙岗区文体局
深圳市龙岗区文联
深圳市文艺创作室
深圳市作家协会
深圳市戏剧家协会
深圳市影视家协会
深圳市音乐家协会
深圳市舞蹈家协会
深圳市美术家协会
深圳市摄影学会
深圳市书法家协会
深圳市曲艺家协会
深圳市杂技家协会
深圳市民间文艺家协会
深圳市文艺评论家协会
深圳国家动漫产业基地
深圳F518时尚创意园
深圳群艺馆
深圳艺术学校
深圳交响乐团
深圳粤剧团
深圳大剧院
何香凝美术馆
关山月美术馆
深圳画院
深圳美术馆

二、2011《深圳文艺年鉴》撰稿人(按文章顺序排名)

赵小燕　于爱成　周思明　李佳佳　祁　琦　梁　瑛　王光明　陈　浩
郑丽虹　张贺敏　刘悠扬　刘上江　刘　瑜　刘　琼　曾培新

三、本年鉴统计表、一览表、文艺单位、领导名录由曾培新综合整理制作。

四、本年鉴摄影除署名者外，其余均为本年鉴供稿单位、供稿人提供。

深圳文艺年鉴

深圳文艺年鉴编辑委员会　编

SHENZHEN
LITERATURE AND ART
ANNUAL REPORT
2011

深圳出版发行集团
海　天　出　版　社

图书在版编目(CIP)数据

深圳文艺年鉴. 2011 / 《深圳文艺年鉴》编辑委员会编. — 深圳 : 海天出版社，2012.1
ISBN 978-7-5507-0352-0

Ⅰ. ①深 Ⅱ. ①深 Ⅲ. ①文艺－深圳市－2011－年鉴 Ⅳ. ①I2-54

中国版本图书馆CIP数据核字(2012)第004436号

海天出版社出版发行
（深圳市彩田南路海天大厦518033）
Http://www.htph.com.cn
责任编辑：刘本玉　王　民（0755——83460097，liuby@sina.com）
责任技编：梁立新
平面设计：深圳市言文设计有限公司　设计指导：毕学锋
深圳市先域印刷有限公司印刷　海天出版社经销
2012年1月第1版　2012年1月第1次印刷
开本：787mm×1092mm　1/16　印张：14
字数：312千
印数：1－5000册
定价：38.00元

目录 CONTENTS

2010
深圳文艺

历史节点上的风华

闻毅

2010年，在深圳经济特区建立30周年的历史节点上，围绕市委、市政府的重大决策部署，深圳文艺界满怀激情、真情，以更高的艺术自觉和审美价值，以多样化的题材和风格，创新艺术形式，广泛开展各项主题突出、特色鲜明、隆重热烈的创作与展示活动，在国际、国家、全市的舞台上呈献文艺精品，充分展现深圳30年来经济、政治、文化、社会建设的喜人成就，并对深圳城市精神财富进行了梳理，大力发扬深圳精神，用艺术作品激励广大干部群众再造一个激情燃烧、干事创业的火红年代。这一年，不仅成为深圳进入“而立之年”的标志，也成为深圳文学艺术进入繁荣发展新时期的坐标。

第一篇　盛事盛会

深圳文化艺术以30年孕育发展的文脉和艺术积淀，呈现出多元、创意、活力的局面。由文艺界主办、参与的各项主题创作、展览和演出，和应时代的节奏，种类繁多，样态丰富，艺术家、文艺工作者有了新的艺术体验与创作实践，也有了更阔的视野、更高的起点。

纪念深圳经济特区建立30周年重大历史题材美术创作工程

3月16日，由深圳市委宣传部、市文体旅游局、市文联联合主办，关山月美术馆、深圳画院、深圳美术馆、市美术家协会承办的“纪念深圳经济特区建立30周年重大历史题材美术创作工程”在市博物馆3楼报告厅启动，组委会号召深圳美术家发挥艺术智慧，创作出一定数量的、具有史诗性质与重大历史题材创作相匹配的反映改革开放30年的美术作品。这是深圳经济特区建立以来，发动最广泛、美术家投入热情最高、作品最为丰富的一次重大美术创作工程，是一项政府组织的创作活动，具有要求高、重视程度高、投入资源多的特点。该工程最大的特色是“深圳人画深圳事”，以深圳美术家队伍为主体，并邀请关注深圳、具有历史画创作经验和高水平的全国画家参加，可以进行合作或集体创作。整个工程包括确定题材，完成草图，初稿评审，重点修改，签订创作协议书，验收作品，精选终评，展览，收藏等环节。

8月26日，“庆祝深圳经济特区建立30周年美术作品展”在关山月美术馆隆重开幕。深圳市领导王荣、王京生、吴以环，国家文化部艺术司司长董伟等领导，以及董小明、潘喜良、宋玉明、于长江等数十名参展画家出席了开幕仪式并参观了展览。

展览共展出深圳市30年来具有代表性的美术作品94件，共分为四部分：一是历年来涌现出的优秀作品，它们大多数已为中国美术馆、深圳各美术馆或其他美术馆收藏，这些作品经受了历史的考验，很多已经成为改革开放的历史写照和经典之作。二是深圳本地艺术家为响应此次活动创作的新品力作。作为特区发展的见证者和特区建设的实践者，本土艺术家们用艺术的形式表达对特区建设的满腔热情，真实地反映了深圳现实生活带给他们的切身感受。三是从向社会广泛征集的作品中精选出的佳作。这些作品的作者大部分是深圳本土艺术家，他们对改革开放主题满怀激情，作品既有鲜明的时代特色，又有强烈的艺术感染力，共同构成深圳经济特区30年辉煌的视觉记忆，表达特区人民对改革开放的感恩之情，也是深圳美术工作者向特区建立30周年献上的一份厚礼。四是委约国内知名艺术家新创作的优秀作品。这些艺术家有丰富的创作经验，在国家重大历史题材创作工程中都有杰出的表现，他们的创作和参与，弥补了深圳本土艺术家在部分题材上的空缺。

在艺术手法方面，涵盖了国画、油画、版画、雕塑、水彩、装置等，具有强烈的艺术创意和时代气息。在内容方面，涵盖了深圳经济特区30年来的历史进程和城市建设的重要历史事件，如改革开放总设计师邓小平在深圳视察、蛇口开山第一炮、新中国第一张股票、证券交易所、土地公开拍卖第一锤，“时间就是金钱，效率就是生命”口号的提出、反映深圳速度的国贸大厦和地王大厦、南岭村的建设、深圳文化产业的代表基地大芬村、深港两地口岸建设等；同时，也有展现深圳经济特区崭新城市风貌的题材，如：设计之都的建设、国际花园城市、滨海城市、高交会的举办、成功申办大运会、建设者的风采、深圳义工等。既有宏大叙事作品，又有动人情景的表现，每一幅作品都有独立的艺术审美价值，组成一卷笔厚墨沉、金钩银划、百态恢弘、丰赡壮阔的浩瀚大赋。

历史题材的美术创作是一项特殊、重要的创作。由中宣部、文化部、财政部主办的国家重大历史题材美术创作工程作品再现了1840年以来中国近现代史的“复兴之路”。展览于2009年9月22日在中国美术馆隆重开幕之后，在全国展开巡回展，于2010年1月在深圳展出。在这场政治性、艺术性高度统一的美术展中，只有一幅邓小平到南方视察时的绘画与深圳有关，深圳重大历史题材美术创作工程，弥补了“特区角色”的缺失，为深圳积累了宝贵的文化记录和艺术财富。本次展览，既是对深圳30年美术事业丰硕成果的一次全面检阅，也是对这座移民城市美术发展轨迹的一次独特呈现。

在深圳成功举办“庆祝深圳经济特区建立30周年美术作品展”的基础上，由中国美术界专家刘大为、安远远、陈坚、杨力舟等组成的评审团精选出50余件美术作品赴北京展出，成为“深圳文化周”系列活动的重头戏。国家文化部党组成员、中纪委驻文化部纪检组组长李洪峰，中国文联领导冯远，深圳市领导王京生等出席开幕式并剪彩。评委们对这些作品给予高度评价：时代感强，真实地反映了30年来深圳城市的变化和当下深圳的生活面貌及深圳人的精神变化。此外，作品题材丰富、形式风格多样、艺术感染力强，反映了深圳美术创作人员和美术队伍较高的创作水准。

据统计，截至10月20日，在中国美术馆参观“庆祝深圳经济特区建立30周年美术作品展”的观众达1.5万余人。观众评价，展出的作品具有很高的艺术水平，反映了深圳文化建设在不断提升，通过美展看到了深圳经济特区在中国的重要影响和作用，感受到深圳艰苦的建设历程和未来的光明前景。

中央电视台“心连心”艺术团赴深圳经济特区慰问演出

8月21日，中央电视台“心连心”艺术团在深圳市民中心举行大型文艺演出，为深圳经济特区建立30周年庆生。8月30日晚，CCTV-1播出“明天更美好——中央电视台‘心连心’艺术团赴深圳经济特区慰问演出”。此次“心连心”艺术团来深慰问演出，由中共中央政治局委员、中央书记处书记、中央宣传部部长刘云山部署，体现了党中央、国务院对深圳的重视和厚爱，带来全国人民和广大文艺工作者对深圳人民的亲切关怀和慰问，向为深圳建设作出巨大贡献的广大建设者表示崇高敬意。本场演出之前，“心连心”艺术团还在深圳渔民村和盐田港进行了两场慰问演出，这是深圳经济特区建立以来规模最大的一次大型户外公益性演出，全市十几家相关单位协同完成。3场演出观众总数共计8000人，其中仅市民中心一场演出观众约达6000人，外来务工人员占了三分之一。

王荣、许勤、白天、王穗明以及市几套班子领导观看了慰问演出，并在演出前会见了中央电视台副台长、“心连心”艺术团团长胡恩，著名词曲作者、中国音协分党组书记徐沛东一行。

该场节目共长2个多小时，由中央电视台主持人董卿、周涛、撒贝宁、张泽群主持，李雪健、黄宏、阎维文、谭晶、张也、孙悦、甘萍、汤灿、羽泉、姚贝娜、沙宝亮等全国知名的艺术家、歌手共200位演员参演，为深圳人民奉献了一场高品位的视听盛宴。演出由大合唱大歌舞《春天的故事》、《走进新时代》拉开序幕，情景短剧《命运》，小品《我是深圳人》，歌曲《大哥，你好吗》、《姐妹兄弟》、《多情东江水》、《魅力无限》、《酒向人间都是爱》贯穿了特区30年的建设成就，艺术地再现改革开放的恢弘画卷和中国特色社会主义的力量源泉。最后，以大合唱、大歌舞《走向复兴》圆满结束。

央视“心连心”艺术团在深圳慰问演出现场 ^
（石践 摄）

整场节目以深圳原创歌曲、深圳气息和现代元素三大亮点彰显“深圳特色”：一系列深圳原创歌曲成为主打，除了《春天的故事》、《走进新时代》和《走向复兴》3首歌曲之外，由田地作词、印青作曲，2010年最新深圳原创作品《南方以南》被特别安排在节目当中，饱含人们对深圳这块热土的无限深情和无比期待；两个语言类节目情景短剧《命运》和小品《我是深圳人》都以深圳的历史为切入点，展现深圳“三天一层楼”的奇迹和普通人的生活；演出还体现了深圳作为国际都会的青春时尚气息和文化包容、创新性。深圳文艺界发挥了专业优势，积极参与此次活动的创作和演出。深圳音协合唱团组成方阵，一展合唱水平；市舞协组织街舞、轮滑、滑板少年参加演出，突出青春城市气质；市剧协参与了情景剧《命运》的演出，小品《我是深圳人》由市曲协创作。

北京“深圳文化周”

10月11日至20日，为庆祝深圳经济特区建立30周年，深圳市委、市政府在北京举办了“深圳文化周”系列活动，共有三项主体活动：一是“庆祝深圳经济特区建立30周年美术展”，于10月11日上午在中国美术馆开幕；二是“庆祝深圳经济特区建立30周年大型交响音乐会”，11日晚在北京音乐厅举行；三是“深圳平面设计回顾邀请展”，12日下午在清华大学开幕。这是深圳第一次在北京举办综合性文化艺术活动，突出了深圳音乐、美术、设计等优势艺术门类。

原中共中央政治局常委、国务院副总理李岚清，深圳市领导王荣、许勤、王京生，中国音协领导徐沛东以及文化部、中央音乐学院有关负责人与千余名中外观众观看了“庆祝深圳经济特区建立30周年大型交响音乐会”。音乐会上半场由深圳原创歌曲《走进新时代》、《走向复兴》、《在灿烂阳光下》、《永远的小平》等8首曲目组成，著名花腔女高音歌唱家吴碧霞演唱了大型客家山歌主题交响曲《交响山歌·客家新韵》。下半场由青年钢琴家张昊辰和深圳交响乐团合作，主要演奏世界管弦乐经典。

出席“庆祝深圳经济特区建立30周年美术作品展”开幕式的领导与展览现场 ^

“深圳文化周”“深圳平面设计回顾邀请展”现场 ^

“深圳平面设计回顾邀请展”由三部分组成：一是“GDC平面设计在中国”重点作品回顾，展出相关80幅重点作品，回顾了深圳在“设计之都”建设方面的成就。二是庆祝深圳经济特区建立30周年海报设计邀请展，以“腾飞”、“变化”、“发展”为主题，组织、邀请港澳台及国内外著名设计师参与此次活动，并邀请全国各大院校以及港澳台著名设计师参与海报设计，优选100幅进行展览。同时开展“卅后卅”深圳30年设计邀请展，满怀希望、创想，对深圳未来30年进行设计创作。三是举办海报展与学术论坛，顶尖级设计师在这个平台上充分交流。王京生在开幕致辞中论述与评价深圳平面设计的发展成就：设计艺术已经成为深圳发展创意文化的重要组成部分，是深圳加快建设现代化国际先进城市的一张文化品牌，有力地彰显了城市不断开拓创新的文化品格。本次活动凸显了浓厚的学术色彩，建立了一个良好的平台，既展示了深圳设计艺术取得的成果，也进一步推动社会设计力量与高校设计力量的相互交流，共同拓展中国设计的美好前景。

“深圳文化周”在北京引起社会各界人

士的广泛支持、关注和参与。人民日报、新华社、光明日报，中央电视台、中央人民广播电台、北京电视台、人民网、新华网等中央和北京的主要媒体，南方日报等广东省主要媒体，以及深圳驻京媒体，对赴京深圳文化周活动做了全方位的宣传报道。

光影流存30年履迹

大型展览《改革开放总设计师邓小平》再现伟人风采 为纪念深圳经济特区建立30周年，缅怀改革开放的总设计师、深圳经济特区的倡导者邓小平，大型展览《改革开放总设计师邓小平》于8月22日邓小平诞辰106周年纪念日在深圳博物馆古代艺术馆开幕。该展由中央文献研究室、深圳市委市政府、广安市委市政府共同主办。内容包括《走出广安》、《戎马生涯》、《艰辛探索》、《非常岁月》、《开创伟业》、《小平您好》、《小平与深圳》等7个部分。其中，前6个部分以邓小平故居陈列馆基本陈列展览《我是中国人民的儿子》为主体，用大量的实物、图片、文献和多媒体，全方位、多角度地再现了小平同志伟大而传奇的一生。第7部分主要展示小平同志倡导建立深圳经济特区、两次视察深圳并发表著名的"南方谈话"的历史过程和江泽民、胡锦涛等中央领导对深圳亲切关怀的感人场景及深圳人民锐意改革开放、创造美好生活的画面。除了展览的7个部分之外，还以每天4次的频率定时播出数字电影《小平您好·风采篇》和《小平您好·情趣篇》。通过珍贵的历史影像资料，再现小平同志的风采，具有强烈的感染力。8月21日，中共中央政治局常委、国务院总理温家宝专程到深圳博物馆参观了展览并给以予高度评价。温家宝深情地说："没有小平同志，没有改革开放，就没有深圳的今天，就没有中国翻天覆地的变化。小平同志的思想和功绩将永载史册。"该展览在市博物馆展览结束后，到宝安、龙岗、光明、坪山等4个区进行了巡展，展览时间共计4个多月，共接待国内外参观者22万余人，其中包括港澳台游客18000余人，外籍游客2800余人。深圳市委、市政府组织深圳市各个机关单位、企事业团体、学校等有序参观。展览期间，参观者络绎不绝，人们从一代伟人的思想、品格、精神、风范中汲取丰富的营养，为改革开放喝彩，为科学发展鼓劲。

"聚梦——深圳经济特区30周年视觉记忆展览"于7月13日至8月底在深圳书城首展，其后进行全城巡展。展览力求体现深圳经济特区30年来的历史变迁，共展出600多张珍贵历史照片，全面展现30年沧桑巨变，充分体现了城市精神和文化内涵，让市民更加深刻地了解深圳改革发展的历史以及敢为天下先的拓荒牛精神。该展分"筑梦"、"逐梦"、"家园"、"心城"、"再出发"、"打工岁月"、"10个家庭的深圳30年记忆"、"多媒体投影专题区"、"市民优秀红段子展示专区"和"祝福深圳许愿墙"等10个部分，精选许光明、刘耀良、许业周、余海波、周顺斌、何煌友、叶伟明、韦洪兴、刘伯良、刘廷芳、赵青等130名摄影师的作品，构成多维度、多视角的视觉记忆。除了专业摄影师的影像作品，展览也收集了来自民间的影像，以构筑更为丰富、更多层次和视角的"深圳图史"。一组组照片，记录了深圳人的泪水与欢笑、痛苦与喜悦，述说着他们的心灵历程，折射出城市寥廓的身影，阐释了中国人所追求的自由、多元、富足、健康的生活，也用细腻的笔法勾勒出一座新城的独特气质和文化性格。

"深圳优秀影视海报展"是献给深圳经济特区建立30周年的一个特别展览，由市委宣传部、市文体旅游局、市文联主办，深圳报业集团、深圳广电集团、深圳出版发行集团协

“聚梦——深圳经济特区30周年视觉记忆展览”现场

“深圳优秀影视海报展”现场

“我们依然激情燃烧”专题音乐会现场

庆祝深圳经济特区建立30周年系列活动图片展作品

办，市文联文艺创作室、市影协承办。该展对深圳30年来出品的149部影视佳作进行了盘点与回顾，涵盖了电视剧、电影、政论片、纪录片、动漫、电视散文等多种影视类别，从一个侧面折射出“深圳制造”的不凡成就。当中展示了深圳第一部获奖电影《少年犯》，第一部电视剧获奖作品《爱在故乡》，第一部在全国产生重大影响的政论片《世纪行》，以及电视剧《命运》、《地上地下》、《垂直打击》、《兵锋》、《香樟树》，电影《走路上学》、《茉莉花开》、《花田喜事》，纪录片《大爱无痕》、《大爱无疆》、《好医生郭春园》，动漫电影《魔比斯环》、《风云诀》等一批精品力作。当中70%以上获得过省级以上大奖，构成一座异彩纷呈的“光影博物馆”，有助于市民对深圳影视发展历程作全面了解。

“庆祝深圳经济特区建立30周年系列活动图片展”由市委办公厅、市委宣传部、市文体旅游局、深圳报业集团共同主办，是对一年来系列庆祝活动进行再现和回眸。自10月底开始面向社会广泛征集图片，经过认真筛选，共展出110余幅生动鲜活、珍贵而富有意义的图片，分为“特区盛典”、“鹏城欢歌”、“创造奇迹”3个篇章，记录和展示了特区建立30周年系列庆祝活动的重大时刻、精彩瞬间，是一份总结性的光影篇章，为系列庆祝活动画上了圆满句号。

专题音乐会展示深圳本土原创力

12月23日晚，作为献给深圳经济特区建立30周年庆典的收官之作，由市委办公厅、市委宣传部、市文体旅游局、市文联、深圳广电集团共同主办的“我们依然激情燃烧——庆祝深圳经济特区建立30周年大型交响合唱诗歌音乐会”在深圳音乐厅隆重举行，市领导王荣、许勤、刘玉浦、白天等市几套班子领导，市老领导李灏、厉有为、秦文俊、邹尔康、李统书，深圳经济特区30年30位杰出人物代表及市民代表出席了活动。

音乐会分序曲、第一乐章《移民之城 梦与岁月同在》、第二乐章《创新之城 青春选择开垦》、第三乐章《和谐之城 阳光洒满家园》、第四乐章《感恩之城 因为一路有你》、尾声《激情依然燃烧》6个部分，共演唱歌曲26首，朗诵诗5首，所选歌曲和诗词中有30首为深圳原创，包括“创意12月”、读书月、关爱行动等品牌文化活动的主题歌，其中，诗词和歌曲《深圳依然激情燃烧》是专门为本场音乐会特别创作的新作品。音乐会以交响乐、独唱、重唱、合唱、视频及配乐诗朗诵为主要艺术表现形式，充分利用深圳交响乐团、深圳音乐厅、本土高水平合唱团队，以及富有影响力的深圳原创歌曲等优质资源，展示深圳30年来文化事业发展繁荣的可喜成果，展现社会和谐发展、文明进步的时代风貌。

“全球创意城市网络大会”暨“创意12月”

12月6日至9日，联合国教科文组织创意城市网络2010年国际大会在深圳隆重举行。大会期间，来自世界各个创意城市及各个创意领域的学者专家和知名人士，围绕设计、文学、音乐、电影、美食、民间艺术和媒体艺术等7个创意产业门类展开积极探索。这些创意产业门类，皆渗透了文学艺术元素。

联合国教科文组织创意城市网络是联合国教科文组织于2004年创立的项目，旨在把以创意和文化作为经济发展最主要元素的各个城市联合起来形成一个网络，帮助网络内各城市的政府和企业扩大国内和国际市场上多元文化产品的推广。加入创意城市网络的城市分别被授予“文学之都”、“电影之都”、“音乐之都”、“设计之都”、“媒体艺术之都”、“民间艺术之都”和“美食之都”的称号。2008年12月7日，深圳被认定为创意城市网络的第16位成员，是中国首个“设计之都”。创意城市网络大会是全球创意界的权威交流平台，自2008年始每年召开一次，此前美国圣达菲、法国里昂分别举办过一届，本次是首次在亚洲举办。联合国教科文组织大会主席戴维森·赫本，联合国教科文组织文化表达与创意产业局局长嘉里·萨乌玛·费雷德，中国联合国教科文组织全国委员会代表、教育部原副部长章新胜，深圳市领导王荣、许勤、王京生、王毅、吴以环等出席了开幕式。共有来自17个国家23个城市约500位官员、城市代表，专家学

联合国教科文组织官员与深圳市领导共同启动深圳2010年“创意12月”活动 ^

创意城市网络国际大会以变革、连接、沟通为主题展开中外创意城市对话 ^

创意城市网络国际大会和“创意12月”成为展示深圳创意文化和市民参与的平台 ^

者、企业家出席了活动。大会联合发布了《联合国教科文组织创意城市网络2010年深圳国际大会公报》，强调三个机遇：“创意经济的内容转型；增强社区之间的联系；成员城市之间更好的互动”。深圳“文化＋科技”产业发展模式被写进公报。本届大会具有参与广泛、主题鲜明、形式多样、内容丰富、志愿者和新闻媒体工作出色、凝聚共识等五大特点。

与创意城市网络国际大会开幕同日，深圳第六届“创意12月”启动。本届创意12月系列活动共55项，由市委宣传部、市文体旅游局、市文联总主办的项目有26个，创意舞蹈大赛、创意剧场、创意书法展、客家文化节、DV大赛、深港设计邀请展等涵盖各艺术门类，由各区、各协会、各行业主办项目共29个项目，艺术与创意互为载体，互为内容，成为城市的有机组成部分。王京生论及“创意12月”的意义时评道：本届的活动特别丰富，在档次上有了进一步的提升，更具国际化，一系列活动与深圳的城市发展战略目标、“十二五”规划，与深圳的科学发展、经济发展方式的转变都是相契合的。“创意12月”不仅是文化活动，也是经济活动，并具有政治意义，已成为推动城市向前发展的一个很重要的创新载体。

《深圳十大观念》汇聚30年观念创新成果

8月1日，一名网友发表一篇题为《来深十八年，再回忆那些曾令我热血沸腾的口号》的帖子，引起了网友们的广泛关注。缘此，深圳报业集团在8月20日启动了“深圳最有影响力的十大观念”评选活动，并成为纪念特区建立30周年系列活动之一。在广大市民的积极参与响应下，十大观念评选活动逐步推进。截至11月6日晚24时，深圳新闻网上十大观念评选的投票页面浏览量256,815人次，参与投票6600人次。经网络评选和专家评委会各50%权重的投票评选，11月8日，评选结果出炉。“时间就是金钱，效率就是生命”；“空谈误国，实干兴邦”；“敢为天下先”；“改革创新是深圳的根，深圳的魂”；“让城市因热爱读书而受人尊重”；“鼓励创新，宽容失败”；“实现市民文化权利”；“送人玫瑰，手有余香”；“深圳，与世界没有距离”；“来了，就是深圳人”成为“深圳最有影响力十大观念”。其后，一部汇聚深圳改革开放30年观念创新成果的新书《深圳十大观念》由深圳报业集团出版社正式出版发行。该书由广东省委常委、深圳市委书记王荣作序，深圳市委常委、宣传部长王京生主编。为了深入挖掘“深圳十大观念”的内涵与意义，该书将每条观念分为故事与对话两部分进行解读：故事部分对观念产生的背景、经过、影响进行了深入系统的挖掘整理；对话部分邀请10位国内经济、历史、文化、社会学界著名学者就每条观念进行深入解读与阐述。该书是对深圳经济特区30年观念史、思想史的梳理和探讨，具有文献价值与学术价值。

《深圳十大观念》书影

文艺界4人上榜“深圳30年30位杰出人物”

为弘扬特区精神，全市纪念深圳经济特区建立30周年活动组委会在全市开展了“深圳经济特区30年30位杰出人物”和“深圳经济特区30年100件大事”评选活动。其中杰出人物分杰出创业人物10人，杰出创新人物10人，杰出模范人物10人。

本次评选活动历经4个月，共收到网络投票950.5万张，纸质投票176.7万张，手机投票2.8万张，总投票数1130多万张。评审组专家根据公众支持率、专家支持率加权相加后的总支持率排名，最终评出30位“杰出人物”。9月2日，活动组委会正式公布“特区30年30位杰出人物”名单，深圳文艺界4人榜上有名，其中，著名词作家蒋开儒荣获“杰出创新人物”；市义工联艺术团原团长丛飞（已去世），深圳经济特区报徐华工作室主任、作家徐华，深圳艺术学校教授但昭义荣获“杰出模范人物”。这些杰出人物是深圳建立特区30年来勇于开拓、锐意创新、艰苦创业、道德高尚的代表。30位杰出人物和重大事件所体现的时代精神，是深圳人民的骄傲，也是社会主义核心价值体系和深圳精神教育最生动、最直接的教材。

从左到右：蒋开儒、丛飞、徐华、但昭义

第二篇 精品创作

文学工程、音乐工程、影视工程是根据深圳社会经济和文化发展需要而实施的文艺精品生产示范工程。以此为龙头，各艺术门类力争上游，通过选题规划、创作生产、宣传推介等环节，全市文艺精品生产呈现良好发展势头，涌现出一批具有浓郁地方特色和强烈时代精神、在全国具有影响力和有竞争力的优秀作品。

音乐工程持续发力

启动于2009年3月的音乐工程以“聚人气，揽人才，重原创，出大作，铸品牌”为目标方向，着力将深圳建设成为中国原创音乐的大本营，打造流行音乐风向标，扩大全国影响力。2010年，深圳音乐在特区30岁生日的“纪念簿”上谱写了激情四溢的音符。设立在各区的知名音乐家工作室不懈地发力，印青、王晓峰、王佑贵等名家与深圳本土音乐人通力合作，多首歌曲成为本年度音乐工程重要成果；姚峰、田地、唐跃生等本土资深词曲作家再绽新花；陈磊、陈昕、金科等年轻音乐人纷纷拿出新作，周笔畅、陈楚生、刘惜君等从深圳走向全国的知名歌手发展态势良好。在本年度多项重大活动中，如在央视“心连心”慰问演出和北京“深圳文化周”中，深圳原创音乐都大显身手，向全国观众展现了自身实力。

深圳原创歌曲参评“唱响中国” 为向中国共产党成立90周年隆重献礼，由中央电视台主办，中央人民广播电台、中国音乐家协会、中国艺术研究院协办的“唱响中国——群众最喜爱的新创作歌曲征集评选活动”于7月15日启动，旨在推出一批老百姓爱唱易唱的新歌、好歌。此次活动具有五大特点：一是规格高、规模大，创下新中国成立以来历史之最。二是全覆盖、零门槛，征集对象全覆盖，专业词曲作家和业余词曲作者都可投稿参评；参评者直接向组委会投稿，不须层层筛选，参评作品直达终端，保证评选标准的统一，也降低了评选成本。三是先推介、再评选。初评出30首入围作品，进行重新编配，由知名歌唱家演唱录音，并拍成MV在全国电视和广播媒体密集播放。通过先期推介，让群众对参评歌曲有了一定的认知度，提高了评选结果的准确性，同时也扩大了活动的影响力、增加了歌曲的传播度。四是群众和专家共同评选。除网上投票外，首次在全国采用随机抽取的群众评委参与打分，使评选更加公平公正。五是后续传唱推广力度大。按照中宣部的部署，评选结束后，中央电视台、中央人民广播电台和各省区市电视台、广播电台，把进入终评30首歌曲的宣传推介工作和10首获奖歌曲的推广普及作为2011年的一项重点工作，在重点栏目、重要时段反复播出，强力推介，使这些优秀歌曲作品广泛流传，真正传开、唱响。

以音乐工程为抓手，在市委宣传部的领导和协调下，全市宣传文化系统各单位及各区、音乐界广泛开展重点歌曲创作，其中，《走向复兴》、《迎风飘扬的旗》、《南方以南》被报送参评“唱响中国”征歌活动。

儒家交响乐《人文颂》文学本完成出版 经过3年的筹备，由王京生创意并担任总策划、韩望喜执笔的大型儒家文化交响乐《人文颂》的文学本于8月由人民出版社出版发行，受到专家读者广泛赞扬。由中国一流音乐ww《人文颂》是深圳音乐工程的重点项目之一，由深圳创作《人文颂》体现了深圳的文化自觉。韩望喜阐述中华传统文化的精髓：一是和谐是其最高价值标准；二是以“仁爱”、“中和”的道德精神为其底蕴；三是以“诚”作为贯通天地人心之最高道德原则，是中华文化精神的核心价值；四是特别强调人的主体性、自觉性，讲究“以德配天”；五是精神家园是生命的归依和指向。中华文化培养出来的人有大人格，有使命感、责任感；六是君子人格包括“知、仁、勇”，知者不惑，仁者不忧，勇者不惧，最终步入小康与大同的理想社会。《人文颂》的立意是要站在时代的高度，以现代理念去阐述儒家文化，取其精华，去其糟粕，赋予其新的意义，使之与当代社会相适应、与现代文明相协调。中华文化是中华民族认同的精神纽带，也是张扬国家文化主权的重要载体。创作大型儒家文化交响乐《人文颂》，不是单纯对儒家文化的一个简单的音乐表达，而是从国家战略的高度，考虑中华民族的文化认同和中国文化走向世界的问题。这也应是深圳在优秀传统文化复兴进程中的努力方向。

2010年度音乐工程十佳金曲、鹏城歌飞扬十佳金曲颁奖 由市委宣传部、市文体旅游局、市文联和深圳广电集团主办，深圳电台飞扬971频率和深圳音协承办的音乐工程暨鹏城歌飞扬2010年度评选结果于年底出炉并在深圳音乐厅举行颁奖典礼。现场颁发了2010年度音乐工程十佳金曲、鹏城歌飞扬十佳金曲及系列单项奖。

获得音乐工程2010年度十佳金曲的是:《谢谢你》(作词: 唐跃生、岳世果, 作曲: 方石、张刚、张平, 演唱: 曹芙嘉);《纸上的新娘》(作词: 熊红, 作曲: 李戈, 演唱: 曹芙嘉、周强);《我和春天有个约》(词曲: 何沐阳, 演唱: 徐千雅);《迎风飘扬的旗》(作词: 唐跃生, 作曲: 姚峰, 演唱: 解放军武警文工团男声合唱团);《我在这里》(作词: 韩葆, 作曲: 王晓峰, 演唱: 李宇春);《南方以南》(作词: 田地, 作曲: 印青, 演唱: 汤子星);《劝孝歌》(传统山歌词, 作曲: 王宁, 演唱: 吴碧霞);《圆梦的地方》(作词: 熊红, 作曲: 王晓峰, 演唱: 窦鹏);《回家》(作词: 萨瓦、戴有斌, 作曲: 巫定定, 演唱: 阚立文);《落叶的歌唱》(作词: 赖房千, 作曲: 孟庆云, 演唱: 王莉)。

获得鹏城歌飞扬2010年度十佳金曲的是:《一切不是偶然》（作词、作曲、演唱：金科）；《南方以南》（作词：田地，作曲：印青，演唱：汤子星）；《思念》（作词、作曲、演唱：金科）；《我很快乐》（作词、作曲：祈合；演唱：刘惜君）；《谢谢你》（作词：唐跃生、岳世果，作曲：方石、张刚、张平，演唱：曹芙嘉）；《会飞的鱼》（作词、作曲：积木鱼，演唱：陈昕）；《爱没有屋》（作词、作曲、演唱：唐磊）；《那夜的雨》（作词：陈道斌，作曲：董建利，演唱：原琳琳）；《西海情歌》作词、作曲：刀郎，演唱：玉萨）；《浮光》（作词：王海涛，作曲：张楠，演唱：陈楚生）。

获得系列单项奖的是: 年度最佳男歌手: 阿海, 年度最佳女歌手: 原琳琳; 年度最佳新人奖: 潇峰; 年度最佳作词奖: 金科《一切不是偶然》; 年度最佳作曲奖: 祈合《我很快乐》; 年度最佳唱作人: 叶尔波利; 年度最佳制作人: 积木鱼组合; 年度原创推动大奖: 梅沙原创音乐基地、丽音国际、翔歌文化、本色音乐。

获得“十佳”的歌曲分别来自 9 个不同的选送单位，除了市委宣传部、市文体旅游局、市文联和市广电集团等市级宣传文化部门与群团组织外，罗湖、福田、宝安、龙岗、盐田等基层均有歌曲入选，具有广泛的代表性，显示了音乐工程的热力渗透到了深圳的各个角落。

两项十佳金曲由金兆钧、王晓峰、刘卓辉等著名乐评人和音乐人组成的评委会从全年1000多首深圳本土原创音乐中评选出来，《南方以南》、《谢谢你》等主旋律新歌立意高远、姿态亲和；《我很快乐》、《浮光》等流行金曲节奏轻松明快；《一切不是偶然》、《爱没有屋》等关注现实生活，唱出了人们心声；《西海情歌》、《那夜的雨》等具有流行音乐的欣赏价值；《会飞的鱼》、《思念》等发挥编曲配器的力量，令音乐的织体更加饱满。在深圳本土歌坛打拼多年的实力派歌手阿海和原琳琳分别摘得冠以“歌王”、“歌后”之称的最佳男、女歌手奖。他们各自坎坷的音乐追梦经历激励着更多音乐人前行。本届颁奖典礼以“让音乐回归现场”为主题，表达本届音乐工程暨鹏城歌飞扬颁奖典礼的理念——音乐比奖杯更重要。整台典礼充满创意：第一次大规模使用现场乐队的形式演绎获奖歌曲；第一次在颁奖现场展示获奖音乐人的“老照片”；第一次邀请北京调音师调控声音效果等。这些特别环节的加入令现场的音乐味道更加醇厚，有评论家形容为这是“一场以音乐的名义举行的深圳原创音乐人欢乐大聚会”。颁奖典礼由深圳电台飞扬971协同“全国音乐广播协作网”22家城市电台进行了直播，深圳卫视和娱乐频道播出典礼实况。

“深圳放歌”征选“城市之歌” 为了颂扬改革开放的历史功勋，讴歌壮美的伟大时代，福田区委、区政府与深圳经济特区报自3月8日起联合举办“深圳放歌”纪念深圳经济特区建立30周年征歌活动，面向国内外广泛征集以普通人的朴素视角和情感体验来传递城市之魂的歌词精品，旨在选拔出足以代表改革开放窗口形象的“城市之歌”。

征集时间历经100多天，共收到2400多首带着情感热度的歌词，掀起一股“为城市写歌，为深圳歌唱”的热潮。征集到的作品有一半以上来自深圳以外的内地各省市，显示了征歌活动的影响扩展到全国。投稿的歌词缤纷多彩，从不同视角、不同侧面描摹广大作者心中的深圳形象，涉及深圳城市风貌和都市生活的方方面面。

经过专家评委的3轮遴选和评定，8月16日，征歌活动结果正式揭晓。在2000多首应征歌词中，深圳本土词作家田地创作的《南方以南》荣获一等奖，被作为唱响“深圳之声”、讴歌改革风云的重点歌曲进行包装打造。金科的《青春之城》和何沐阳的《深圳爱人》获二等奖。词作家苏拉的《日月星城》、唐跃生的《深圳之心》和业余词作者王明亮的《早安，深圳》分获三等奖。熊红《圆梦的地方》、晓帆《东门老街》等10首来稿歌词荣获本次征歌活动的优秀奖。评委尹昌龙评论，此次获奖歌词的水准非常齐整，无论是来稿数量还是质量都创造了深圳类似活动的新高度，既体现了活动本身的号召力，也反映出深圳这座城市本身的魅力。

主办方将征歌活动中评论员选出来的近200首优秀歌曲由深圳报业集团出版社结集出版，部分获奖作品邀请国内著名作曲家谱曲，还多渠道并用推介重点歌曲。

《交响山歌·客家新韵》交响音乐会在京首演 由罗湖区携手深圳交响乐团倾力打造的《交响山歌·客家新韵》于4月14日晚在国家大剧院举行首场演出，成为“第二届中国交响乐之春”一个亮点，也成为进入国家大剧院的又一部深圳力作。该作品取材于客家民间音乐和客家山歌，以交响乐艺术及现代作曲技术，构建成一部优美抒情、古朴清新、气势恢宏、新颖独特的当代交响合唱作品。由作曲家王宁作曲，由指挥家张国勇指挥深圳交响乐团、合唱团以及深圳高级中学合唱团联袂奏唱，女高音歌唱家吴碧霞等加盟演出。《交响山歌》以其浓郁的客家风韵、深邃的情感内涵和磅礴的气势,深深地打动了到场的北京及各地的众多音乐界、艺术界专家领导和观众。吴祖强、王世光、王一宁等专家对此给予高度评价，认为这部作品“把交响音乐的概念，与山歌的特点融合到一起。”“这种大俗大雅的结合，本身就是文艺作品追求的境界。”“《客家新韵》进入国家大剧院，说明交响山歌已经步入高雅艺术行列，成为交响乐家族的一个新成员。”

《交响山歌·客家新韵》的成功来自它的创新性和艺术含量。客家山歌艺术与交响乐的直接对接，高雅音乐与民俗音乐交相辉映，历史与当代、西洋与本土在这里圆满地融合。客家风情重现于交响乐中，交响乐也因此找到了一条新的表现路径。

《深圳的声音》本土歌曲专辑出版 10月31日，由深圳国家音乐创意产业基地制作、上海新汇文化娱乐集团出版发行的《深圳的声音》专辑首发式在在大梅沙国家音乐创意产业基地举行。专辑汇聚金科、塔列、钟斌、梁颖、吴强、一晨、韩承东、尚品、小勇、小杜专等10名深圳音乐人的《光明》、《命运》、《回归》、《大风歌》、《生命》等10首原创歌曲代表作，歌曲充满对人生的思索、对梦想的追问、对城市的热爱，被称为“代表深圳原创音乐的最强力量和未来的希望”。这是2010年深圳音乐工程的重要组成部分，也是深圳国家音乐创意产业基地本年度的最新成果，同时是深圳、上海两个国家级音乐基地首次合作的一个项目。

钢琴艺术教育再出成果 1月，古静丹参加在日本举行的第十一届亚洲肖邦国际钢琴比赛，荣获派遣组金奖。古静丹是本组年龄最小的选手，决赛中，她以精妙的配合与出色的音乐表现力获得金奖，并以陪审团全票（15票）赞成得到派遣参加第十六届波兰华沙肖邦国际比赛的资格。

2月10日，第四届中新国际音乐比赛在新加坡维多利亚剧院落下帷幕，陈颖君荣获公开组第一名和肖邦作品组第一名。4月22日至30日，第20届巴莱特国际青少年钢琴比赛在意大利巴莱特举行，共有来自世界各国的100多名选手参赛，黄杞莹荣获四手联弹A组第一名、独奏B组第一名，赵忻宜荣获独奏D组第一名，许宁舒、赵忻宜荣获四手联弹C组第一名，许宇舒荣获独奏E组第一名、高级组第二名及莫扎特最佳演奏奖、“Alfredo Casella”特别奖。在2010维也纳国际钢琴比赛中，康楠获得A组第二名；在第十九届西班牙伊比萨国际钢琴比赛中，黄英伦、黄泽宇分别获得评委特别荣誉奖和少年组第三名。

央视展播歌曲《走向复兴》 ^

《走向复兴》曲作家印青（左）、词作家李维福（右） ^

央视展播歌曲《迎风飘扬的旗》 ^

《迎风飘扬的旗》曲作家姚峰（上）、词作家唐跃生（下）

《人文颂》文学本

2010年度音乐工程十佳金曲、鹏城歌飞扬十佳金曲颁奖现场 ^

《交响山歌·客家新韵》在国家大剧院演出现场 ^

《深圳的声音》歌曲专辑 ^

影视工程合力形成“深圳现象”

深圳影视工程除了宣传文化部门的努力，也重视发挥民营影视企业的作用。深圳影视作品创作的主力军是民营影视机构。2010年，市领导要求影视工程面向社会开放，面向全国人才开放，动员各种力量参与精品创作；大力支持优秀民营机构，采取行之有效的手段，对优秀作品给予政策扶持、奖励和宣传推广；市委宣传部、市文体旅游局、市文联、各区积极发现、扶持和推进民营影视机构的创作，群策群力共求发展，逐步建立多元化投融资与多元化合作机制，形成“深圳现象”。本年度，共有6部深圳出品的电视剧在央视播出。

电视剧《命运》抒写改革史诗 4月11日，由深圳市委宣传部、深圳广电集团联合出品的电视连续剧《命运》在中央电视台八套首播。这是作为献给深圳经济特区建立30周年的贺礼。首播当晚，深圳市5000多台公交车、10000多个电视终端，地铁1号线的所有电视终端以及2000多个楼宇、电梯中的电视终端都转播央视信号，同步播出电视剧《命运》的第一集，形成全城市民同步观看的热潮。

《命运》的策划起源于2006年，从剧本创作到最终拍摄完成的4年里，该剧始终得到深圳市委、市政府领导的高度重视，前后3位市委书记李鸿忠、刘玉浦、王荣和其它市领导都把《命运》的创作和拍摄作为深圳感恩改革开放、弘扬特区精神、再创新的辉煌的一项重要工作予以大力支持，先后多次过问该剧的创作和拍摄，对该剧的创作原则和思路等提出了许多指导意见。

《命运》由王京生担任总策划，王茂亮担任出品人，段亚兵担任总协调，陈君聪、张合运担任总监制，由李雪健主演，孟凡耀和徐奔奔担纲总制片人，李舒、姜峰担任导演。该剧改编自陆天明同名小说，以恢弘的气势、感人的细节、浓墨重彩地描绘了深圳建立特区、“杀出一条血路”的艰难历程，展示了中国的命运、深圳的命运以及改革者和普通人的不同命运。百万基建工程兵奔赴深圳、蛇口响起开山第一炮、三天一层楼缔造“深圳速度”、中国土地拍卖落下第一槌等改革开放30年的一个个经典事件，以艺术形式在屏幕上再现。

4月14日和4月25日，《命运》专题研讨会先后在深圳和北京举行，中国作协主席团委员张胜友，重大革命历史题材影视创作领导小组副组长李准，国家广电总局宣传管理司副司长王丹彦，中央电视台原台长杨伟光，中国文联原副主席仲呈祥、该剧主创人员以及深圳宣传文化系统有关领导、专家、深圳观众代表共聚一堂，分享《命运》的创作心得，畅谈观剧体会，分析该剧蕴含的时代精神。与会者评论，该剧“是一个里程碑式的标志性作品。”“不仅仅是贴近现实，反映深圳历史的作品，还有深厚的文化韵味，包含了对历史的反思和对中华民族未来的思考。”“在中国当代电视剧史上占一席重要的位置，具有独特的历史价值、文化价值和审美价值，是中华民族当代精神史的一个艺术范本。”王京生评论，“深圳人看到的不仅仅是《命运》剧中人物的精彩表演和跌宕起伏的故事情节，比这更吸引人的是电视剧激起了大家对特区历史和深圳精神的深深思考。”“站在深圳经济特区‘三十而立’的历史节点上，深圳人怀着对改革开放先驱的怀念和崇敬之情重温《命运》的华彩篇章，就是为了传承特区精神，再次激起干事创业的激情，继往开来，在未来建设中做出新的更大贡献。”

电影《走路上学》连获国际电影大奖 由深圳市委宣传部、福田区委宣传部、区文化局和新经典广告制片厂联合摄制，彭家煌、彭臣兄弟执导的电影《走路上学》于9月24日朝鲜第12届平壤国际电影节和10月10日英国第二届万像国际华语电影节上分别获得“最佳影片奖”和“最佳剧本奖”。平壤国际电影节从1987年开始每两年举办一次，是朝鲜唯一的国际电影节。本次平壤电影节云集了来自德国、法国、俄罗斯、日本等电影艺术家的最新作品，朝鲜副总理姜能寿为《走路上学》宣读颁奖词与颁奖，并接见了导演彭臣，还勉励彭家兄弟“多拍关注现实的作品，争取为世界人民创作更多精品。”万像国际华语电影节是欧洲最大的华语电影节，由英国万像China Image文化有限公司和中国电影海外推广有限公司联合主办，始创于2009年，每年举办一届，以推展和传播中国电影文化为主旨，提升中国电影的国际影响力。本届电影节以“中国现代艺术影片”及“现代主流影片”为主题，近20部中国影片参展。

《走路上学》根据真人真事改编。讲述了生活在云南怒江边上的小姐弟俩每天溜索过江上学，姐姐不幸坠江身亡。春暖花开季节，“爱心桥”在社会各界的爱心捐助下顺利建成，弟弟终于得以第一次走路上学。该片具有人文情怀、人文精神和人文追求，思想性和艺术性俱佳，体现了一种关爱他人、悲天悯人、艰苦奋斗、扶危济困的精神。为了让更多人观赏到这部影片，2010年，《走路上学》创造性地采用“先看电影后付款+爱心捐赠”的“爱心观影”的模式，观众可先看电影后付款，不满意可不付款，部分电影票款用于捐建云南怒江“爱心桥”，帮助“溜索上学”的少数民族孩子实现走路上学的梦想。“爱心观影”于7月10日登上暑期档，从9月份起在全市中小学校全面铺开。这种模式属于全国首创，不仅是“先观影后付钱”，其外延是与孩子的德育教育以及公益捐助相联系。

《春暖南粤》荣获全国第二届农村题材优秀电视剧一等奖 由中国电视艺术家协会主办的全国第二届农村题材优秀电视剧评奖结果于11月中旬揭晓，深圳市委宣传部、市广播电影电视局、华夏英杰墨宝园联合摄制的电视连续剧《春暖南粤》荣获一等奖。该片是由深圳原创并投资拍摄的第一部农村题材长篇电视连续剧，反映了中国南方农村，尤其是领中国改革开放风气之先的南粤大地在发展中的矛盾裂变和时代变迁，填补了近年南方农村题材电视剧的空白。

《春暖南粤》2009年12月22日在央视电视剧频道首播，受到广大电视观众的喜爱，收视份额19.75%；2010年4月荣获2009年度广东省广播电视节目奖，5月21日央视再度安排重播，从9月13日起，在广东电视台公共频道《黄金剧场》栏目每天两集播出。

文艺界、理论界、新闻媒体对该剧进行了深入的报道和解读。《人民日报》、《学习时报》分别发表评论文章《南粤大地报春花》、《在矛盾冲突中铸造改革精魂》，认为该剧是一部反映中国南方农村，尤其是领中国改革开放风气之先的南粤大地在改革发展中矛盾裂变的电视连续剧佳作。作品以其鲜明的时代特征和跌宕起伏的故事情节，赢得了观众的喜爱，是一部三性统一的艺术佳作。9月12日，深圳市委宣传部、市文体旅游局举行新闻发布会，市文联领导、影视协会专家、理论研究学者、中央及地方有关媒体负责人、电视剧主人公原型的汕尾代表、电视剧主创人员及主要演员进行座谈。

《春暖南粤》是一部名副其实的深圳原创。片名由叶选平题写，深圳本土实业家、广东省影视节目制作行业协会副会长陈慧群担任制片人兼编剧，导演沈燕林、女主角于小慧都是深圳人。陈慧群阐述创作初衷时说，深圳是领改革开放风气之先的城市，我们既要“表达深圳”，也要有“深圳表达”。《春暖南粤》记录了改革开放以来南粤乃至中国整个农村生活的变化，这种“情感编年史”式的记录正是现代都市深圳一种别样的“深圳表达”。为了把这部电视剧打造成精品，剧组还特别聘请作曲家印青和肖白分别参与该剧主题歌与全剧音乐的创作，并用高清设备拍摄制作完成，为该剧的成功奠定了扎实的基础。

电视剧《兵峰》被誉为“中国士兵的又一座精神高峰” 由深圳作家邓一光编剧，深圳市委宣传部、深圳广电集团、广州军区政治部宣传部联合制作的电视连续剧《兵峰》于7月29日在央视八套首播。该剧筹备6年，90%以上戏份在海拔4600米以上的雪线拍摄，环境恶劣，一波三折。导演刘岩称这是中国拍摄最艰难的电视剧。《兵峰》讲述了一位上尉军官带着一个特殊的“兄弟班”，在与上级失去联系的6天中，历经各种艰难险阻，最后回到大部队营地的过程。强烈的戏剧冲突，极致的人物命运，复杂的人物关系，交织成一场雪域高原惊心动魄的英雄故事。

该剧开播后获得了观众好评。8月1日和9日，《兵峰》剧组分别在北京和深圳两地先后举行研讨会，与会专家对该剧的主题精神、审美意义、美学表达等方面进行了热烈的讨论，认为该剧表现出不同于以往军旅题材的创作模式，通过全新的演绎和独特的定位，塑造了边防军人的灵魂，即崇高的牺牲精神和奉献精神，并在戏剧结构、叙事方式等方面都有极其创新的意义，是“中国士兵的又一座精神高峰”，这种“兵峰精神”的核心价值与特区精神是一致的。该剧是军旅题材电视剧创作一个重要的收获，也是全国电视剧创作特别的收获，是献给建军节的一份厚礼。

《家有爹娘Ⅱ》、《和空姐一起的日子》、《天地民心》央视播出 3月26日，《和空姐一起的日子》（出品人：王茂亮、崔晓文）在中央电视台电视剧频道首播，4月19日在深圳卫视《红树林剧场》强档推出。该剧改编自作家三十的网络小说《和空姐同居的日子》，讲述一位深圳白领与空姐的纯爱生活。这是一部全程在深圳拍摄的剧目，播出时采用与网络联动模式，在央视播出后，门户网站新浪网随即上载，形成立体的播出平台，增加收视。

5月20日，《家有爹娘Ⅱ》（总策划：杨伟光、王茂亮；出品人：王茂亮、徐生恒、络结霞）在央视八套黄金档首播。该剧以贴近百姓生活、反映当下社会现状，普通人婚姻状况和家庭情感的现实生活为出发点，通过价值观念与生活背景迥异的两代人对生活各自不同的态度，将戏剧矛盾集中在老年人梦想要孙子，年轻夫妇与老年人教育孩子上的矛盾，以及中年人再婚等极具社会代表性的话题上，具有现实意义。

7月3日，由编剧朱秀海、制片人孟凡耀联合深圳广电集团深广传媒公司、北京华晟泰通传媒投资有限公司等共同打造的40集历史大戏《天地民心》在央视八套晚间黄金时段首播。该剧主人公祁隽藻是清代著名文人，经历四朝皇帝，为三位皇帝做过老师。在他身上体现了中国古代文人的一种正气和风骨，其终生理想是：致君尧舜，使民小康。全剧着力刻画一位

电视剧《命运》、《春暖南粤》、《兵峰》、《家有爹娘Ⅱ》

《和空姐一起的日子》、《天地民心》在央视播出

《走路上学》主创

《寻找少校》海报

忧国忧民，为民请命、鞠躬尽瘁的好官。作为一个文人、士大夫，祁隽藻为自己的政治理念付出了生命、爱情、亲情和财富，他更看重的是“道”，这个“道”，正是天下良臣和文人志士们所共同追求的“道”，是“天地民心”。该片以现代人的视角、眼光和审美价值取向，通过祁隽藻的形象塑造，给观众提供了一个生动、真实而又带有理想主义色彩的古代政治家的形象，在强调以民为本，构建和谐社会的当今，具有强烈的现实意义。

纪录片《寻找少校》获国际民间影像节“最佳人气大奖” 10月16日，由中国西部文化产业博览会执委会、中国广播电视协会主办的首届“中国·西安国际民间影像节”颁奖晚会在西安举行，由深圳市越众影视有限公司出品的《寻找少校》荣获“最佳人气大奖”，并获奖金1万美元。

首届西安国际民间影像节以“民间叙事影像世界”为主题，以“国际”与“民间”为两大核心词，于3月底在北京启动，要求参赛作品具有平民化叙事风格，大赛共设置纪事、动漫、旅游、新闻、文艺、家庭等8类奖项，及6个单项大奖。活动共征集到海内外参赛作品2963部，累计时长达10万分钟。经过两轮评审，最终有120部作品进入获奖单元。

文学工程进入收官阶段

2006年，中国作家协会和深圳市委联合启动实施改革开放30周年文学创作工程，围绕出导向、出精品、出人才、出机制的目标，4年来，共有4批深圳重点题材项目签约。在文学工程的旗帜下，主流文学、都市文学、打工文学、青春文学、网络文学等集结成为一支可称为“深军”的文学队伍，在社会环境与文学环境的合力之下，以旺盛的创作活力，以充满时代感与丰富性的作品，呈现出多元共生、开花结果的可喜景观，推出一批反映改革开放、思想性艺术性俱佳的优秀作品。根据文学工程5

年规划，2010年开始进入收官阶段。

杨黎光、杨争光、王十月等作家获国家级文学奖 9月3日，由中国报告文学学会主办的“石花杯”第四届徐迟报告文学奖评奖活动揭晓结果，杨黎光的《中山路》荣获大奖。评论家傅溪鹏评论：“杨黎光的《中山路》是本次获奖作品中极富特点的一部，是一部大作品：大题材、大背景、大事件、大人物，作者以大气魄、大境界、大手笔完成了这部厚重大气之作。中山路寄托着中华民族对中山先生无限的爱戴和敬仰之情。杨黎光在感受幸福的同时，把现实生活中的中山路和一种主义、一条路线做了一次跨越时空的对接，把旧民主主义革命、新民主主义革命、社会主义革命以及中国特色的社会主义一百年间几代人的艰难探索做了一次理性的梳理和形象的总结。这就是长篇报告文学《中山路》的深刻所在。”杨黎光曾三次蝉联鲁迅文学奖的报告文学奖项和首届徐迟报告文学奖，这是他第二次荣获徐迟报告文学奖。

10月19日，第五届鲁迅文学奖获奖名单公布，深圳改革开放30周年文学创作工程项目签约作家王十月的中篇小说《国家订单》荣获“中篇小说奖”。第五届鲁迅文学奖对获奖作品《国家订单》的评语是：“作为一位从工人中走出来的作家，王十月对于全球化背景下中国企业中不同身份人们的复杂境遇有着深切的体会和理解。他的《国家订单》在危机与生存的紧张叙述中烛照人心，求证个体的权利、梦想与社会的和谐、发展，体现了公正、准确地把握时代生活的能力。”

由市文艺创作室专业作家杨争光创作的长篇小说《少年张冲六章》在《人民文学》杂志2010年第3期发表后，由作家出版社推出单行本。4月6日，由中国作协创研部、作家出版社、人民文学杂志社、深圳市文联主办，深圳市作协、深圳重点题材创作办公室承办的《少年张冲六章》作品研讨会在北京举行。何建明、李敬泽、胡平、雷达等专家学者对作品的表现主题、人物塑造以及叙事方式等进行了深入探讨。与会专家认为这部小说提出了尖锐、沉重的社会问题，忧思深远，是部敢于承担现实和艺术双重使命的小说。该作品在社会上引起反响，荣获2010年度的“茅台杯”人民文学长篇小说奖及2010年深圳十佳好书之一。

7位青年作家7部作品获“首届广东省青年文学奖” 9月6日，由广东省作家协会主办的首届“广东省青年文学奖”在东莞举行颁奖典礼，全省共有35部（篇）涵盖小说、诗歌、散文、报告文学、儿童文学等八大种类的优秀作品获奖。深圳文学再度领跑全省各市，共有7人7部（篇）作品获奖：分别是厚圃的长篇小说《结发》、王顺健的中篇小说《四十岁出门远游》、吴君的短篇小说《陈俊生大道》、曾楚桥的短篇小说《幸福咒》、秦锦屏的散文《女子女子，你转过来》、旧海棠的诗集《平原上的细雨》、于爱成的文学评论《现代城市经验与文学书写》。

中篇小说《四十岁出门远游》通过对一个抱病父亲的长期护理，展示一家人的角色转化和人情世态，颂扬母亲的传统美德和美好心灵；短篇小说《陈俊生大道》原发在《上海文学》2008年4期，入选《小说月报》5期，文中的陈俊生是个清高自负、心怀梦想的打工仔，为隐私和梦想饱受煎熬，寻找精神出路的征程中他不断挫败；短篇小说《幸福咒》讲述的是一个荒诞不经的故事；散文《女子女子，你转过来》描述了故乡的风土人情，字里行间有着对女性命运的深切关怀和热切期待；《平原上的细雨》诉说了游子怀乡思乡情怀；文学评论《现代城市经验与文学书写》采用文化研究、城市学、叙事学等文化、文学理论，对现代性与中国现当代城市文学的关系作了较为明晰的梳理。深圳作家在首届广东省青年文学奖的成果，再次为“深圳文学创作占广东

‘半壁江山’”的评价作出有力的注脚。

此外，在9月26日《北京文学》创刊60周年庆典暨第四届老舍散文奖揭晓与颁奖活动中，秦锦屏以作品《女子女子，你转过来》获得该奖。评委会认为，秦锦屏以原汁、原味、原生态的语言，民风、民俗、民间性的抒写，活画出了“弄瓦之喜”的种种世相。“描叙之生动，情态之传神，细节之典型，堪称今日乡间女娃出世的绝妙图景。作者笔墨间流露对女性命运的深切关怀和热切期待，耐人寻味。”

杨黎光与《中山路》

杨争光与《少年张冲六章》

王十月与《国家订单》

获“首届广东青年文学奖”的7位深圳青年作家

<

第三届深圳校园十佳文学少年 ∧

第三届深圳原创网络文学拉力赛颁奖现场 <

∧ 第三届广东诗歌节暨深圳首届诗歌节现场

> 出席第六届全国打工文学论坛的部分打工文学作家与学者

第三届深圳原创网络文学拉力赛再推一批新人新作 文学工程在启动之初，即以引导和发展文学新业态的敏锐性和主动性，运用体制力量，以推动网络文学健康发展为职能，以“出精品、出人才、出导向、出机制”为宗旨，扩大文学阵地，把网络文学纳入其中，联合国内部分网站、文学期刊、出版社，联合策划、实施、完成了一连三届“我和深圳”原创网络文学拉力赛，使文学工程充满创意、创新、朝气、活力、包容、多元等多重元素。一批网络文学作者、作家通过这道具有开放性、平等性、兼容性、自由性的宽阔桥梁，从后台走向前台，从边缘走向中心，为深圳文学带来又一片亮丽的风景。

10月23日上午，第三届深圳原创网络文学拉力赛颁奖典礼在深圳文艺会堂举办。该大赛启动于2009年4月23日，截稿期至2010年4月30日，分网络长篇小说和非虚构文学（宽泛意义上的大散文文体）两大类文体。要求以描写深圳现实生活为主，关注社会生活变迁和世道人心变化，体现人文精神和道德关怀；特别鼓励对深圳当下社会生活的文学表达，特别征集“我与深圳30年”、“我的深圳岁月”、“我的深圳故事”、“我看深圳”等题材内容。大赛共征集参赛作品139部，其中长篇小说类76部，非虚构文学作品63部。经过初评、复评后，由国内著名作家、评论家、编辑家陈建功、苏童、阿来、李敬泽等组成终评委，共评出28部作品分别获得长篇小说类和非虚构类各个奖项。长篇小说类冠军（金奖）、亚军（银奖）、季军（铜奖）分别是宋唯唯的《一城歌哭》、戴斌的《深圳胎记》、戈铧的《琥珀》。非虚构文学类冠军（金奖）、亚军（银奖）、季军（铜奖）分别是萧相风的《词典：南方工业生活》、秦锦屏的《水项链》、王顺健的《驻所调解员日记》。

专家评委在评点本届大赛时肯定深圳文学的实力，认为本届大赛参赛作品的水准，无论长篇小说，还是非虚构文学，在全国任何一个城市，甚至一个省的文学大赛中，以及与全国著名门户网站所主办的几届网络文学大赛相比，都是毫不逊色，甚至是更加出色的，标志着深圳文学的全面成熟。主要特点是：参与作家多，文学态度和写作态度非常认真；参赛作品文学性普遍较强，展示了比较执着而强烈的文学信仰和追求；作品普遍具有较自觉的文体意识，技巧比较成熟；作品的叙事呈现出多样化，长篇小说作品、非虚构作品，各有特色，佳作纷呈；此外，也有比较鲜明的80后写作和后现代写作。非虚构文学文体形态丰富多样，文学性、思想性、艺术性都相当高，访问记、日记、叙事散文、大时论、断想随笔、写人写物写景、家族史、个人成长史、挣扎记等，大都独立成篇，也有散文随笔集，各具散文自由文体的魅力。呈现出深圳文学的丰富性、多样性和原创性，同时带给中国文学很多新鲜的文学经验。

首届深圳校园文学节擎起阳光写作旗帜 10月23日，由深圳市文联、市教育局、深圳经济特区报社主办的第11届深圳读书月重点主题活动“首届深圳校园文学节”在翠园中学举行，主体内容是“深圳青春文学研讨会暨第三届深圳十佳文学少年颁奖仪式”。出席活动的中国作协领导高洪波对深圳青春文学的创作成果和中学生文联的工作成效给予高度评价：“中学生文联高举阳光写作和创意文学旗帜，积极开展图书漂流、生态阅读活动，引导广大未成年人融入城市人文精神建设中，融入阅读之城和创意之城建设中，青春文学创作呈现出可喜的局面，涌现出一批优秀作品。”

“深圳校园十佳文学少年评比活动”旨在为发现文学新人搭建平台，2006年举办第一届。

第三届评选活动启动于2010年 4 月，吸引全市近百所学校4000多名中学生踊跃参赛，参赛人数和参与学校均为历届之最。“校园十佳文学少年”进行了三个阶段的评选：从初评的50佳入围，到终评的10佳获选，选手们通过现场作文大赛、暑期采风等活动进行角逐。区琳、赵迪、谢然、刘劭彧、赖玉莹、李偲、陆雯雯、于瑶、张薇、黄秀萌荣获“第三届深圳十佳文学少年”称号。获奖作品由大赛组委会编辑出版《深圳校园十佳文学少年获奖文集》。

深圳青春文学研讨会重点展示深圳近年来涌现的6名青春文学代表作家的成长经历。袁博、赵荔、张悉妮、李墨白、谢然等人介绍了各自创作和成长经历。来自中国作协创研部、上海青春文学工作室、广东省作协以及深圳的文学评论家进行现场点评。专家学者们高度评价这批青春文学作家所表现出来的阳光写作姿态，总结出深圳青春文学提供给全国的三个基本经验：一是模式创新。成立市中学生文联，整合教育、文化、出版、新闻等资源，共同推动青春文学和青春文化事业。二是阳光写作。深圳文学少年的笔下，普遍具有鲜明的阳光写作和深圳制造特点，打上了深圳创意文化的烙印，成为第二代深圳移民的心灵成长史。三是创意文学。深圳文学少年主动加入到深圳创意之城的建设中，产生了一批创意文学优秀作品。认为从深圳蓬勃发展的青春文学上，看到了中国文坛未来的希望。

深圳蓬勃发展的校园文学社团，风格鲜明的阳光写作品牌，自成一系的青春文学形态，与新都市文学、移民文学、打工文学、网络文学等几成鼎足之势，共同构成了深圳多元共生的文学气象。青春文学茁壮成长，缘于这些因素的推动：一是深圳市委、市政府重视对未成年人思想道德建设和对校园文学的扶持。二是教育部门对人文教育的重视和中学生文联构建的阳光写作平台。三是市文联与评论部门对青春文学品牌的理论构建与推动。四是社会媒体的配合和宣传。

第三届广东诗歌节暨首届深圳诗歌节开深圳诗歌史先河 由广东省作家协会、深圳市文联等单位联合主办的“第三届广东诗歌节暨深圳首届诗歌节”于11月2日至4日在深圳举行。诗人、评论家吉狄马加、叶延滨、西川、梁小斌等以及来自全国和广东各地的100多名诗人参加了活动。

广东诗歌节是广东省诗歌界的重要文化品牌，迄今已成功举办两届，在确立广东的诗歌立场和理论构建，澄清、梳理正确的诗歌方向，带动形成良好的创作风气，对现代华语诗歌的发展有所贡献，在全国诗歌界产生较大影响。首次设立的深圳诗歌节充分展现深圳诗人的强大阵容，展示深圳多风格的原创作品，推动深圳从诗人密集、诗歌活动活跃、诗人团体多样、诗歌作品丰富的广东诗歌大市向全国诗歌重镇迈进，提高深圳诗歌的创作、朗诵、研究、活动的水平，巩固和提升深圳诗歌在全国的知名度，从而提升深圳的文化形象。举办深圳诗歌节是深圳诗歌史开先河之举，也是庆祝深圳经济特区建立30周年的一个最富诗意的亮点。

本届诗歌节包括开幕式暨“诗意广东，诗歌深圳”诗歌朗诵会、30年广东诗歌学术报告会暨座谈会、采风创作、汉语诗歌林揭牌及诗文朗诵篝火晚会、“和美杯”深圳原创诗歌大赛颁奖、《深圳30年新诗选》首发暨诗歌节闭幕式等系列活动。诗歌节不仅是全省文学界的盛大节日，也是人民群众文化生活的一件盛事。从筹备组织到如期举行，得到省委、省政府和省委宣传部以及深圳市委、市政府和市委宣传部的大力支持，充分体现了党和政府对社会主义文学事业的高度重视和亲切关怀。诗歌节一方面以大众喜闻乐见的形式把诗歌普及到社会生活，满足群众的文化需求，加强群众参与，促进文化共享；另一方面展现诗歌艺术的清新之风，讴歌伟大时代，反映诗意生活，传达出社会进步之声，推动广东诗歌创作，繁荣广东文学事业。

“诗意广东，诗歌深圳”诗歌朗诵会共朗诵了广东省近30位代表性诗人的作品，凸显广东诗歌的主体性。主题词“每一位深圳人都是诗人”，呈现诗人群体融入深圳的深广度和诗性城市的形象。学术报告会上，近20位来自全国和省内的诗歌理论家、诗人，畅所欲言，报告了对广东诗歌现象、流派、思潮和具体作家作品的研究成果和心得，这是全国名家第一次全面系统的对广东诗歌的研究成果的展现。诗歌大赛颁奖和《新诗选》首发是首届深圳诗歌节的核心内容。“深圳原创诗歌征文大赛”以深圳经济特区建立30年为主题，面向深圳全市诗人诗作进行征集和评奖，启动于今年5月1日，是对本土原创力量的一次检阅。大赛得到深圳和美妇儿医院支持，冠名“和美杯”。《新诗选》以深圳改革开放30年为时间跨度，遴选这一时期深圳诗人或曾在深圳生活、写作过的诗人的现代汉语诗歌作品，并界定为新诗，重在体现“历史”、“实力”、“创造”、“民间”四个理念，呈现深圳30年诗歌具有包容性、广泛性的版图样态以及健康、平衡、可持续发展的趋势。

全国打工文学论坛梅开六度 打工文学是在中国改革开放及市场经济条件下产生的新的文学形态，随着中国作协、深圳各级政府的大力推广、评论家的关注与理论述评，以及广大打工作家的共同努力和全社会的关心、扶持，已经成为“新时期以来我国文学殿堂里不可忽视的一个重要组成部分”。

由深圳市和宝安区两级政府、市文联、市作协等联合主办、承办的全国打工文学论坛，是推动打工文学走进全国视野的一个重要平台，至今已成功举办六届。每一届打工文学论坛的举办，都会掀起打工文学发展的一轮新热潮。第一届论坛为打工文学正名；第二届论坛研讨打工文学与和谐社会建构的关系；第三届论坛关注打工文学文本，提出通过打工文学实现劳务工的文化权利；第四届论坛对打工文学的产生、发展进行了系统的梳理和研讨；第五届论坛对形式和内容上进行探索和创新，强调解决当前亟须解决的打工文学的发展问题，对话活动体现思想的碰撞；11月28日，由宝安区委区政府、市读书月组委会、市文联、深圳报业集团联合主办的第六届全国打工文学论坛在宝安区举行，以“打工文学与特区一体化”为主题，提出“新特区时代”打工文学要有新作为，根据打工文学服务对象结构变化、经济转型、“特区一体化”的实际，重点研讨打工文学怎样更好地服务新生代农民工，让来深建设者拥有生活以及文学的价值与尊严。

舞台艺术展现城市个性

舞台艺术是指在舞台上表演的艺术，主要包括戏剧（含戏曲）、音乐、舞蹈、曲艺、杂技、魔术等艺术形式。舞台艺术的繁荣在深圳文化创新发展和满足人民群众精神文化生活需求中占有重要地位。2010年，深圳舞台艺术创作活跃，展现独特的城市个性，关注和开掘人性和人文精神，探索和丰富艺术本体和艺术语汇，文化品位、思想深度和艺术表现力有所提升。

杂技《蹬人空竹》荣获第31届法国巴黎明日世界杂技大赛金奖 1月28日至31日，第31届法国巴黎明日世界杂技节决赛在巴黎举行。由深圳市文联、宝安区文联、宝安区文化局共同推荐，福永杂技艺术团和吴桥杂技学校共同打造演出的杂技节目《蹬人空竹》荣获金奖。

福永杂技艺术团原是一个“大篷车”队，10年前从河南来到深圳，一辆破旧的大卡车拉着全部家当，在工业区、街头四处演出。在宝安区福永街道的主导下，在市文联、宝安区文联的大力扶持下，福永杂技艺术团向市民政局申请并获批准，定位民办公助、自负盈亏、自主经营的民营艺术团体。在市、区、街道三级联动扶持机制的强力支撑下，福永艺术杂技团在深圳落地生根，得到了来自政府和文化部门在政策、资金、市场和管理以及艺术专业指导，成为一支打造文化精品的力量，创作出《梦幻西游》等优秀剧目。此次赴巴黎参赛的《蹬人空竹》编排新颖，把《蹬人》和《抖空竹》两个不同类别的节目进行了巧妙结合，增加了难度，给人全新观感，赢得世界级专家的赞誉和观众的喜爱。《蹬人空竹》填补了深圳在国际杂技国际赛事上一个空白，对于完善深圳文化产业链具有十分重要的意义，也成为深圳文化艺术“走出去”的一个标志。为了表彰和鼓励福永杂技团取得的佳绩，宝安区政府决定对其给予50万元奖金。

当代舞《英雄无悔》荣获“荷花奖”银奖 9月15日，由市文联、坪山新区坪山办事处、龙岗区文化馆合作创作的当代舞蹈《英雄无悔》荣获第七届“荷花奖”银奖。“荷花奖”是国家级常设性舞蹈界专业艺术奖项，中国舞蹈界最高级别的赛事，参赛者多为国内各大专业艺术团体。本届共有26个省、市、自治区、直辖市的185个作品报名参赛，其中现代舞50个，当代舞135个。深圳代表队的《英雄无悔》在半决赛中以优异的成绩进入20强。在总决赛中荣获当代舞蹈作品银奖。

《英雄无悔》主创林健是坪山办事处文体中心工作人员，该节目第一稿创作于2008年，在市第五届舞蹈创作大赛上获得金奖。2009年，有关方面邀请专家对作品从音乐到内容做了全方位修改。为了参加第七届“荷花奖”全国舞蹈大赛，坪山新区、龙岗区文化馆与市文联联手，进一步精心磨练。该节目以见义勇为的社会英雄为主角，题材定位准确，视角独特，话题性强。本届“荷花奖”比赛鼓励提倡如实反映现实生活的作品，《英雄无悔》的思想内涵和所具备的思考性、警示性，正好符合这种宗旨和导向。

在本届荷花奖大赛中，由市舞蹈家协会选送的当代舞一共有3个作品进入半决赛，另外两个作品是《城中人》、《小薇》。

8个舞台作品荣获第十五届“群星奖” 5月24日，第九届中国艺术节第十五届“群星奖”颁奖晚会在广州中山纪念堂举行。中国艺术节始于1987年，每3年举办一届，是规格最高、规模最大、影响最广泛的国家级艺术盛会，被喻为“国家文化的奥林匹克”。作为“九艺节”的一项重要赛事，第十五届“群星奖”决赛（包括舞蹈、音乐、戏剧、曲艺四大门类）也同期举办。经过近1个月的评选演出，从全国各地报送的845个群众文艺作品和191个公共文化项目中，最终产生了第十五届“群星奖”获奖名单，共有220个作品、110个公共文化服务项目获奖，100名文化工作者获得“群文之星”称号。深圳共有8个文艺作品获作品类“群星奖”殊荣。8个获奖作品是：深圳音协合唱团的“合唱”，宝安区选送的男子群舞《快乐的建筑工》、情景快板剧《我们是快乐的打工妹》，罗湖区选送的小品《守候》、《大话环保》和《成长》，南山区选送的女子群舞《走山》，福田区选送的女子群舞《围屋·女人》。同时，深圳城市街区24小时自助图书馆系统获得“群星奖”项目奖，李南生、杨素贤两人获得“群文之星”称号。此外，还有6个节目获得优秀演出奖。

舞蹈《快乐的建筑工》以一群活跃在特区

的建筑工人为背景，通过街舞、杂技、中国舞相结合的艺术表现形式，表达建筑工人对深圳的热爱和对美好生活的追求。《走山》以富含内韵的肢体语言，突出客家族群不断“走”在迁徙路上的特色，演绎了岭南客家妇女勤劳、坚忍、善良、纯朴的美德。《围屋·女人》反映了客家女人勤劳朴实精神的代代传承，当中以“磨”为意象，象征生命的轮回。

小品《守候》构思巧妙，利用戏剧的假定性、表现性，演员在表演的过程中自然地表现出人的本性中的好与不好的东西，处理具有个性。《大话环保》以宣传环保为主题，艺术地反映社会热点。《成长》描述了小学生在“磨砺教育”的集体团队里，通过各种心理素质和体能、技能训练，健康向上的成长过程。

情景快板剧《我们是快乐的打工妹》是深圳唯一一支入选曲艺决赛的节目，表现了打工族努力工作、奋发向上的积极进取精神。

“群星奖”获奖作品具有共同的特点：诞生于深圳红红火火的群众文化生活中，源于社区、源于基层、源于群众，作品贴近生活、反映时代，具有较高的艺术欣赏性，代表深圳群众文艺的最高水平。

现代舞、芭蕾舞参加国际性比赛获多个奖项　在7月25日落幕的第七届韩国首尔国际舞蹈大赛上，深圳艺术学校中国舞专业高二学生吕程亮一路闯关，以《初春》最终获得现代舞少年组一等奖。韩国首尔国际舞蹈大赛创办于2004年，历经六届，分芭蕾舞、现代舞和民族舞三项赛事，本届赛事从5月开始，历经初赛、半决赛和决赛三个阶段。吕程亮以踏实的舞功赢得评委的赞赏，取得好成绩。

在3月份举行的2010年纽约国际青少年芭蕾舞大奖赛上，深圳艺术学校学生余晓彤与蓝志明演绎了一段 6 分钟的古典芭蕾舞剧“海盗双人舞”，两人以纯熟的技巧和默契，在多对

杂技《蹬人空竹》剧照与第31届法国巴黎明日世界杂技大赛颁奖现场

深圳音协合唱团的合唱水平达全国一流

舞蹈《英雄无悔》与主创林健（中）

舞蹈《走山》、《快乐的建筑工》、《围屋·女人》演绎传统文化与时尚文化的不同精彩

吕程亮表演当代舞《初春》 ∧

余晓彤（左一）、蓝志明（右一）与指导老师

辛亚飞表演魔术《扇韵》 ∧

选手中脱颖而出，获得双人舞银奖。

《扇韵》获第八届全国杂技（魔术）比赛金奖 12月5日，在广州第八届全国杂技（魔术）比赛魔术节目的决赛舞台上，由深圳市辛宽梦幻艺术团辛之宽、辛亚飞父子原创的魔术《扇韵》荣获金奖和最佳道具奖。评委专家一致认为魔术师的技巧和手法相当成熟，已达到世界前列水平。《扇韵》以中国古代各式各样的扇子为道具，50多把大小不一的扇子将中国古典韵味展现得淋漓尽致，让在场观众体验到中国魔术的最高水准。

辛之宽是中国南派魔术的著名代表，享有“魔界辣手”之称。他的魔术特点是高、难、新、奇、大，走出一条融汇中西魔术特点的道路，形成自己独特的艺术风格，开创了中国自创、自制、自演整台大型魔术的先河。由他带领的团队创作的大型视听魔术秀《魔界》于12月24日在青岛上演。《魔界》运用声、光、电相结合的方式，将中国古典韵味贯穿全场魔术，并吸取众多西方魔术元素，呈现不一样的“中西合璧”。

视觉艺术跻身国内先进行列

大芬两画家作品获“中国百家金陵画展”金奖 由中国美协、江苏省委宣传部、省文化厅、省文联等共同主办的“现实·超越2010中国百家金陵画展（油画）”终评结果于10月25日在南京揭晓。12月9日，在江苏省美术馆新馆隆重举行颁奖仪式及画展开幕式。江苏省委原书记陈焕友，中国文联党组成员、副主席、书记处书记廖奔，江苏省委常委、宣传部长杨新力，中国美协领导吴长江等出席了颁奖仪式。

中国百家金陵画展创办于2005年，迄今已成功举办六届。本届画展历经半年多的策划、动员、组织，共收到全国各地画家4500多幅作品照片，最终评出入展作品100件，其中金奖10件。大芬油画村青年画家何永兴描绘龙岗2011年大运会建设工地的《广阔天空》、黄胜贤《塬上人家系列——秋阳》油画作品荣获金奖。中国百家金陵画展采用重奖机制，10幅金奖油画作品每幅奖金13万元，由组委会留展，由江苏省美术馆收藏，每年画展均作为特别展展出。吴长江评论：本届展览吸引众多油画家的关注和积极参与，从参展的作品中可以明显看出艺术家对现实生活的关注与思考，很多作品贴近生活、贴近自然，传递出阳光、健康、积极向上的时代气息。深圳美术界认为：大芬村青年画家一举获得两个金奖，说明大芬油画村原创水平不断攀升，并开始跻身国内美术创作的先进行列。

深圳油画作品获卢浮宫艺术展两奖项 12月16日至19日，2010年法国“卢浮宫艺术展”

在巴黎卢浮宫隆重举行。深圳市文化产品进出口行业协会组团参加了本次艺术展，深圳画家肖勇的油画作品《粉红色》获“铜奖”；市康苇儿文化传播有限公司选送的剪纸作品《老虎》夺得最佳“墙面艺术奖”，成为本次参展作品中唯一获得此奖项的作品。

卢浮宫艺术展是集中展示欧洲艺术水准及发展趋势的一个国际性重要展览，深圳选送了数十件作品参展，包括油画、雕塑、水墨、剪纸等类型。这些作品既植根于日常生活，又具备中国典型的文化语境。肖勇的油画作品《粉红色》尝试以东方解构方法虚构一个美丽的景致，把自我的视觉经验与对自然的体验进行混合，表达陌生却温暖、美丽的感受。并以这种独创性的表现力，从众多参选作品中脱颖而出。参展作品的另一个亮点是以中国化元素展现全球艺术价值取向，剪纸作品《老虎》的中国传统艺术特点获得组委会的好评。深圳展团的作品引起了众多国际画廊及艺术经纪机构的广泛关注，多幅作品被来自美国的一家画廊高价预订，并与法国多家画廊达成了系列主题作品长期推广合作的意向，在探索国际高端艺术市场的对接方面迈出了可喜一步。

线描作品《戏山曲径》获中国画线描艺术展优秀奖 由中国美术家协会、河南省文联主办的“第二届中国画线描艺术展”于2010年12月29日在河南省美术馆展出。全国共有473幅线描作品初评入围，经评委们精心评选，最终评出入选作品216件，优秀作品64件。深圳画家周波的作品《戏山曲径》在众多画作中脱颖而出，荣获优秀奖，他的另外两幅国画作品《激流勇进》、《轻风流韵》也分别入选本年度中国美协主办的“2010年全国中国画作品展”及“和谐燕赵·红色太行中国山水画作品展”，并于12月在苏州美术馆和河北美术馆展出。

何永兴油画作品《广阔天空》

黄胜贤油画作品《塬上人家系列——秋阳》

卢浮宫艺术展现场

油画《粉红色》

剪纸《老虎》

摄影作品《清洁家园》获2010全国摄影艺术展览金奖 由中国摄影家协会和江西省宜春市人民政府联合主办的2010全国摄影艺术展览共设立记录类、艺术类、商业类和青年组四大类，进行了为期6个月的征稿，共收到15114人次投送的参评作品183,661幅，于6月份由22位业界评委分两个阶段评选，于7月9日至18日在中国摄影家协会网进行了为期10天的公示，最终产生各类收藏、优秀、评委推荐作品904幅（组），其中金质收藏作品15幅（组），银质收藏作品30幅（组），铜质收藏作品54幅（组），优秀作品785幅（组），评委推荐作品20幅（组）。深圳摄影家廖俊鸿创作的《清洁家园》被评为艺术类金质收藏作品。

全国摄影艺术展览创办于1957年，是中国摄影家协会主办的中国历史最悠久、影响最广泛、规模最大的综合性摄影展览，每两到三年举办一次，2010年为第23届。廖俊鸿是中国摄影家协会会员、深圳摄影学会高级会士。通过这次创作，他认为作为摄影人要经常关注、感悟身边的人和事，用手中的相机去发现、记录、讴歌这个时代，创作出更多富有时代感的作品。

在本届全国摄影艺术展览中，深圳摄影家刘惠帆的《泉涌珍珠》、《白果猪肚粥》、《海珠啤酒之欢》，杨伟民的《光明》，钟国华的组照《深圳“农民工”》、郑义的《杯中静影》、谢建伟的《比画》、陈军的《Simgways客厅》，贺建华的《戴珍珠的女孩》、《水趣之黑珍》、《钻石的灵感》，赵青的《北川废墟上的幸存者》，杨晓蔚的《建筑构成》、《花落》、《镜像构成》，张长江的《打工梦》，魏玉明的《瑜伽姐妹》，胡国庆的《心绿》、廖俊鸿的《漂浮在头上的行李》等分别获得商业类银奖、纪实类优秀奖和商业类优秀奖。

图一

图二

图三

全国摄影艺术展艺术类金奖收藏作品《清洁家园》（图三），由图一、图二合成

<

第三篇　品牌活动

在持续有力的策划与坚持中，2010年度，深圳文化艺术品牌活动既有一年一度的“传统”项目，又有最新酝酿出炉的崭新项目。一方面，努力实现艺术门类的平衡与多元；另一方面，致力令每个品牌具有独特的定位与高品质。深圳市民文化大讲堂、深圳国际水墨双年展等具有代表性的文化艺术品牌渐臻成熟，品牌影响力在国内、国际范围不断提升。

深圳市民文化大讲堂列入文化部中国十大文化创新工程

深圳市民文化大讲堂是由市委宣传部、市社科联、市文联、市文体旅游局、深圳广电集团、深圳报业集团、深圳出版发行集团联合主办的大型公益性文化活动，创办于2005年6月。经过长期的坚持与不懈努力，初步确立了全国文化品牌地位：继2009年荣获文化部第三届中国文化创新奖之后，2010年又被列入文化部中国十大文化创新工程。

2010年度深圳市民文化大讲堂具有如下几大特点：

一、主分会场优势互补，文化之花开遍全市。截至2010年，大讲堂除了在深圳图书馆设立主会场之外，还在全市设立了22个分会场。无论是在市中心区、街道社区、政府机关、大中院校，还是驻深部队的营地，市民都能便捷地走进大讲堂，愉快地享受这份免费的文化大餐。

二、讲座内容丰富、形式多样，讲座安排有张有弛、节奏合理。2010年度，大讲堂继续沿用主题系列化的方式，每月设定一个主题，共分为7个系列：历史文化系列、民生文化系列、民俗文化系列、纪念深圳经济特区建立30周年系列、励志教育系列、文学艺术系列、生态文化系列，邀请80位主讲嘉宾，推出了83场讲座，其中在深圳图书馆主会场累计举办63场讲座，各分会场累计举办20场讲座。现场直接听众超过7万人。陆天明、方方、马鼎盛、叶广芩、张国勇、王晓鹰、李敬一、张良、王静珠、朱安鹏等专家登上讲台，传播文学艺术知识。

三、整合新旧媒体，立体多元传播网日益成熟。本年度，大讲堂整合新旧媒体，充分利用新媒体，打造报纸、电视、网络、移动电视、手机短信、户外广告、衍生产品、会员组织等多位一体的立体多元传播网。其中，新媒体的应用包括移动电视和手机短信，截至2010年11月24日，该节目在移动频道播出总时长182小时，播出到达率高，范围广泛；手机短信方面，综合利用深圳图书馆读者平台、网站网友平台、俱乐部会员平台等短信平台，每周通过手机短信向已加入这些平台的特定观众群体发布讲座预告，速度快、覆盖广，成为一种具有效率的宣传手段。

以鉴赏·品位为主旨的市民文化大讲堂主会场与分会场皆座无虚席 ∧

第七届深圳国际水墨双年展拓展艺术新空间

2010年12月14日至2011年1月14日，由国家文化部批准、深圳市人民政府主办、深圳画院承办的常设性、国际性文化交流项目“第七届深圳国际水墨双年展”在深圳画院、关山月美术馆、华·美术馆三个展馆展出。

“深圳国际水墨双年展”旨在弘扬水墨画艺术传统，促进东西方文化交流。本届双年展共邀请137位艺术家的300余件作品参加，包括18位来自美国、英国、丹麦、法国、德国、日本、挪威、西班牙、瑞典的艺术家，以及40位港台地区艺术家。分主题展、新人展、专题展和邀请展四个部分五个单元。“笔墨新境”单元在过往双年展“笔墨传承”、“笔墨在当代”等主题展览的基础上，继续探讨“笔墨”在当代水墨创作中的地位、价值和作用，研究传统笔墨在表现当代生活情境中的种种可能性。“新语传韵”单元是双年展“设计水墨”、“水墨空间”和“新媒体·水墨·都市”等课题的延伸，侧重探讨当代水墨的艺术观念、创作手法和呈现方式。通过油画、版画、雕塑、装置、摄影、数码等非传统水墨的艺术语言，营造水墨幻象，表现水墨意趣，思考和探索当代艺术对中国传统文化的秉承，以及水墨艺术的发展边界与再生空间。“水墨新人”单元主要针对艺术学院在校学生而特设，旨在鼓励新人，激发潜力，为水墨艺术的发展建立一个更为持久的学术平台。“在线人间”单元以线条所延异的图绘和虚空间为主题，提出线画、白描、画画同体的人物和叙事脉络，以及当代相关的动画领域，重探20世纪中国连环画的年代意义和纵横影响。作品包括文献、原稿、装置、动画、塑像等形式。“香港水墨”单元与“韩国现代水墨”、“新加坡现代水墨”、“日本当代水墨”等邀请展一脉相承，为双年展提供国际交流平台。展览按照时间顺序分为“新曙光”、“新时空”、“无限”和“书画新变奏”四个部分，呈现香港在水墨领域半个多世纪的探索成果。

第七届深圳国际水墨双年展现场 ^

艺术理论家皮道坚对第七届深圳国际水墨双年展作了这样的评述：“算得上是一次真正的突围。尽管由主题展、专题展、邀请展构成的总体格局，基本上仍延续了往届以水墨画为核心、为主导、为主旋律的做法，但因主题展‘新语传韵’和专题展‘在线人间’在观念上的大胆突破和手法与媒介语言上的多元选择，展览总体上给人以匪夷所思的强烈印象。尤其是‘在线人间’，不只主题‘在线’语带双关，既回向水墨画之主要造型手段‘线条’，又与当代生活之互联网方式相关联，不只意在打通‘水墨’的墙里墙外，更欲通览‘人间’的过去、当下与未来……其参展艺术家与作品的选择更是极具颠覆性。一些与水墨完全不搭界的作品如曹晖的雕塑《纯羊毛标志》、亚历山大·尼古拉斯的装置《阿童木胎儿》、角孝正的雕塑《巨型大红兽》以及刘庆元的现场制作《此时……此刻》等，让冲着水墨艺术而来的欣赏者大跌眼镜，同时也令大多数参观者议论纷纷、兴致勃勃。”“深圳国际水墨双年展的这次大胆突围有两点意义值得充分肯定：第一，它扭转了人们关于水墨与当代无缘的观念，有说服力地宣告：水墨也当代；第二，它让深圳国际水墨双年展有望真正成为当代中国南方最为开放的城市深圳的一个最有国际意义的重大艺术节日。”

深圳音协合唱团国内国际大赛屡折桂枝

2010年，深圳音协合唱团马不停蹄，连赴盛会，连获大奖。

4月25至27日，由文化部主办的“大地情深——全国第十五届‘群星奖’合唱决赛”在中山市隆重举行。全国各地29个精英合唱团1500余人汇聚中山，举行盛大的开幕式、合唱决赛以及广场群众歌咏联欢会等多项活动。根据参赛要求，每支参赛队伍需从60首指定曲目中选择3首参赛，另外自选一首反映当地特色的自选歌曲。本次活动有如下四个亮点：一是突出群众性，体现“文化惠民”的公共文化服务精神；二是体现人文性，展现浓郁地方民俗风情；三是注重互动性，广大群众成为群星奖合唱决赛的参与者和评价者；四是展现创造性，本届全国“群星奖”活动首次设立主题歌，主题歌名《大地情深》，由中山本土艺术家创作。深圳音协合唱团在规定曲目中选择了《松花江上》和《牧歌》，在自选曲目中选择了深圳原创歌曲《永远的小平》。市音协合唱团以出色的合唱技巧与投入的感情，赢得观众与评委的称赏，荣获“群星奖”。

10月13日至16日，第十届中国合唱节暨第二届星海国际合唱节在番禺举行，参加本届合唱节的团队有来自德国、马来西亚，港、澳、台地区，国内省市共49支队伍3000多人。赛场上，深圳音协合唱团演唱了3首曲目，其中两首选自欧洲浪漫派时期的宗教歌曲作品：无伴奏混声合唱《圣体颂》与《圣母颂》，另一首是深圳原创合唱作品《永远的小平》。评委们以“歌唱技巧一流，感情十分充沛”的评价，给予深圳音协合唱团为混声合唱金奖第一名。

11月17日至21日，美国圣路易斯国际合唱节在圣路易斯市举行。深圳音协合唱团一举夺得决赛总冠军、混声合唱A组金奖、宗教S组银奖第一名和观众喜爱奖等4个奖项，指挥陈光辉获得主办方颁发的荣誉证书，为深圳音乐再次赢得荣誉。美国圣路易斯国际合唱节是由国际文化交流基金会等机构主办的国际知名合唱赛事，主要为各种半职业和业余合唱团而设。参加本届比赛的有来自巴西、克罗地亚、乌克兰、哥伦比亚、加拿大、美国等多个国家的合唱队伍。深圳音协合唱团做了充分准备，排练了一批具备上乘水准的优秀合唱节目。在混声组比赛中，演唱了传统民歌《牧歌》、《小河淌水》和奥地利宗教歌曲《圣母颂》、美国黑人灵歌《轻摇的马车》等不同风格的曲目，水乳交融的和声，声情并茂的演绎，令他们从竞争激烈的参赛阵容中脱颖而出。合唱节期间，深圳音协合唱团还参加了一些学习交流活动。一方面，观摩其他参赛合唱团的演唱，听取国际具有艺术造诣和教育经验的杰出合唱专家、评委有关演唱技巧和演唱风格的建议，从中汲收多样的理念和方法；另一方面，充分展示深圳合唱的水平、技巧和成就，实现了合唱技艺的提升与形象展示双丰收。

WDC国际标准舞世界杯大赛规模扩大

7月16至18日，2010 WDC标准舞、拉丁舞世界杯暨第八届中国·深圳标准舞、拉丁舞世界杯公开赛在深圳宝安体育馆举行。来自全世界近30个国家和地区超过2000名选手前来参赛，成为亚洲地区一大舞蹈盛事。世界舞蹈与舞蹈运动理事会荣誉会长罗宾·肖特、世界舞蹈总会主席东尼·本爵士、现任英国黑池评审主席马克思·希尔顿爵士等18位权威国际评审到场担纲执裁。

从本届开始，国标舞世界杯比赛时间延长为3天，并专门为来自俄罗斯、澳大利亚、新西兰、加拿大、美国等国家和地区的选手增设"亚太地区组别"，一共设置40个组别。经过激烈竞赛，中国选手赵亮&高雪荣膺亚太地区拉丁"舞王舞后"称号，中国香港选手Aleksander&Irina获得亚太区职业摩登组冠军，波兰的选手Michael Malitowski & Joanna Leunis摘取国际公开职业拉丁舞桂冠，意大利选手Mirko和舞伴获得国际公开职业摩登舞的冠军。

深圳国标舞世界杯大赛肇始于8年前，是由市对外文化交流协会和市文联联合主办，市舞蹈家协会、市东方国标舞交流中心、港龙舞蹈文化机构承办，并获得中国国标舞总会和中国体育舞蹈联合会、深圳报业集团和深圳广电集团等单位支持的一项国际大型文化活动。2009年，获得世界舞蹈总会授权，至2018年，每年举行一届"WDC国际标准舞世界杯大赛"，成为世界三大国标舞赛事以外具有份量的国际赛事，也是深圳近年来最具影响力的大型国际舞蹈赛事之一。

深圳第六届创意舞大赛展示原创力

本届创意舞大赛由市委宣传部、市文联主办，市舞协承办，于8月底启动。大赛分独舞、双人舞、三人舞、群舞等4组，吸引近百个单位的1000多名选手参加，共有47个作品进入决赛。本届大赛突出展示深圳舞蹈的原创性及多元面貌，参赛舞蹈涵盖各种芭蕾舞、现代舞、中国舞、民族舞、爵士舞、街头舞、标准舞及拉丁舞等舞蹈类型，鼓励把多种舞蹈元素融合在一起的创意节目。

12月15日晚，第六届深圳创意舞大赛颁奖典礼在保利剧院举行。独舞《秋·伤》、群舞《撼天》获作品金奖；群舞《墨梅》、独舞《独自》获表演金奖；群舞《传人》获得最高奖"创意大奖"；市群众艺术馆、深圳大学等14家单位获颁优秀组织奖，上一届代表深圳参加国家、国际级舞蹈比赛获金奖的作品获颁"突出贡献奖"。白淑湘等艺术家和领导嘉宾为获奖者颁奖。

深圳舞蹈大赛已持续六届，已成为深圳培育舞蹈精品的一个有效平台。大赛不仅为舞蹈界提供一个平台，让舞者们互相切磋和展示创意，同时，也让市民大众体验舞蹈带来的活力和乐趣。

首届中国诗剧场探索跨界舞台艺术

11月12日晚，由市委宣传部、市文联、中国诗歌学会、福田区委宣传部主办，市剧协、深圳音乐厅、深圳广播电台飞扬971承办的"首届中国诗剧场——我听见深圳在歌唱"，以跨界的姿态，将诗、戏剧、音乐、当代舞、装置艺术等融合一起，将诗歌与情景紧密结合，进行了具有创意的艺术实验。整场展演共分五场：《太阳升起》、《寻梦》、《思念》、《移民》、《将来》，选取了钟永华、徐敬亚、王小妮、吕贵品、艺衡、陈寅等30位具有代表性的深圳诗人创作的30首诗歌，将诗歌不同的表现形式和精彩片段统摄在一个更大的诗歌主题中，以此表现城市的历史，勾勒深圳的轮廓。

“首届诗剧场”在中国诗剧场作出了成功的探索。主创从容、津文以及整个策划、创作团体，竭力以戏剧、音乐、舞蹈、多媒体等语汇为观众展示对诗歌的另一种解读方式。最能突出戏剧性的是淋漓尽致地发挥舞台空间与多媒体的互动以及演员的肢体语言。城市、工厂宿舍，白领、民工、路人，欲望、失望、迷茫……具象的、意象的，以对声、光、影、音等现代剧场手法的运用，丰富和加强每一章节的特定符号，实现了多空间、多视角的视觉变化，体现了多元文化交织的深圳都市物景，亦更符合当代的流行表达。演员们在艺术总监和导演的指导下，发挥出能动性，以肢体呈现诗歌的内涵。无论是配合诗歌意义明确的表达，或是表现人性本质、心灵交流、矛盾对立、善恶交织、理想与现实的冲突等繁杂意象，都具有狂放的想象力，从而扩展诗的宽度与深度，让观众看见生活的真实面貌和它的复杂性、矛盾性，促进思考。

WDC国际标准舞世界杯大赛现场

深圳市音协合唱团在国际舞台上一展风采

深圳第六届创意舞大赛获奖作品展演及颁奖现场

首届中国诗剧场剧照

深圳30年全国获奖小品精品大展现场及演出剧照

中国诗歌学会秘书长、诗歌理论家张同吾评论：该剧尝试把诗歌具象化、一体化，是对诗歌的一种开拓，充满了青春的气息。打破了传统的朗诵模式，有一种诗歌的暗示性、象征性。它的先锋性也表现出来了。罗烈杰评论：推出“中国诗剧场”，旨在打造深圳新的文化品牌，推动国际化大都市的文化创新和高品位的文化追求，让改革开放的实验场——深圳成为文化创新的亮点和创新的主体。

深圳30年全国获奖小品精品大展 展示深圳戏剧界“再出发”

小品小戏是深圳戏剧发展的一个重要组成部分，以数量多、水平高被国内专家称为“深圳现象”，在全国已产生一定的影响。在特区建立30周年的历史节点上，由市委宣传部、市文联主办，市戏剧家协会承办的“第五届创意剧场——深圳30年全国获奖小品精品大展”作为重点文艺项目在“创意12月”期间上演。整台节目以“诗意”的方式举行，精心挑选10个获得全国性大奖的戏剧小品，作为10个生动细节，从一个侧面展示深圳戏剧的发展历程与风采。被邀演出的剧目包括来自本土、来自生活、来自基层的《人在旅途》、《早茶》、《成长》、《最近我不烦》、《父老乡亲》、《桃色新闻》、《大话环保》、《乡情》、《心灯》、《第五大名著》等，基本代表深圳戏剧小品历年来在全国的最高水准。这次活动，不仅是深圳小品的一次检阅，也是深圳戏剧界对过去30年的回顾和对未来的展望，当中有深圳戏剧界行走“红地毯”、颁发“深圳30年戏剧小品贡献奖”、“再出发”签字仪式和宣誓仪式等重要环节，展示了深圳戏剧人的实力与将本土戏剧推向世界的信心与决心。

深圳第二届创意书法展 坚持融古创新

12月21日至30日，由市委宣传部、市文联主办，市书协承办的深圳第二届创意书法展在大芬美术馆举行。曾来德、李远东、孔令君、一墨等文艺界、书法界人士出席了开幕式并参加了相关研讨会。

本届创意书法展旨在为创意书法的创作与发展进行持续的探索，具有胸纳万有、融古创新的勇气。展览共展出特邀书法家曾来德、一墨、魏立刚、程风子等与深圳书法家黄开稼、王道国、陈浩、郑南贞等创作的106幅作品。在作品形式、材料工具上各有选择，或小不足盈尺，或长至12米；或书于传统宣纸、油画布上，或书于白色泡沫板、芭蕉叶上。在章法布局上，力图在传统的基础上创新，楷书、隶书、行书、草书、篆书在创意的理念下章法多变，有的庄严凝重，有的舒展自如，有的瘦笔力如仙风道骨，有的肥笔尽丰满之美。各悟天机，各成一体，尽显书法家们心灵的自由挥洒和笔墨的淋漓欢畅。在布展方面，也尽显创意之韵，展厅内本来有碍视线的大圆柱被“狂草”所包裹；高深的空间恰好可以让长幅“飞流直下”；厅顶的梁架也被大幅作品顺势纵贯而越，横亘头顶；透明的玻璃幕墙挂着书法作品，与室外的自然风景叠印，别有一番意趣；一些装置作品，有的裁切成不同形体的几何块状表达渐变之意，有的在灯箱上题写经书，有的镶嵌在木架之中的方砖之上。整个展厅精心布局，平面、多维合体，为书法作品增添视觉冲击力，以不同的形式与空间，将书法推至另一境界。

第五届深圳客家文化节 承创传统文化

第五届客家文化节启动于12月9日，持续时间近1个月，以“创意客家、魅力无限”为主题，分“高峰论坛”、“创意舞台”、“文化讲座”、“风情展览”、“国际谜会”五大板块，范围覆盖全市各区。

首次列入客家文化节的项目“中国深圳·新客家风采国际谜会”共有来自新加坡、泰国、中国香港、台湾以及内地部分省市的近80位谜坛人士参与，展开以“灯谜的传承与发展”为主题的论坛、“中华灯谜王中王”争霸赛、即席命题创作与自由题材创作赛等活动。会议议定从2011年起逐届举办“中华灯谜文化节”，由深圳市主办首届。

本届客家文化节的重头戏“艺韵客家南澳晚会”、“艺韵客家——深圳市第五届客家文化节新编客家山歌演唱会”分别在南澳和石岩举行，由杨宏海客家文化与艺术工作室策划，会同广州陈小奇音乐有限公司等单位联合推出的专场晚会“客家音乐流行风”在保利剧院举行。客家流行音乐是客家流行文化的一部分，晚会18个节目体现了客家流行歌曲的几个类型：一是明显的客家山歌味道融入新元素，如《快乐山歌》、《唱山歌》等；二是在保持客家风情或精神风貌下融入流行音乐韵味，如《客家人系有料》、《中华儿女共婵娟》等；三是民间通俗唱法在大众中广为流传的，如《山歌唱出好兆头》、《乡情是酒爱是金》等；四是只用客家名，鲜见客家味的原创歌曲，如《客家情歌》、《心慌慌》等，甚至将韩剧音乐、机械舞等融入其中。晚会既呈现晚会的丰富性，又体现了客家文化的传承性、包容性和时尚特色，是新的客家流行文化。来自马来西亚、台湾、福建、广州、梅州、深圳等地的客家歌手同台演绎这些融合浓郁客家风情与现代元素的新客家歌舞，给观众带来了客家山歌的另一种传承与表达、创新与流变。

为了进一步研究客家流行文化发展，在“高峰论坛”板块，来自北京、广州、深圳等地著名音乐家、民间文艺专家杨宏海、陈小奇、陈洁明、赵铁信、徐秋菊等人，就客家山歌的传承、创新与发展，以及如何让山歌在新一代当中流行和传唱等系列问题进行了深入研讨。在客家文化节期间，还举办了客家文化进校园、客家民间工艺展暨原生态山歌及茶文化展示等活动。工艺展通过摘录客家经典诗文、山歌、典故、谚语、童谣等文化元素，以现代刻字艺术、现代瓷板书画艺术、创意书法艺术、陶瓷工艺、雕塑等方式创作工艺书画艺术精品，辅以原生态山歌演唱和茶文化展示，多角度反映客家历史文化与风土人情。

“吾城吾乡”留存2010年
深圳影像实录

始创于2006年的“吾城吾乡摄影年展”，定位记录和表现本城题材，倡导“记录深圳生活，讲述深圳故事，感受深圳气息，传递深圳心情”。第五届“吾城吾乡摄影年展”从2010年初开始征稿，共收到300多位摄影师的作品。参赛者分别选取不同角度关注2010年的深圳生活，对不同主题进行系统地纪实拍摄。秉持强调人文性和纪实性的原则，主办方从近万张参赛作品中精选出 9 位摄影师作品，每人选取20张左右优秀作品进行展出。其中李政德的《看不见的城市》、肖兵峰的《城事》获得本届年展摄影创新奖，蓝军的《拯救小俊豪》、张长江的《富士康青工》获得摄影故事奖，孙晓杰、周力军、刘伯良的《迎接大运》和罗斌的《轨道交通建设》获得职业精神奖，廖俊鸿的《动漫青春》获得人物摄影奖。

本届摄影展抓住了2010年深圳城市生活的热点，从不同角度、不同侧面为2010年的深圳留下了重要的城市记忆。作者当中，有不少是深圳的新闻工作者，他们用镜头记录了深圳轨道交通建设、深圳市民迎接大运、台资企业青工生活等城市图像，实录深圳在城建、交通、人文等方面的发展。

新人新作曲艺表演大赛
力推新人新作

2010年末，由中国曲协、广东省曲协、深圳市文联、市曲协、南山区文化局等单位主办、承办，连续举行两项大型活动——“南山杯”首届全国曲艺新人新作邀请赛、深圳市第三届新人新作曲艺表演大赛。

“南山杯”首届全国曲艺新人新作邀请赛共有北京、天津等十几个省市近百名参赛者40个参赛节目，包括群口相声、对口相声、数来宝、快板、评书、单弦、梅花大鼓、粤曲等，种类丰富。大赛分“说书比赛”、“唱曲比赛”和“相声比赛”3场进行，设置了“新人奖”、“新节目奖”、“新曲目奖”等奖项，力求推动南方曲艺事业的发展。深圳参赛作品有群口快板《深圳行》、相声《牛赞》、《哪有舌头不碰牙》以及快板《大爱人生》等4个节目。11月24日、25日，参赛者在蛇口影剧院进行角逐，来自江苏的倪夏宇、刘亚伟以“80后”崭新组合演绎的《麻辣评委》，摘取比赛唯一的“优秀新人奖”。来自“二人转”之乡梨树县的付庆义和陈宇含表演了由剧作家赵月正与青年作者赵小征合作新编的古装二人转《香妃梦》，荣获最佳表演奖。中国曲协领导刘兰芳、姜昆，深圳市文联党组书记罗烈杰，著名曲艺家李金斗、侯耀华等出席了颁奖晚会并为获奖者颁奖。

为了培养曲艺人才，以“创意12月”为平台，市文联、市曲艺家协会通过举办大赛等形式，致力推出新人新作。深圳市新人新作曲艺表演大赛始办于2008年，至今已成功举办三届，挖掘了一批新秀，推出了一批佳作。第三届新人新作曲艺表演大赛启动于2010年10月，面向全市征集群口相声、对口相声、评书、故事、数来宝、对口快板、群口快板、快书等曲目。经过初赛，28个本地曲艺作品进入决赛。经由朱强、侯继宽、金文和、林泽平、吴金富等国内曲艺专家组成的评委团对作品认真评审，最终，薛阳、林一帆的对口相声《猜谜》，薛阳、林一帆等11人的群口相声《数字争功》，以及石宜静、曾鸿源等9人的群口数来宝《长大要做好公民》获得了少儿组一等奖；赵梓琳、佟金育、刘金霏的群口快板《深圳行》，郭亮、刘宇的相声《学电台》，以及刘国平、刘迪的化妆相声《妙语连珠》获得了成人组一等奖。

本届大赛的一大亮点是大量优秀少儿参赛节目脱颖而出，12个进入决赛的节目，占总数的40%，呈现出长江后浪推前浪的可喜态势。“三代同堂”是深圳曲艺历史上的新现象，是“曲艺要从娃娃抓起”的一次创新运用。

第三届深圳(罗湖)粤剧节
推广粤剧艺术

12月9日至12日，由市文体旅游局、罗湖区政府共同主办的第三届深圳（罗湖）粤剧节在深圳举行，包括“粤剧粤曲精品展演晚会”、“海内外粤剧社团联谊演出”、“粤剧粤曲大家演、大家唱”、“少儿粤剧粤曲展演”、“粤剧精品折子戏进社区巡演”、“粤剧艺术讲座”等项目。来自海内外的一大批粤剧名角和港、澳地区的优秀演员登台献艺。展演会上，冯刚毅演出了粤曲《宝玉咏芙蓉》，彭帜权、危佩仪演出了折子戏《海瑞传》之《碎銮舆》等曲目。

粤剧是广东传统艺术，在深圳有一定基础。在娱乐方式多元化的新时代如何传承与发扬，是粤剧面临的重要课题。深圳市在“文化立市”战略背景下，推出多项举措推进粤剧艺术的保护、传承与发展，其中每两年一届的“深圳（罗湖）粤剧节”，已成为一项常设性大型文化活动。该艺术节以“传习、普及、交流、提高”为宗旨，坚持“政府倡导、社会运作、专业指导、群众参与”为办节方针，致力于粤剧艺术的传承教育，搭建专业与业余相结合的粤剧展演平台，开展国内外粤剧艺术交流，扩大粤剧粤曲的观众群体，培养粤剧人才。经过5年精心打造，粤剧节在海内外已享有一定声誉，品牌影响力不断扩大，成为深圳展示本土文艺建设成果、加强对外文化交流的又一平台。

非物质文化遗产保护取得阶段性成果

6月12日，是中国第五个“文化遗产日”，当日，由市委宣传部、市文体旅游局、广电集团主办，市文管办、博物馆、文物考古鉴定所等单位协办，举办了“文化遗产日”系列活动，包括《大善之美——深圳博物馆藏社会捐赠文物精华展》、大型非物质文化遗产电视专题片《鹏城遗韵》（30集）开播、《深圳市第三次文物普查成果展》、非物质文化遗产项目展演展示、免费文物鉴定等6项活动。其中，“大善之美”展览包含著名学者商承祚及其家人捐赠的文物，杰出新闻工作者邓拓夫人丁一岚捐赠的邓拓先生生前的旧藏，美籍华人沈达夫、沈湘若伉俪捐赠的中国书画精品，日本某友好团体捐赠的中国古陶瓷精品，美籍华人司徒倩女士捐赠的孙中山家族文物资料等，囊括特区建立30年来深圳博物馆所获得的文物精品。30年来，深圳市在不可移动文物保护、考古发掘、博物馆建设、社会文物管理、非物质文化遗产保护等方面已经取得了显著成绩。2009年深圳市全面完成第三次文物普查实地田野调查任务，《龙岗客家围总体保护规划纲要》等8项文物保护规划先后出台，大鹏所城、鹤湖新居等重点文物保护工程进展顺利；市博物馆《改革开放史陈列》荣获中国博物馆界最高荣誉——“全国博物馆十大陈列展览精品”奖；逐步建立了国家、省、市、区四级非物质文化遗产名录保护机制，截至2010年6月，深圳市公布了39项市级非物质文化遗产名录、59项区级名录，2项列入国家级名录，18项列入省级名录。

第十一届深圳读书月再上新台阶

11月1日，第十一届深圳读书月启动。启动仪式上，《深圳读书月发展规划（2011~2020年）》正式向社会发布，《规划》全面总结读书月活动的发展基础，明确未来10年“力争把读书月打造为与东方魅力都会相匹配的特色文化品牌”的战略目标。从打造共享式阅读、个性化多样化高端化阅读、新阅读、品牌体系和阅读文化交流平台等方面，对读书月未来发展进行了规划和部署。

2010年读书月的年度主题是“文明公民，阅读为荣”，将阅读活动的开展与文明城市建设相结合。围绕主题，共举办403项活动，其中重点主题活动42项，各区、系统及协办单位活动361项。活动分“新起点·新高度”、“爱青工·重基层”、“我阅读·我成长”、“新阅读·新视野”、“抓创新·促提升”等五大板块，广泛渗入机关、企业、校园、家庭等各类组织，覆盖青少年学生、来深建设者等各类人群。在注重传承传统文化的基础上，通过开展手机阅读季、全民阅读网上线运行、全球华文阅读博客大赛、华语校园网络文学大赛、“E读站”等活动，拓展阅读新领域，丰富阅读新形式，把握数字化时代新阅读趋势。在历届读书月常规活动的读书论坛上，组委会邀请詹伟雄、傅道彬、葛兆光、吴国盛等10位专家就科学、人文、创意、艺术等方面与广大市民交流。本届读书月特别策划“读书月进厂区”等一系列针对青工的读书活动，包括编辑出版《青工心灵读本》、推荐的10本好书书目、举办第六届全国打工文学论坛、“青工大课堂”系列活动等。

在特区建立30周年之际，本届读书月推出“深圳阅读30年”主题展，以文字、图片、音像、实物等形式，全面展示特区30年阅读文化发展历程；举办“深圳30年30户书香人家评选活动”全方位反映深圳市民阅读生活。

主办方论及深圳读书月的意义时评述道：深圳读书月在深圳30华诞这一关键时刻拉开第二个十年的华美序章，一定能顺应新趋势，再上新台阶，产生新影响。中宣部出版局副局长刘建生代表中宣部对深圳读书月给予高度赞誉，认为这是中国阅读文化中卓然可见的创举，寄望深圳读书月迈开新的十年步履，与日俱增，与时俱进。

12月14日，第十一届深圳读书月总结与表彰大会召开，包括市文联在内的19家单位获“优秀组织奖”，新华社深圳支社等31个单位获“优秀传播奖”，市文联主办的“第六届全国打工文学论坛”等31个项目获“最佳活动项目”，于爱成等19人被评为“优秀联络员”。

中国书协、市文联领导为深圳第二届创意书法展剪彩

创意书法吸引观众

第五届客家文化节致力创新发展

“吾城吾乡”摄影年展获奖作品（从左到右）李政德《看不见的城市》、张长江《富士康青工》、罗宾《轨道交通》

中国文联、中国曲协、深圳市文联领导为“南山杯”首届全国曲艺新人新作邀请赛、
深圳市第三届新人新作曲艺表演大赛获奖者颁奖

第三届深圳（罗湖）粤剧节剧照

2010年“文化遗产日”系列活动现场

第十一届深圳读书月活动现场

第四篇　全民共创

社会是文艺工作、文联工作最宽广的舞台。随着深圳从实施文化立市战略向建设文化强市迈进，深圳文艺界、市文联积极探索新的形式和载体，通过履行联络、协调、服务职能，充分发挥联系文艺界人士和社区文艺爱好者的桥梁、纽带作用，在指导和推动群众性文艺活动方面进一步发挥作用，文化艺术的触角延伸到社会的各个基层。不仅为群众提供观看、欣赏艺术的机会，同时也为他们参与表演、展示才艺搭建平台，一支支文艺生力军来自群众、扎根群众、服务群众，实现高雅艺术和大众文化的融通。

首届深圳合唱节掀起群众合唱新高潮

深圳合唱节是深圳“音乐工程”的组成部分，是一个立足本土、面向世界的常设性艺术节，从2010年开始，每两年举办一次。深圳具有浓郁的合唱艺术氛围，有千余个合唱团、上百项合唱活动，深圳合唱节将在此基础上，打造运作规范、水平一流的合唱艺术节庆。

首届深圳合唱节由市委宣传部、市直机关工委、市文体旅游局、市教育局、市总工会、市文联联合主办，内容包括开展深圳30年30首合唱歌曲作品评选、举办合唱指挥培训班以及10场合唱专场决赛、3 场总决赛和 1 场颁奖晚会暨优秀合唱展演等活动，是深圳建立特区30周年庆祝活动中规模最大、时间跨度最长、参与面最广的文艺活动。

合唱节自 5 月初启动，到9月20日举行《与歌声同行》首届深圳合唱节闭幕颁奖晚会，历时4个多月，规模为深圳历史之最。共有200多支队伍8000多名演员热情参与，涵盖社会文化的各个层面，观众总人数接近10万人次。经过专家评选，评出演出奖34个，其中金奖11个、银奖14个、铜奖9个；评选出优秀指挥奖 5 个、优秀伴奏奖 5 个；优秀展演奖 2 个、优秀合唱歌曲奖30首和优秀组织奖17个、组织奖15个共108个奖项。获得演出金奖的是：深圳音协合唱团、深圳高级中学合唱团、深圳市交通运输委员会合唱团、深圳市国家税务局合唱团、福田区教师合唱团、南山区教育艺术团女声合唱团、深圳烟草男子合唱团、宝安区大浪羊台山青工艺术团男声合唱团、中央教科所南山附属学校合唱团、罗湖区桂园街道办事处合唱团、深圳市委组织部老干部合唱团。据统计，在132支参赛合唱团演唱的264首合唱作品中，共有73首为深圳原创合唱作品，显示深圳合唱歌曲创作异常活跃；并涌现出一大批优秀合唱队伍，充分展示了全市合唱艺术团队的精神风采和艺术水平，为深圳经济特区建立30周年献上一份厚礼。

配合庆祝特区30周年的活动主题，首届深圳合唱节以群众广泛参与为主要特点，掀起了群众合唱活动的高潮，充分体现了合唱活动具有广泛的群众基础和社会影响力，营造了文明健康，和谐稳定的社会环境。

合唱节期间，“庆祝深圳经济特区建立30周年——深圳30年30首合唱歌曲作品评选”结果揭晓，《春天的故事》、《走进新时代》、《走向复兴》、《永远的小平》、《在灿烂的阳光下》、《又见西柏坡》、《遥远的小渔村》、《祖国，深圳对你说》、《大河文明》、《南方的天空》、《五彩缤纷的大地》、《唱响和谐》、《走进春天》、《祖国万岁》、《唱给春天的歌》、《客家妹子》、《我幸福　我自豪　我是深圳人》、《未来进行曲》、《走向和谐》、《梦的翅膀》、《枫叶》、《欢乐的社区欢乐的家》、

《将进酒——盼台湾回归》、《童谣》、《我们创造，我们向前》、《我在这里》、《我的家》、《从这里开始》、《特区少年》、《深圳筑梦的地方》等30首歌曲入选。这是从全市81首合唱作品中遴选出来的，大部分为2007年后新创作的合唱作品。

来自全国的专家评委高度评价了此次活动，认为深圳合唱艺术达到了全国领先水平。深圳30年30首合唱歌曲作品评选活动意义深远，在全国都不多见，是对深圳30年合唱音乐创作的总体回顾和最好的总结。

第六届深圳外来青工文体节整合全市文艺和体育资源

“外来青工文化节”是深圳一个文化活动品牌，创办于2005年，每年一届，由市委宣传部、市文体旅游局、市人力资源和社会保障局、市总工会、团市委、市妇联、市文联和宝安区委、区政府联合主办。从2010年开始，组委会决定将“外来青工文化节”更名为“外来青工文体节”，相应增加体育健身等内容，活动时间为4月28日至5月28日。

本届文体节是深圳整合全市文艺和体育资源，为来深建设者奉献的一次文体盛宴，以“展现文体风采，满足文体需求，营造家园氛围，喜迎大运，共建和谐深圳”为主题。围绕纪念深圳经济特区建立30周年和“迎大运”，在一个月的时间里，在全市范围内举行17项文体活动，包括外来青工读书成才巡回报告会、“手拉手”文化关爱联谊活动和外来青工服饰文化展演等3项活动；第六届外来青工文体节开幕式和闭幕式暨颁奖晚会2台；外来青工歌手大赛、外来青工风采摄影大赛（全国）、外来青工书法大赛、外来青工才艺大赛、外来青工知识竞赛、外来青工器乐比赛、外来青工棋类挑战赛、外来青工五人足球赛、外来青工三人篮球赛、外来青工拔河比赛、外来青工集体跳绳比赛和外来青工趣味体育比赛等12项比赛。参与人数达3869人次。活动征集书法、摄影作品5293件，共评出金奖32个、银奖56个、铜奖81个。与此同时，各区、街道也开展了丰富多彩、形式多样的活动共计500多场次，直接参与市的民和外来青工超过1万人次，间接受益群众达百万之众。扩大了外来青工的参与面，为青工打造了一个更加广阔的沟通和交流平台。

第七届关爱行动构筑城市人文精神

1月12日，第七届深圳关爱行动在市民中心礼堂启动。本届关爱行动密集活动期为3个月，共开展349项重点活动、746项常规活动。

深圳关爱行动历时7年，在社会各界引起巨大反响，已成为深圳精神文明建设的一大品牌、构筑城市人文精神的重要载体和构建和谐社会的有效途径。在本届关爱行动中，市文联充分发挥文艺的特点和优势，精心策划一系列富于艺术气息、传播艺术知识的爱心活动，组织音乐、戏剧、舞蹈、书法、摄影、评论、民间文艺、曲艺、杂技等艺术门类的艺术家和文艺工作者，组成市文联艺术团，开展形式多样的爱心活动，其中不少活动内容新颖、群众参与性强、独具特色，深受市民群众欢迎。

1月20日，由市文联、市地铁集团公司主办的“温暖你我心——为地铁建设者放歌”活动在新深圳站龙华枢纽地铁工地举行，市文联艺术团为地铁建设者们献上高雅的文艺表演，向奋战在深圳地铁建设一线的建设者们致以崇高的敬意和热情慰问。1月底至2月上旬，20多名市书法家兵分多路，先后赴南山、光明、坪山等区，为群众义务书写春联。同期，各区文联积极开展“2010年送春联进万家”活动，把书法艺术新风吹到龙岗的每一个角落。深圳摄影家组队进行“市文联摄影爱心行动”，为来深建设者、市民义务拍摄影像，记录生活的美好；并以学习摄影艺术为主题，举办摄影知识讲座。由市评论家协会承办的艺术教育讲座进社区、进校园活动传播艺术知识，受到市民和师生的欢迎。

为了表彰先进，鼓励更多的单位及社会力量参与深圳关爱行动，营造“关爱·感恩·回报”的良好氛围，市关爱办联合相关单位于3月12日启动了第七届深圳关爱行动“最具创意活动”、“市民最满意活动”评选。4月28日，第七届关爱行动表彰晚会隆重表彰了“十大最具爱心人物”、“十大最具爱心家庭”、“十大最具爱心企业”、“十大最具爱心社区”。市文明办发出《关于表彰第七届深圳关爱活动先进集体和先进个人的通报》，市文联被评为“优秀组织单位”，市文联、市评协主承办的“艺术影响未来——关爱外来工子弟艺术教育活动”和市文联、深圳摄影学会主承办的“深圳市文联摄影爱心行动”两项活动被评为“市民最满意活动”，摄影家全燕荣被评为“先进工作者”。

首届深圳合唱节共有200多支队伍8000多名演员参加

第六届深圳外来青工文体节
艺术与体育相结合

深圳文艺界积极投身第七届关爱行动

美术、书法、摄影等艺术门类展览吸引大量观众

各类公益文化活动丰富市民生活

公益系列展演让公众走进艺术殿堂

公益文化设施全面免费开放 博物馆、纪念馆、美术馆、公共图书馆、文化馆（站）是政府设立的公益性文化事业单位，是开展公共文化服务的重要场所，是保障人民群众基本文化权益的重要阵地。党中央、国务院高度重视公益性文化设施免费开放工作，温家宝总理在《2010年政府工作报告》中提出“推进美术馆、图书馆、文化馆、博物馆免费开放，丰富人民群众的精神文化生活”，李长春、刘云山、刘延东同志多次作出重要批示，要求做好免费开放工作。

深圳自2006年5月23日由深圳市文化局等单位联合发布《关于公益性文化设施向未成年人免费开放的通知》后，从2007年3月1日起，深圳博物馆、关山月美术馆、深圳美术馆、深圳画院、市群众艺术馆、深圳图书馆、少年儿童图书馆等市属公益性文化场馆，陆续实行免费开放。2008年起，深圳市基层图书馆、文化馆（站）陆续免费开放。2010年，深圳针对社会不同阶层、不同年龄层次群众的文化需求，大力拓展“免费”内容，推出免费艺术培训、免费文物鉴定、免费观摩艺术演出等公益文化服务，普惠广大市民群众。如关山月美术馆制订了《公共文化服务公约》，推出“义务导览”和专业的艺术讲解服务，并开设“第二课堂”，定期在馆内举办“四方沙龙”系列学术讲座。深圳美术馆购置了残疾人轮椅、儿童手推车、语音导览机供观众使用，精心编辑《美术馆之友》和《美术馆简介》图册，免费发送给市民。

据关山月美术馆统计，该馆免费开放以来，观众群体向普通市民扩散，特别是非专业观众群和低收入群体在增加。该馆2007年观众数量为18万人次，2010年观众人数达25万人次。深圳画院继续探索更有效、更有吸引力、更广泛的模式，为广大热爱艺术的市民观众提供更丰富、更生动、更精彩的文化艺术资源。2010年展览部共组织志愿者参加美术第二课堂培训6次，参加培训人数累计达200多人，志愿者服务画院展览活动10项，服务人数累计达120人，服务时间累计达360小时。

截至2010年底，深圳市共建成638座公共图书馆，并于2009年开始，以深圳图书馆为龙头，着力打造“全城一个图书馆”，推行公共图书馆全城统一服务。至2010年12月，深圳图书馆、自助图书馆及各区图书馆，全市共计157家图书馆（服务点）统一服务，实现全市范围内文献资源的共享和大流通，让读者真正享受到了图书馆免费开放的均等化、便利化。为引导市民文物收藏活动健康开展，从2010年起，市文物考古鉴定所把面向市民的“免费文物鉴定”活动进行提升，开展“盛世收藏”系列活动，包括免费文物咨询鉴定、文物收藏鉴赏大讲堂、文物收藏沙龙和文物精品收藏展四大类。截至年底，累计免费鉴定100余场。对社会流散文物进行鉴定累计达1万余人次，鉴定物品3万余件。

公益艺术展多元多彩 2010年，深圳各艺术机构大力开展各类展览，一方面，力求高艺术水准，在业内起艺术文化的导向作用；另一方面，更加自觉地承担起对公共教育的社会责任，让大众逐渐参与到具有学术性的艺术活动中来，通过欣赏展览提高其艺术鉴赏水准。多元化的展览活动突破了传统美术、书法、摄影、设计等展览模式，向策展定位准、布展创意新、开放全免费转变，以亲民性、艺术性和娱乐性让社会各界近距离地感受深圳艺术原创的魅力，形成了常设展与巡展、鉴赏与交流、普及与展示并举的多样格局。

由深圳市文联、深圳出版发行集团主办的深圳艺廊在2010年度共举办展览25个，展出作品1185件。其中，美术类展览8个，包括王伟庆的“真水无香——水彩作品展”，郭雯、丘舒曼的“传统·当代——郭雯、丘舒曼山水画新作展”，诸彪的“城情乡音”，李仕明的“建设者之歌”，唐递宏、陈宏新的“情系热土”，谢非油画展等。摄影类展览9个，结合深圳经济特区建立30周年纪念活动，组织市民站在30年的节点上感受和触摸深圳，如具有“全民参与”特点、面向大众的“发现城市之美”摄影大赛、“深圳一日·定格30周年”摄影大赛等。这些摄影大赛和展览强调的不是专业性、技术性，而是真实性，着重捕捉感人的细节，鼓励参赛作者通过镜头传达自身的情感，旨在发动市民从新视觉、多角度记录和展现深圳30年的巨大变化。拍摄范围包括自然风貌、城市风景、打工生活、人物肖像、图片故事等。所征作品画面真实动人，透出一种城市的人文情怀。“发现深圳之美”和“深圳一日”摄影大赛具有持续性，主办方把每一届获奖作品和入围作品进行积累，成为深圳城市生活的影像记录。此外，曾庆旻的《经典20年》、李政的《公安卫士》等也展示了深圳的摄影水平。书法类展览8场，包括首届深圳刻字艺术展和三次“深圳青年书法系列展”，展出王子蚺、左奇志、李延奎、李锐等60多位中青年书法家的精品力作。

深圳画院在2010年度与关山月美术馆、香港文化艺术交流协会等联合主办了公益性专业美术展览共13次，参观人数共计约15，000人次；配合展览举办了演讲会及第二课堂共6场，听众人数共计约420人次。其中，“传统意韵·创意文化——新媒体系列展”展览以视频、影像、摄影、多媒体、动画等新科技诠释和演绎了中国传统经典文化，探讨了这一新艺术形式和传统水墨、戏剧、文学、民间艺术的关系，给观众带来一种新的视觉感受。“水墨·双城——港深都市水墨画作品展深圳展”汇集了深港两地从事水墨画创作的50余位代表性画家以“都市水墨”为内容的80多件作品。深港水墨画交流展已成为深港两地文化交流项目常设性活动之一。另外，深圳画院还主办了“吴家骅山水展”、“尹晶华、李家原作品展”、“惠州画院作品展”、“曾仕猷录像艺术展”、“大画六一·大爱自然”展、“庆祝建国61周年暨深圳经济特区建立30周年套色木刻精品展”等，协办了“拆造——何陋轩冯纪忠先生建筑作品研究文献展”等。

何香凝美术馆全年共完成展览活动26个，其中何香凝美术馆10个，何香凝美术馆OCT当代艺术中心（简称OCAT）16个；举办讲座17讲，研讨会多场；编辑印刷展览画册、文集、文献15本（其中出版4本）。被搜狐时尚文化中心评为“年度十佳艺术空间”，被华侨城集团评为“华侨城创想奖优秀提名奖”。其中，“谷文达实验水墨展”、“蝴蝶效应——两岸四地艺术交流计划”、“回车——OCAT五周年庆典暨‘青年OCAT计划’”、“何香凝艺术精品陈列展”、“艺术的华侨城——庆祝华侨城成立25周年艺术收藏展”等重点项目影响显著。

“谷文达实验水墨展”以“水墨炼金术”为主题，强调水墨实验作为古代文明和当代文明多重元素化合过程的奇特性和不可预知性，隐喻这一过程周而复始的超度属性。OCAT的活动以当代视觉艺术为主体，辐射实验表演、音乐、影视、多媒体等跨界领域。2010年，OCAT以一种区别于简单陈列的方式，组织一个具有活力、趣味和互动性强的回顾性典藏展，正式启动“青年OCAT计划”。系列活动包括“零距离：五周年庆典展”、“跳格——优秀舞蹈录像放映”、“新声——实验电子音乐表演”、“青年OCAT计划”之“去”展、“青年OCAT计划”之“国际当代艺术机构研究”工作坊等。何香凝艺术精品陈列展是何香凝美术馆馆藏长期陈列的展览项目，让深圳与远道而来的观众能够随时参观、欣赏到何香凝的艺术。陈列展共展出何香凝在60余年创作生涯中的代表性书画作品41件，呈现她的艺术品格和人生轨迹。“艺术的华侨城——庆祝华侨城成立25周年艺术收藏展”挑选了华侨城具有代表性的25件的当代艺术藏品，包括公共艺术作品（华侨城区域）和架上绘画两部分（室内）对华侨城艺术藏品进行全面的梳理和展示。

专题系列公益演出创造舞台艺术新模式
2010年，深圳大剧院共举办公益类演出94场，其中，有策划、有包装、有主题的专题系列“戏聚星期六”40场、“新春关爱月演出”5场。演出类型包括话剧、交响乐、儿童剧、戏曲讲座等等，内容丰富，形式多样，多层次满足市民的多重文化需求。

“戏聚星期六”以传承戏剧经典、弘扬传统文化为宗旨，以弘扬中华民族传统文化为目标，以中国戏曲普及和欣赏为切入点，以解说、演唱、表演相结合的形式，为广大市民提供听戏、赏戏、知戏、唱戏、学戏的好机会，广泛满足深圳戏曲文艺爱好者的文化需求。“新春艺术关爱月”活动为春节留守在深的市民送上了节日的祝福和关怀，让市民享受深圳的文化繁荣成果，体现政府对市民的艺术关爱。在2010年度的“关爱月”中，儿童音乐剧、交响音乐会、粤剧折子戏等本土创排的精品登上深圳大剧院舞台，市民反响热烈。

由深圳音乐厅主办的2010年度“美丽星期天”于3月21日由著名钢琴教育家但昭义教授携其弟子开启第一场音乐会。从启动到结束，其间有40个周日，共举办了40场冠名“美丽星期天”的音乐会，入场观众共计4万多人次。著名钢琴演奏家陈萨，著名音乐评论家、作家马慧元，从深圳起步的年轻艺术家张璋、聂佳鹏，香港著名管风琴演奏家赵小玲，上海音乐学院副院长杨燕迪，国外知名大学音乐教授、自由音乐人梅丽莎·卡卢西奥、安德列斯·韦伯、伊利亚·歇普斯等，都在“美丽星期天”的舞台上用精湛的技艺传播音乐。

由深圳书城中心城主办的“深圳晚八点”系列公益活动旨在为市民晚间文化休闲生活提供多元选择。该活动启动于2008年11月，围绕“阅读与生活”延展，以市民喜闻乐见的形式呈现和演绎，开设了“职场那点事”、“深圳读书会”、“英语角”、“音乐时空”、“书友会”、“生活教室”、“阶梯剧场”七个栏目，分别于周一至周六晚八点时段推出。其中，“深圳读书会”、“音乐时空”、“书友会”、“阶梯剧场”成为文学艺术家与市民进行艺术交流的平台。2010年度，深圳作家、评论家杨宏海、杨争光，篆刻、书法家钟国康，出版人路金波，《最小说》80后新锐写手王小立，古琴演奏家姚亮，原创歌手刘振宇等都在“深圳晚八点”与市民相见，欣然开讲。

“戏聚星期六”、“美丽星期天”、“深圳晚八点”等系列公益活动，形成了一个个鲜活的、富有情趣的城市文化生活空间，成为公共文化服务的重要提供者和城市精神文明建设的重要载体，呈现深圳市民文化生活的新生态。

低票价享受高品质高雅艺术演出

“红五月”三个艺术节同时举行 2010年5月，被称为深圳舞台艺术的“红五月”，2010文博会艺术节、第九届中国艺术节深圳分会场、首届外来青工文体节三大活动同时举行。其中，文博会艺术节由深圳市委宣传部、市文体旅游局联合主办，演出地点涵盖了深圳的五大演出场馆：深圳大剧院、深圳音乐厅、深圳保利剧院、深圳市少年宫剧场和龙岗文化中心，由主会场21台剧目37场演出以及龙岗分会场的400余场文化活动组成，包括严肃音乐、流行音乐、民乐、舞蹈、话剧、戏曲、儿童剧、诗歌朗诵以及魔术等剧种。在主会场的剧目中，世界名团斯图加特广播交响乐团的交响音乐会，古琴家陈雷激与法国现代乐团合作的“智者的花园——多媒体视觉艺术音乐会”，萨顶顶担纲的闭幕演出带来了艺术上的高品质和形象气质上的高品位。远道而来的法国革命舞蹈团、法国现代乐团等演出团体和本土的深圳交响乐团、深圳市芳吟古筝乐团、深圳粤剧团等院团，也奉献了精彩演出。

本届文博会艺术节坚持“高品质，低票价”路线，满足市民欣赏高雅艺术的渴望与需求。三分之二以上演出有低至50元、100元的低价票，而成本较高的顶尖演出也整体降低票价，精品剧目演出平均票价不超过280元。此外，为充分体现“文化关爱”主题，龙岗分会场预留部分精品剧目的演出票，邀请驻龙岗部队官兵、优秀来深建设者、社区低保家庭等特殊群体走进剧院，欣赏高雅的文化艺术，全面落实“文化惠民”工程。

保利剧院2010年演出季汇聚中外经典戏目 2009年12月22日，话剧《蜗居》拉开了深圳保利剧院2010新年演出季的大幕。深圳保利剧院2010年演出季演出项目风情各异，汇聚交响乐、芭蕾舞、音乐剧、歌舞晚会、舞蹈、话剧、演唱会等中外经典戏目。新春期间，美国南亚利桑纳交响乐团带来的《大峡谷上空的交响》集中展示美国作曲家格什温、格罗菲、伯恩斯坦的传世之作；孙海英、吕丽萍夫妇首次携手出演话剧《培尔·金特》，用激情重新解读该剧。9月2日晚，深圳保利剧院举行“2010中国联通金秋演出季”开幕式，市文联党组书记罗烈杰、副主席杨宏海、南山区文化局局长姜广华、中国联合网络通信有限公司深圳市分公司总经理舒兆平等出席了新闻发布会，并为“金秋演出季”剪彩。演出季从9月2日持续到11月29日，历时3个月，共10个剧目20场演出，包括“费翔群星怀旧金曲巡回演唱会”、舞蹈家杨丽萍出任总编导和艺术总监并领衔主演、音乐总监的《云南映象》，“香港纯弦组合弦乐六重奏音乐会”，迪士尼经典品牌《歌舞青春》的舞台版，中国杂技团的“大型情景魔术晚会——李宁魔幻之旅”，韩国爆笑功夫剧《JUMP》、“荷兰通俗无伴奏炫技合唱团音乐会”，钢琴演奏家孙梅庭的《纪念肖邦诞辰200周年——孙梅庭钢琴独奏音乐会》，英国TNT剧院演绎的莎士比亚名剧《奥赛罗》，由田沁鑫导演的话剧《四世同堂》等。

在“2010中国联通金秋演出季”中，深圳保利剧院结合剧院自身优势和资源，通过对演出档期、演出质量、演出票价分析评比，与中国联通达成了145万元的9~11月金秋演出季总冠名合作协议（溢价合作协议）。中国联通冠名合作属于深圳保利剧院票务销售改革创新的成功案例，合作模式也打破深圳保利剧院以往的合作模式，不是传统的客户给多少费用，以降价折扣的形式回馈客户多少费用的演出门票，而是通过“票务回馈+广告宣传”的溢价合作模式，根据客户自身条件和需求以及费用标准，为客户量身定做的合作方案。通过改革创新，进一步提升深圳保利剧院在深圳及珠三角地区的市场竞争力。

深圳大剧院艺术节“复牌” 深圳大剧院艺术节始创于1992年，2006年举办了第12届之后，因剧院改造停办两年，于2008年12月以“奏响高雅和谐乐章，再现艺术殿堂风采”的主题词重开第13届大剧院艺术节大幕。此后，又再停办3年。2010年，大剧院有步骤、有计划地恢复演出主营业务，重展深圳大剧院艺术节艺帜，对内重新组建演出业务部，引进人才，加强队伍建设；对外与北京中演公司签定院线合作协议，实现演出资源整合、优势互补、共谋发展；邀请广电集团、报业集团为协办单位，扩大影响力，成功举办第14届大剧院艺术节。本届深圳大剧院艺术节打破以往艺术节整台节目采购方式，自行制作两台大型节目——开幕式《大型配乐诗歌朗诵会》、闭幕式《廖昌永、魏松、沈洋中国经典三声部演唱会》。在节目内容、选诗、配乐、串词、编排、定曲目、舞美设计等环节方面的精益求精，力求完美，受到观众的认可与称赞。本届艺术节汇集了圣彼得堡爱乐乐团、俄罗斯国家芭蕾舞团、印度ZEE宝莱坞歌舞团、中央歌剧院、中国国家京剧院、上海芭蕾舞团、上海越剧院等国内外享有盛誉和实力的演出团体。剧目选择充分考虑观众欣赏档次的多元性，融艺术性和观赏性为一体，以演出内容丰富、形式多样为原则，包含朗诵会、音乐会、交响乐、钢琴演奏会、芭蕾舞、歌剧、京剧、越剧、黄梅戏、印度歌舞、儿童剧等10余类23场系列演出。芭蕾舞剧《天鹅湖》翩跹优雅，歌剧《图兰朵》华美大气，芭蕾舞剧《白毛女》经典感人，越剧《红楼梦》、《西厢记》、《追鱼》传世不衰，黄梅戏《雷雨》耳目一新，京剧《满江红》、《柳荫记》荡气回肠。参加演出的艺术家有田华、方明、焦晃、张家声、童自荣、姚锡娟、魏松、廖昌永、沈洋等；专场音乐会有王秀芬、程志；中国歌舞剧院俞峰、幺红、马梅、耿哲、柳红玲等；上海越剧院郑国凤、王志萍；中国京剧院于魁智、李胜素；圣彼得堡乐团艺术总监和首席指挥尤里·特米尔卡诺夫、钢琴伴奏世界著名钢琴家丹尼斯·马祖耶夫等，名剧、名团、名家云集。

艺术机构运营新课题

在11月18日深圳市第五届人民代表大会常务委员会第四次会议上，深圳市审计局局长陈倩雯公布了《深圳市2010年度绩效审计工作报告》，当中独立类型的绩效审计项目8个，在有关“深圳音乐厅深圳大剧院运营绩效审计调查”项目中，报告述道：“在政府公共文化场馆扶持方面，审计调查了2007年至2009年深圳大剧院、深圳音乐厅的运营情况。3年来，市财政及宣传文化基金累计补贴深圳大剧院2358万元，补贴深圳音乐厅4041万元，主要用于补助场馆运营费用及公益演出项目。期间两单位分别安排演出（含租场）553场和451场，大剧院艺术节、新年音乐会、中外艺术精品演出等已成为深圳有影响力的文化品牌。作为公益性场馆，深圳大剧院、深圳音乐厅定期开展‘戏聚星期六’、‘美丽星期天’等公益性文化活动，惠及市民。但两家场馆运营主要依靠市财政扶持，剔除财政补贴收入后，深圳大剧院、深圳音乐厅在未计提场馆和主要设备折旧的情况下，3年累计亏损分别为2050万元和2172万元。”

“深圳大剧院、深圳音乐厅运营绩效审计调查结果显示，深圳大剧院的大剧场近3年来近三分之二的天数空置，深圳音乐厅2007年10月底开业以来，演奏大厅2008年至2009年全年一半以上天数空置。深圳大剧院、深圳音乐厅的小场使用率更低，全年80%以上的天数空置。而上海大剧院、香港文化中心的大中小三个场地2009年每个场地演出均达到220场以上，与之相比，深圳场馆使用率偏低。”

“深圳大剧院、深圳音乐厅运营绩效审计调查发现，管理体制不顺畅影响运营单位经营管理，也不利于发挥场馆的公益作用。两家运营单位转制为企业后，场馆划归市财政委管理；演出业务受市文体旅游局管理；经营由深圳市投资控股公司管理。经营利润成为主要考核指标，使场馆在公益性和市场性方面难以平衡。2010年运营单位停止托管转入深圳市投资控股公司后，市财政停止拨付场馆运营费用补贴，新的补贴方案至审计结束时仍未确定，继续由运营单位承担场馆维护费用。审计调查还发现，市财政委未根据《深圳市事业单位体制及行政事业性国有资产监管体制改革领导小组会议纪要》的要求，办理场馆及相关资产的分割和移交工作。资产产权未分割明确，导致资产管理的责权利不清，不利于场馆的长久正常运营。”

大剧院、音乐厅是具有活跃的艺术创作和制作能力的艺术机构。如何以创意策划为驱动，发挥运作调度能力，结合国内外优势力量，为编剧、导演、表演、舞美、作曲等各类本土艺术家搭建巨大舞台，孕育属于这个时代的艺术产品，并通过各种公益性或政府补贴的艺术普及活动，拉近人们与高雅艺术的距离，培养高雅艺术的文化消费习惯，提高民众的文化艺术修养，让更多人走进艺术殿堂，艺术经营与市场经营并重，有效实现社会效益和经济效益的平衡，是深圳艺术机构的重大课题。

各区文艺活动各具特色

福田区建设完善公共文化服务体系 福田区区委、区政府对文化艺术工作非常重视，把完备的公共文化服务体系建设列为“首善之区、幸福福田”的重要内容。为深化文化体制改革，于2010年3月出台《公共文化设施管理办法》，取消了文化场馆“以费养事，以馆养人”的管理模式，建立了“设施规范使用告知、弹性服务、文化活动公告与社会监督、重大文化活动应急引导、场馆使用审批、专业设备管理、设施日常维护、重大项目负责制”等10项日常管理制度，推行文化场馆“弹性服务”，提高了公共文化设施的公益性和文化利用率，深受辖区群众的欢迎。经过多年努力，福田区已形成了一系列特色鲜明的品牌文化活动。“外来青工才艺大赛”是广大来深青工加强交流、展示才华、实现梦想的“星光大道”，2010年吸引1500多名全市各行各业来深青工参赛。“深圳国际标准舞世界公开赛”，已成功升格为“WDC国际标准舞世界杯”，2010年共有来自世界各地的2000多名选手参赛。福田区第十届社区艺术节群众歌会共有87支合唱队超过3500人参赛，是一次名副其实的群众歌唱盛会，选送参加首届深圳合唱节总决赛的两支代表队，获得“一金一银”的成绩。“双钢琴四手联弹表演赛”是福田区打造“钢琴之区”的一项重要举措，已成功举办5届，2010年共吸引来自加拿大等7个国家和地区的231组选手近500人参赛。“创意12月”重要项目之一首届“福田杯”动漫创意大赛，吸引全国14个省市的2000多名作者3100余件作品参赛。在“小题材、小投入、小制作，为大众服务”的创作理念指导下，福田区鼓励广大文艺工作者进行各种形式的文艺创作，2010年，联合深圳经济特区报举办“深圳放歌”征歌活动，歌曲

《南方以南》荣获一等奖、“鹏城歌飞扬”深圳原创音乐十佳金曲。

福田区文艺活动剪影 ^

罗湖区强项做强，精品做精 2010年，罗湖区广大文艺工作者立足社区，面向大众，以“不贪大，不求全，但求精”为理念，将罗湖的强项做强，精品做精，创作了一批在深圳乃至全国都有一定影响的文艺精品：区文化馆组织创作的小品《守候》等4个作品在“群星奖”获奖，使罗湖再次成为全国获此奖项最多的县级单位；辛之宽魔术团创作表演的魔术《扇韵》获得第8届中国“文华奖”金奖和最佳道具奖；黄贝凤凰女子合唱团的《天路》荣获第10届中国国际合唱节金奖和指挥金奖；200多个不同艺术门类的节目或作品获各级奖项。围绕深圳经济特区建立30周年，罗湖区开展各种纪念活动，区文联、区作协组织筹划“《罗湖的故事》——纪念深圳经济特区建立30周年‘写罗湖’有奖征文活动”，获奖作品集《罗湖的故事》于年底出版发行；区摄影学会组织“一起走过从前——罗湖30年”大型摄影展览征稿活动，用摄影艺术形式，反映罗湖30年来的巨大变化，展览在东门摄影广场展出。由区委宣传部、区委统战部主办，区文联、区美术家协会承办《罗湖记忆》美术作品邀请展共展出反映罗湖历史变迁的各类题材的油画、水彩画、水粉画作品80多幅，展览分别在万象城商业区和罗湖区委二楼多功能厅举行，受众广泛。由区摄影学会及美协、书协收集罗湖建区30年来优秀摄影美术书法作品，编辑《纪念深圳经济特区建立30周年罗湖区优秀摄影美术书法作品集》，画册于10月正式出版，入集作品于国庆期间在“罗湖社区家园网”展出。区音协策划出版了《纪念深圳经济特区建立30周年罗湖创作歌曲集》，以歌曲的形式记录和再现深圳30年发展的风雨历程、沧桑巨变和辉煌成就，向深圳经济特区建立30周年献礼。区书协参与举办“航诚杯”深港少儿书法大赛，以“庆祝深圳经济特区建立30周年，喜迎大运畅想未来”为主题，组织近千名深港少儿书法作者参赛，取得良好效果。

罗湖区文艺活动剪影 ^

南山区资助政策促进艺术发展 2010年初，南山区委宣传部、区文化局联合公布《南山区文化艺术活动资助实施细则》，支持、鼓励辖区内文化机构、社会艺术团体开展对推广发展本区文化艺术有直接贡献的非营利公益文化艺术活动。《实施细则》列明，凡注册（驻）于南山区，并在南山区开展演出、展览、创作、艺术推广、文化交流等文化活动的团体、机构，均可申请政府资

南山区文艺活动剪影 ∧

助。每年5月和11月分两次接受申请，由专家组成的资助评审小组对申请人是否符合资助条件及所申请活动的计划内容、可行性、团体过往举办同类活动的成绩、组织能力等几个方面进行评审，资助金额根据不同的项目从1.5万到20万不等。其中对有创意和具开拓性的本土文化艺术活动以及提升南山城区文化形象、提高本土民众艺术水平的艺术活动给予重点资助。截至2010年11月，南山区已受理55个申请，文化活动资助安排资金700万元。此外，南山区文化局与雅图公司合作，由区财政扶持300万元，以政府补贴、企业经营、限制票价、服务大众的原则，在中低收入集中的工业区、住宅区建设10家低价社区数字影院，影院平均票价为10元左右，深受群众欢迎。在有效的措施下，南山区民间文艺社团的发展得到了实质性支持。周末系列、社区流动、剧场精品等文艺活动满足不同层次群众需求，“南山粤剧艺术周”、“青工文化快车”、“南山音乐节”、“周末广场音乐会”等特色各异的文艺活动品牌百花齐放。本年度，南山区文艺创作也有了新成果，区文联策划并协（资）助区曲艺家协会、区戏剧家协会创作演出了喜剧《大树底下好乘凉》、小品《早茶》等，主办纪念深圳经济特区建立30周年美术、书法作品展和“时代的镜像”美术作品展，成功组织“30年城事”有奖征文活动。“南山区文联艺术创作基地”在中山公园落成挂牌使用，开始筹划建设“南山区文联舞台艺术基地”。

盐田区突出海洋文化特色 据《深圳市盐田区2010年社会建设与发展公报》公布：公共文化服务“全区公益性文化场馆100%免费向社会开放。区图书馆全年接待读者65万人次，区博物馆接待参观者16.7万人次。全年举办各类公益文化活动1621场次，其中文化艺术培训1128场，专题讲座126场，广场文化活动102场，周末文艺活动94场，展览31场，公益电影140场，基本做到“天天有小型文化活动，周周有电影和音乐会，月月有展览和演出。”在文艺精品创作方面，盐田区突出海洋文化特色，持续致力挖掘、创作海洋文化题材文艺作品，如舞蹈作品《赶潮》、《桅杆上的凉帽》、《天雨》、《染网》、《海角鱼灯》，歌曲《好大好大码头》等，并以海洋项目为突破口，整理并成功申报一批国家、省、市非物质文化遗产。“盐田疍家人婚俗”入选省级非物质文化遗产名录；“天后宫天后宝诞祭典”入选市级非物质文化遗产名录。对有300多年历史的“沙头角鱼灯舞”进行重点挖掘、保护、传承，先后编排了原生态版鱼灯舞、广场版鱼灯舞、少儿版鱼灯舞、舞台版鱼灯舞。这些项目的挖掘和整理，体现了盐田独特的历史和文化气息。2010年，盐田区举办了“情系山海——蓝色盐田”摄影大赛暨优秀图片征集展；推出了大型文献纪录片《百年中英街》，该片有利于了解近代中国历史、增强民族情感、构建社会主义核心价体系。

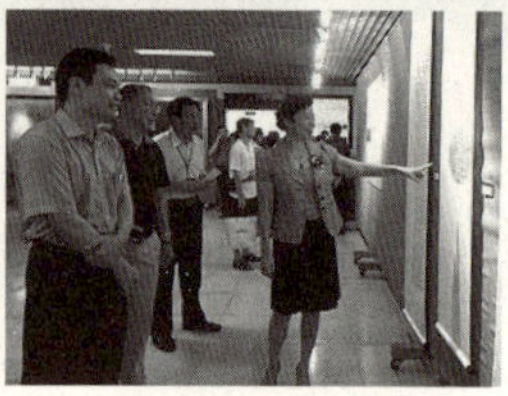

盐田区文艺活动剪影

<

宝安区大型活动显示实力 在加强文艺工作的特区一体化进程中，宝安区在精品创作、重大活动、艺术赛事等方面取得了优异成绩。2010年，第九届中国艺术节大地情深——“群星奖”曲艺决赛在宝安区举行，这是深圳市首次承办全国“群星奖”大赛，宝安区优美的城市环境和出色的承办组织能力，得到专家评委和社会各界的广泛好评与高度评价，区人民政府被授予“突出贡献奖”。围绕深圳经济特区建立30周年系列文化活动及重大赛事，重点创作情景快板剧《我们是快乐的打工妹》、话剧《突围1978》、《他是一名义工》和舞蹈《快乐的建筑工》等一批剧目。成功举办“深圳的路——宝安区纪念深圳经济特区建立30周年原创交响音乐会”、全国第六届打工文学论坛等大型文艺活动以及第三届宝安舞蹈比赛、征歌比赛等一系列活动，拍摄以台商来深圳投资创业为题材的电视连续剧《大台商》，编辑出版《30年打工文学精选》和《打工文学论文集》。2010年度，宝安区文化局、区文联共组织策划展览60余场，其中，“纪念与永恒——全国名家美术作品邀请展”是宝安区纪念特区建立30周年系列活动中规模最大、规格最高、参展名家最多的一场美术大展，赢得全国美术界专家和社会各界的广泛好评。“2010’中国景德镇当代陶瓷艺术精品邀请展”、“梁冰雕塑展”、“南风南韵”——阎敏、颜晓萍、莫建文画展”、“中国百杰画家——谢定超中国画作品展”、“迎新春中国画邀请展”、“杨志美术作品精品展”等各类艺术展览受到广大市民群众的喜爱和肯定。本年度，群文品牌活动“百场送戏下乡”等有序推进，据《宝安区2010年国民经济和社会发展统计公报》公布，“全年共开展各类文化活动3477场次，其中‘送电影进社区’2500场，‘送戏下乡’200场，传统节庆、重大纪念日、各类专场赛事和演出活动300场。全年获省级以上文化艺术奖项61项，其中国家级53项，省级6项。”

龙岗区集束性推出“大运”主题创作 作为第26届世界大学生运动会的主场馆，2010年，龙岗区围绕市委宣传工作主题，结合实际，组织主题文艺创作活动，成功举办了“迎大运创文明树新风”书法、国画、摄影比赛和“迎大运颂大运”配乐诗朗诵有奖征文、朗诵大赛，印刷大运建设画册、地铁三号线拆迁建设画册，创作大运建设者形象国画长卷等。与此同时，配合区委宣传部工作，区文联多次赴坪地、南澳、龙城、平湖、南湾等街道检查指导文艺精品创作，各艺术门类会员创作活跃。舞蹈《英雄无悔》、《城中人》在第七届“荷花奖”全国舞蹈比赛中分别获得“作品奖”银奖和“十佳剧目奖”。以区音协会员组成的

宝安区文艺活动剪影 <

龙岗区文艺活动剪影 ^

教师合唱团在“海峡两岸合唱节比赛”中获得银奖，教师合唱团、管乐团应邀参加第29届世界音乐教育大会专场音乐会；歌曲《幸福花开了》、《梦的翅膀》、《客家妹子》、《闪亮的名字》、《落叶的歌唱》分别获得省市歌曲大赛奖项。左奇志书法作品入展“写意书法”全国名家邀请展和广东省第三届中青年书法展，罗振怀美术作品《我们》入选深圳文化周“庆祝深圳经济特区建立30周年大型美术作品展北京展”；曾志友国画《开平碉楼》入选广东省岭南美术大展并入编画册。刘自得摄影作品《大运会工程建设者》获全国第六届“外来青工风采”摄影大赛铜奖。在“创意12月”第五届客家文化节中，“歌飞南澳”龙岗专场演出展示了内涵丰富、多姿多彩的客家民俗文化。由龙岗区委、区政府投资，市委宣传部、市文体旅游局支持指导，龙岗区文化馆和深圳市群众艺术馆联合创作的大型原创客家剧《雪娘》（原名《大围屋》）成为上海世博会艺术展演活动的剧目之一，在国际大舞台上，一展深圳和岭南文化的风采。

第五篇 文化产业

2010年，深圳市委、市政府出台了《关于支持深圳文化产权交易所发展的若干意见》以及《关于鼓励和引导文体旅游领域社会投资若干配套政策》两个文件，同时，将文化创意产业列为深圳战略性新兴产业，起草了《深圳文化创意产业振兴发展规划》及其配套政策。市文化产业发展专项资金从2007年正式运作以来，认定重点文化企业317家，共资助297个项目，资助总额合计2.436亿元。2010年深圳文化产业增加值达637亿,占全市GDP6.7%。

文博会进入“培育成长期”

5月14日至17日，第六届中国（深圳）文化产业博览交易会在深圳成功举办。中共中央政治局委员、书记处书记、中宣部部长刘云山出席开幕式，并宣布开幕。广东省委副书记，广东省省长黄华华致开幕词，广东省委常委、深圳市委书记、代市长王荣主持开幕式。

文博会期间，正在广东调研的中共中央政治局常委李长春来到深圳会展中心文博会展馆观看展览，他希望主办单位不断总结经验，进一步提高办展质量和服务水平，提升知名度和吸引力，努力把文博会打造成为展示文化体制改革成果的重要窗口、引领文化产业发展的重要引擎、推动中华文化走出去的重要平台，为提升中华文化的国际影响力和竞争力做出贡献。

本届文博会以主展馆为主体，分会场为配套，设立博览与交易、峰会、评奖、节庆和网上文博会五大板块，以文化与科技相融合、产业与市场相促进为主题，更加突出文化产业核心层，更加突出龙头骨干企业的参展，更加突出“文化+科技”特色，更加突出融资交易功能。与历届相比，本届文博会规模更大、档次更高、融资交易功能更强、国际化程度更高、配套活动更充实。据统计，本届文博会总活动409项，其中主展馆63项，分会场332项，其他配套活动14项；列为重要活动的22项，由中央有关部委牵头主办的13项。至落幕之日，实现了总成交额突破1000亿元、出口交易额突破100亿元两个超过预期的目标。

作为我国目前唯一的国家级、国际化、综合性文化产业博览交易会，深圳文博会前5届被划分为“初创发展期”，从第六届文博会开始进入“培育成长期”，向国际知名品牌迈出了坚实的一步。

在文博会这个大平台上，文学艺术也一展创意，致力实现艺术与市场的对接。在深圳会展中心文博会主场，专门设有美术馆，150多位中外艺术家的1000多幅作品集体亮相，按照内容特点分成11个主题展区：“俄罗斯列宾美术学院优秀教师作品展”、“深圳大学美术系教师作品展”、“晋风唐韵——山西美术家《山西好风光》深圳特展”、“赣鄱神韵红土情——江西美术家作品展”、“巴蜀大地——重庆美术家作品邀请展”、“荆楚清风——湖北美术家《梦萦楚风》深圳特展”、“徽风皖韵——安徽女画家精品邀请展”、“真色——当代广东油画水彩画家作品展”、“学院工笔——北京工笔重彩画会2010年深圳特展”、“中国重彩画展——蒋采苹工作室2010年深圳特展”和“中国油画名家风景写生展”。艺术家、买家、代理机构盛赞文博会美术馆为艺术品交易搭建良好平台。在演艺产业馆，主题是“艺术·精品·舞台”，来自世界与全中国各地的艺术家一展风采；在国家艺术舞台精品工程展区，集中展示国家优秀出口演艺项目、全国演出精品设备及演艺经纪和演艺院线等。深圳原创舞剧《雪娘》、深圳粤剧团、深圳交响乐团也设置了展台，为深圳本土艺术作品的展演开辟新路。在文博会这个大平台上，文学艺术没有

第六届文博会开幕式现场 ^

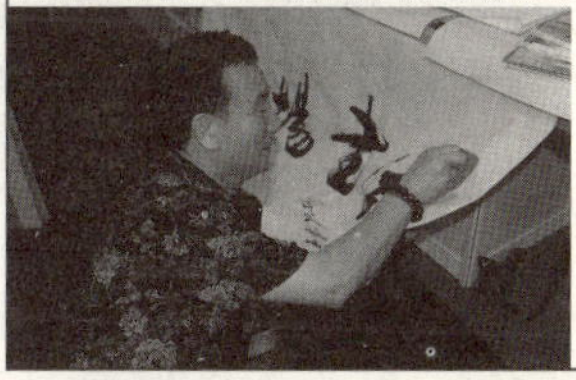

美术、 书法艺术市场相对成熟 <

文学、戏剧、影视、舞蹈、杂技等舞台艺术在文博会上与市场对接 ^

罗湖、福田、南山、宝安、龙岗、盐田六区在文博会上一展所长 ^

置身边缘，积极参与，美术、音乐、舞蹈、戏剧、影视、文学、书法、杂技、魔术、民间文艺等纷纷亮相，在文博会上寻找与市场的契合点。

观澜版画原创基地影响力提升

观澜版画原创基地位于宝安区观澜街道牛湖社区，总规划面积140万平方米，中心区面积31.6万平方米。版画村建立了相对完善的市场化运作机制，是一个配套设施完善、环境优美、具有良好社会、经济效益的国家级文化产业示范基地。从2007年第三届深圳文博会首次成为分会场到2010年第六届文博会第四次成为文博会分会场，深圳观澜版画原创基地的影响力不断提升。本届文博会，观澜版画基地继续秉承“专业化、市场化、国际化”宗旨，以“艺术与你同行，点亮百姓生活”为主题，开展原创版画交易会、版画学术论坛、粤港澳台版画作品邀请展等特色品牌活动，首次举办版画精品拍卖会，共有80位国内外版画家的80幅精品参加，吸引众多版画爱好者和收藏者竞投。其中《毛主席来到武钢工地上》拍出5万元的高价。历时5天的原创版画交易会成交额830万元。高雅的原创版画艺术精品与市场成功对接，促进版画艺术走向市场。

5月13日，观澜版画艺术博物馆和交易中心正式奠基，标志观澜版画基地的建设发展进入新的阶段。观澜版画艺术博物馆和交易中心是由深圳市和宝安区两级政府立项、经全球公开竞标设计方案的版画艺术理论研究、学术交流、信息传播、版画作品收藏、展示和销售的国际化平台，两个项目总建筑面积1.63万平方米，建成后将成为全球规模最大、设施最齐全、功能最完善的专业版画艺术博物馆。

11月4日，“观澜版画展——深圳观澜版画原创产业基地入驻艺术家作品展”在中国美术馆隆重开幕，共展出52幅作品，展期一周。本次展出的作品是从入驻观澜版画基地的艺术家在版画基地创作的作品中精挑细选出来的，包括李焕民、宋源文、广军、伊凡·萨默尔、彼得·福特等来自15个国家和地区的画家的代表作品，涵盖了凹、凸、平、漏等各个版种，风格迥异、流派纷呈，涉及现实主义、自然主义、抽象主义等众多流派，较好地呈现了当代世界版画创作、观念、技巧和版种的多元化、多样性的面貌，集中展示了版画基地近年来的艺术创作成果，代表了版画基地作品的最高水准，是一次具有探索意义的版画艺术交流活动，也是版画基地入驻艺术家的作品首次在中国美术馆的艺术圣殿展出。中国美协领导刘大为对版画基地给予高度评价：“版画基地已成为享誉中外的艺术家联谊、交流、创作的平台，为国内外广大的版画艺术家提供了良好的创作、交流、展示环境以及版画进入市场的环境，为中国乃至世界版画艺术的繁荣和发展作出了极为重要的贡献。”

大芬油画村在世博会展示深圳“案例”

2010年5月1日，之于大芬油画村具有特别的意义：在全球瞩目的上海世博会上，以大芬村的再生故事为案例的“深圳馆”吸引了无数人赞赏的目光；为了与世博会深圳馆之间形成对接互动，第六届文博会大芬油画村分会场的大幕率先在同一日拉开。

上海世博会“深圳馆”，全称为“上海世博会城市最佳实践区中国深圳案例馆”。全馆设计为相对封闭的体验式展区，3000多立方米空间布置了17件相对独立又相互串联的当代艺术装置、影像装置、动画、雕塑、前卫音乐等各种艺术形态的作品，分为3个部分。序曲部分由《大芬丽莎》巨幅油画、改革开放30周年信息墙、城市动画、大芬村史等构成，主要以多媒体文献展的形式介绍大芬村及深圳的发

观澜版画艺术博物馆和交易中心奠基

版画精品拍卖会现场

在中国美术馆“观澜版画展”展出的部分作品。从左到右：李焕民《藏族姑娘》、徐匡《山寨依然美丽》、伊凡·萨默尔《风景L》、班尼伯克斯特《北回归线》

展概况。第二部分名为《城中村》，包括壁画节、城中村转型模型、再生盒、梦想盒4个环节，展示大芬村的转型过程。第三部分名为《深圳》，以多媒体影像装置的城市剧场形式展出。“深圳馆”以大芬村油画村的变迁展现深圳30年城市发展之路。

在第六届文博会期间，大芬分会场举办了世博会图片展、第二届大芬画家10人作品展、现场油画临摹大赛和原创油画拍卖会等活动。“10人作品展”参展的大芬画家有门简成、于嘉薇、王同行、史飞、刘文远、何永兴、李济勇、郭泽光、钱铁石、韩惠民等10人，展出的100件作品风格特色鲜明，表现题材丰富，手法有写实、印象、表现、意象，也有在油画中融入中国画技法的探索创新。“现场油画临摹大赛”共有110位大芬以画师、画工为主体的美术工作者参与。比赛分为“人物”组和“风景”组，由专家对参赛作品进行现场评比，给优胜者颁发奖金、证书。“艺术品拍卖会”共征集以大芬原创艺术家为主体，包括国内名家在内104名艺术家的油画、国画、书法作品199件。为了发挥文博会文化和艺术理论交流的功能，邀请了著名油画家郭润文、冷军在大芬美术馆学术报告厅举办艺术讲座；编辑出版了《大芬美术》杂志第六届文博会专刊。

12月3日，为期13天的首届中国（深圳）大芬国际油画博览交易会暨2010大芬国际油画节（简称画博会）在龙岗区大芬油画村隆重开幕。首届画博会共举办十大活动：一是开幕式，举办大宗油画交易合同签约仪式，大芬油画村企业与新加坡中国总商会、华润集团、中航集团等大型公司签订油画交易合同，中国国际文化传播中心和龙岗区文产办签订大芬油画“走出去”战略协议。二是“百幅世界名画临摹作品展”。由组委会挑选西方绘画史上各个时期、不同艺术流派、富有代表性的100幅著名画作，由100名画师、画工按原尺寸进行临摹复制，在大芬美术馆展出。三是“大芬油画创意大赛作品展”，以促进大芬油画产业升级，推动大芬美术工作者提高创意能力，提高知识产权保护意识。四是商品油画交易会，突出交易、提升产业，进一步拓展商品油画交易的市场空间。五是“创意作品+原创油画拍卖会”。六是“百名原创画家作品展”，参展的100件作品大部分从大芬本土画家中征集，参展艺术家包括蒋庆北、李铁香、李济勇、李义、李印、门简成等。七是“城市更新与文化创意产业高峰论坛”，探讨大芬村独特的再生故事在城中村改造中的示范意义、文化产业与城市更新结合发展的新路径以及“三旧”改造在推动城市更新和产业转型升级的作用等问题。八是中国商品油画产业峰会，国内商品油画的五大行业巨头——大芬美术产业协会、义乌市画业协会、厦门油画产业协会、仙游油画行业协会、莆田油画行业协会首次集体亮相，并发表《大芬宣言》。九是艺术与收藏讲座。由著名艺术理论家、大芬美术馆副馆长阎焰在大芬美术馆学术报告厅进行主讲。十是俄罗斯

巨幅《大芬丽莎》装饰着世博会深圳馆外墙 ^

文博会主会场大芬展位 ^

文博会期间，大芬油画村进行各项艺术活动 ^

外商在洽购大芬油画 ^

首届画博会填补了国内商品油画专业展会的空白 ^

画家作品展，以活跃大芬油画村的艺术氛围，提升大芬整体创作水平。

首届画博会具有四大亮点：一是在时间节点上，积极配合创意城市国际大会，将画博会作为“创意12月”活动的重要内容。二是在突出临摹和复制同时，强化原创，积极完善大芬油画村的产业链条，巩固和提升品位和档次。三是国内五大商品油画行业巨头的首次集体亮相，推动行业发展。四是大芬画博会是国内首个专业性、龙头性的商品油画交易展会，填补了国内商品油画专业展会的空白。

文化科技型企业实现高成长

据深圳市政府新闻发布会通报，深圳发达的高新技术产业为文化产业发展奠定了良好基础，一批高成长型文化科技型企业不断涌现，腾讯、迅雷、A8音乐、华视传媒、环球数码、亚太传媒等企业在2010年平均增长速度达48%，呈现强劲的攀升态势。“文化＋科技”、“文化＋金融”、“文化＋旅游”的发展模式已然形成。

在第六届文博会上，深圳雅图公司总成交额40亿元，全部属于文化产权交易；华强文化科技集团总成交额为4.15亿元，全部属于出口交易，合作对象包括美国、俄罗斯、意大利、乌克兰、马来西亚、新加坡、印尼等7个国家，其中“环幕4D电影系统”出口到俄罗斯、乌克兰、意大利等国家，成交额达5441.44万元，其制作的动漫游戏《十二生肖总动员》、《小鸡不好惹》、《恐龙危机》、《飞越极限》、《猴王传》等分别出口到马来西亚、新加坡、美国、印尼、意大利等国家，成交额3.61亿元。

2009年11月，“深圳文化产权交易所”挂牌成立，“文化＋金融”的文化产业投融资模式初现。在2010年第六届文博会期间，该所实现交易项目471个，成交额85.69亿元。经其推荐，电视剧《画皮》以版权质押方式引入华澳资本。华澳作为私募基金，依靠文交所这一平台投资《画皮》，首次进入文化产业。在同届文博会上，国家文化部与5家银行联手开通文化产业投融资平台，给优秀文化产业项目“输血”。这一服务平台陆续开通产权交易、企业上市推荐、无形资产评估等系统。

最具“文化＋旅游”代表性的企业华侨城，5月，在第六届文博会上荣获中国“文化企业30强”称号；6月，世界主题公园权威机构公布年度全球主题公园报告，华侨城旗下深圳欢乐谷第四次名列亚太地区十大主题公园，荣登全球主题公园“明星榜”；7月，以深圳为总部，“创想文化＋旅游模式”的模式完成复制到全国7省市，品牌影响辐射海内外。华侨城旗下以欢乐谷为代表的文化主题公园实力全国最强，以“荷花奖”得主《金面王朝》为代表的旅游演艺整体规模全国第一，以国家生态旅游示范区深圳东部华侨城为代表的生态文化旅游效益全国领先，以国家级美术馆何香凝美术馆为代表的艺术展馆数量全国居首。

在政府的有力引领和推动下，深圳文化创意产业采用行业集聚、区域集群、空间集中等发展策略，建立了田面“设计之都”创意产业园、华侨城LOFT创意产业园、怡景动漫产业基地等40多个具有一定规模和影响力的文化产业园区和基地，在全市各区构成了特色鲜明、业态丰富的文化产业。

福田区通过政府扶持引导，激发市场主体活力、提高文化产品科技含量、塑造品牌、建立总部等方式，探索出以“文化+科技、文化+市场、文化+品牌、文化+总部”为特色的文化产业发展的“福田模式”，在全国47个城市评比中脱颖而出，荣获“2010中国城市管理进步奖”。这一发展模式被省政府在全省推广。2010年，福田已建成7个特色鲜明、业态丰富的文化产业园区，呈现

腾讯公司在2010年度中国游戏产业年会上荣获“十佳游戏开发商”等12项大奖

华视传媒通过覆盖全国29个公交城市及9个地铁城市资源的资源，实时转播亚运赛事及新闻

深圳雅图公司的数字投影产品在第六届文博会上亮相

田面创意产业园

华侨城创意文化园

雅昌印刷产品遍及国内及欧美、日本等海外市场

出先发优势和聚集优势：以工业设计为主的田面设计之都创意产业园，建有深圳设计中心、深港设计中心和产品创新中心三大服务平台，推动设计成果产业化。年初，被科技部认定为“深圳国家工业设计高新技术产业化基地”，8月20日，温家宝总理视察该园区并给予肯定。“深圳文化创意园”建筑面积近20万平米，重点引进、培育、发展数字新媒体、创意设计、品牌设计运营、影视动漫等优秀企业，园区正朝专业化、规模化、品牌化的方向发展。国家级文化产业示范基地雅昌艺术馆，日益成为深圳文化交流和创意活动的重要据点；中国茶宫已连续举办六届“中国茶道论坛”、“中国著名书画家深圳笔会”；斯达高艺术馆定位于高端陶瓷，三次蝉联艺术陶瓷行业国际SGIA金奖。创意设计、新闻出版、影视动漫、网络游戏、新媒体服务、演艺娱乐业、高端工艺美术业、广告会展业等已经发展成福田的优势文化产业，为其他相关产业的发展奠定了良好的基础。2010年，福田文化产业营业收入达到537亿元，增加值达114.5亿元，同比增长13.5%，超过GDP增长速度，文化产业以稳健增速和丰硕效益成为拉动经济增长的重要力量。

南山区坚持以具有良好技术基础、市场前景看好的数字内容产业为突破口，集中力量发展和提升以网络游戏、动画漫画、数字视听等为主的新媒体和数字娱乐业。至2010年底，腾讯成为中国市值第一、营业收入第一、利润第一的互联网公司；雅昌独创“传统印刷+现代IT技术+文化艺术”运营模式，产品遍及国内及欧美、日本等海外市场，在中国艺术品拍卖图录印制方面，占有全国95%以上的市场份额；环球数码是目前亚洲规模最大、技术设备最精尖、性价比最高的三维动画影视公司之一，制作并公映了中国第一部3D动画电影；A8音乐是中国电媒音乐的领军者，中国十大无线增值服务品牌之一，中国第一大音乐门户；网域是华南地区最大的从事网络游戏开发和运营的高科技软件技术公司之一；迅雷已成为中国互联网最流行的应用服务软件之一，成为全球最大的多媒体下载引擎；嘉兰图、浪尖已成为中国工业设计公司的领军企业。

音乐产业基地迈上新台阶

国家音乐创意产业基地深圳园区正式揭牌 5月13日，第六届深圳文博会召开之际，国家音乐创意产业基地深圳园区在盐田区梅沙原创音乐基地正式揭牌。新闻出版总署党组副书记、副署长蒋建国出席揭牌仪式并参观基地。新闻出版总署科技与数字出版司、出版管理司以及广东省新闻出版局、深圳市、中国音像协会等有关负责人参加揭牌仪式。

梅沙原创音乐基地立项于2008年第四届深圳文博会，是国内首个以音乐为主题的文化产业基地。在深圳市、盐田区两级政府大力支持下，经过2年的建设，基地的基本框架已经形成，主要包括产业中心、娱乐中心、培训中心、歌迷中心、沙滩音乐节、中国流行音乐颁奖典礼六部分内容，揭牌后的国家音乐创意产业基地深圳园区将运用市场机制，深度整合资源，进一步增强音乐原创能力，加大产能，做强做大音乐文化产业，力争建设成为华语音乐最大生产交易平台，国际音乐文化产业交易中心之一。此举对国内打造集音乐制作、出版、发行、销售、演艺经纪、音乐产业投融资平台为一体的音乐产业集聚区，展示中华民族音乐内涵，推动民族音乐"走出去"具有重要意义。

梅沙原创音乐基地也是第六届文博会唯一一个以音乐产业为主题的分会场，总面积4000平方米，活动期间举办了音乐剧《街舞爱芭蕾》、《爱拼才会赢》展演及全国巡演招商会、嘻哈歌手与街舞选拔赛、中国民族民间原创音乐交易博览会、中国音乐产业投融资洽谈会等多种形式的活动。中国民族民间原创音乐交易博览会邀请著名音乐人及近百名民族民间原创音乐艺人连续3天现场展示表演原创作品，并与唱片公司、发行公司、经纪公司、演出公司、网络公司、数字出版公司等接洽交易；中国音乐产业投融资洽谈会吸引了海内外投资机构、唱片公司、发行公司、经纪公司、演出公司、网络公司、数字出版商等数十家企业的参加，洽谈音乐产业链各环节投融资并签约中国音乐产业基金、国家音乐创意产业基地数字音乐平台、水木年华品牌数码产品开发等项目。

深圳沙滩音乐节首度市场化运作 10月29日至31日，第六届深圳（大梅沙）沙滩音乐节在大梅沙海滨公园太阳广场举行。本届沙滩音乐节连续举行3天，一天一个主题。第一天是大运会主题，所有参加大运会歌曲乐队征选活动的优胜者集体亮相，讴歌大运精神及演唱大运歌曲；第二天举行中国流行音乐榜现场颁奖典礼，众多歌手演唱获奖歌曲及优秀歌曲；第三天以"深圳的声音"为主题，进行音乐专辑《深圳的声音》的首发演唱会。

以往数届沙滩音乐节以纯公益的方式进行，本年度主办方首次尝试市场化运作，实行门票收费制，希望通过低价售票的方式，为沙滩音乐节提供更高水准、更丰富的音乐内容。承办单位通过沙滩音乐节这个平台进行选拔、培训、包装、演出等一系列活动，将原先分散的各个项目培育成为完整的产业链，再将这些新选拔出的乐队和歌手推向市场。

A8音乐华南数字音乐基地建设启动 8月18日，A8音乐华南数字音乐基地项目奠基仪式在南山区举行。华南数字音乐基地用地面积4745.49平方米，建筑面积52318.13平方米，楼高100米，地上25层，地下3层，以八音键为造型，A8音乐集团投入3亿元资金。该项目于2008年开始筹划，经过近3年的努力，正式启动建设。按照规划，华南数字音乐基地将立足深圳，向全国甚至全世界的音乐人提供一个产业基地，提供一个可以施展自己音乐才华，实现自己音乐梦想的理想园地。音乐基地的建成，可以推动、促进和聚拢更多更优秀的音乐人和作品，促进中国原创音乐的质量提升。

2010年是A8音乐集团成立的第10个年头。10年来，A8音乐在市委、市政府的扶持和帮助下，取得了长足的发展，成为国内最大的数字音乐服务提供商，聚集了12,000多名音乐创作人、65,000多首原创作品。本年度，A8音乐集团主办的第五届原创中国音乐大赛于5月至12月举行。该赛事被业内评价为聚集音乐人最多、原创歌曲征集量最大、影响力最广泛的原创音乐赛事，已连续举办四届，在国内音乐领域的影响力节节攀升。本届大赛与往届相比，参与规模、奖项设置以及参与作品都有扩大，旨在通过大赛聚集优秀的词、曲、唱、编等音乐人才，整合优秀创作资源，提升行业的音乐品质。本次大赛首度引用“机选”的模式晋级。大赛历时半载，逾千名参赛选手、近万首风格迥异的参赛作品经历了从海选期到晋级期的激烈角逐，最终，《就让我离开》（糯米）、《小时候》（黄玉芹）、《看听说》（林文钢）、《亲爱的我爱你》（陈依然）、《我们》（王俪潼）、《晚安》（严复兴）、《至少还是朋友》（檀东晓）、《恰同学少年时》（胡耀威）、《烟花》（天妮儿）、《夏日恋歌》（杨茜茜）荣获“十大金曲”。

国家音乐创意产业基地深圳园区正式揭牌，该基地是第六届文博会唯一以音乐产业为主题的分会场 ^

深圳沙滩音乐节首度市场化运作 ^

A8音乐华南数字音乐基地项目奠基仪式 ^

第五届原创中国音乐大赛获奖选手与活动现场 ^

动漫产业是文博会重要主角之一

深圳国家动漫画产业基地

在日本东京电视台主办的第11届TBS DigiCon6大奖赛中，深圳原创动画电影《天籁》荣获二等奖

动漫产业走在全国前列

深企原创动画产量全国第二 据广东省文化厅党组成员、副巡视员王业群在“广东省动漫产业发展情况”发布会上公布，广东省近年来在产品数量和质量方面迅速提升，涌现出一批优秀的动漫企业和动漫品牌，动漫产业链条日趋完善，运营模式不断成熟，已初步成为国内动漫产业发展门类最齐全、产业链较完整的省份之一。2010年全省动漫核心产值达到32.2亿元，动漫总产值（不含动漫主题乐园）达到106.26亿元，其中，深圳华强数字动漫有限公司2010年生产动画片12,818分钟，原创电视动画片产量居全国第二，其动漫产品销往100多个国家和地区，在境外有较高收视率，并多次在国际电视节中获奖。

为加快动漫产业的发展，深圳近年出台了多项优惠政策，涵盖了动漫从创造、生产到营销各个环节和领域。如果企业动漫产品的主营收入占企业收入的60%以上、自主研发的动漫产品经营收入占主营收入50%以上的就可申请国家认定。经认定的深圳动漫企业可视为深圳市重点企业。经认定新成立的动漫企业，除了可享受国家的4项免税减税优惠政策外，还可以享受3年免征所得税待遇。

为了全面贯彻落实中央领导李长春、刘云山同志和广电总局关于重点扶持原创国产动画创作生产的部署，以及深圳市委、市政府大力发展深圳文化产业的决策，深圳广播电影电视集团于2006年创建了深圳国家动漫画产业基地。

深圳国家动漫画产业基地构建“总部经济”特色产业模式 位于罗湖区的深圳国家动漫画产业基地始建于2006年，占地面积42,000平方米，是中国唯一一家完全依托广播电视媒体市场运作化的国家级动漫画、游戏产业基地。2010年被国家广电总局评为“国家最佳动画产业基地”。

深圳国家动漫画产业基地遵循产业化的核心模式，以发展繁荣原创、扶持作品制作、积极推进衍生产品开发等三个环节，形成完整的产业链条。同时，引进投融资企业和专业人才培训，共同构成良性的动漫产业发展大环境。至2010年底，共有70多家企业入驻基地，实现了产业一体化的完整业态，构建起有特色的“总部经济”的产业模式。本年度，基地内原创动画影视作品总产量达到了16000多分钟，基地总产值超过6亿人民币，动画片的产量、数量和播出发行量有较大发展，多部原创作品在全国各电视台和新媒体视屏播出。新媒体动画、网络游戏、衍生产品开发、版权交易等市场开拓也得到了进一步的提升。12月，文化部、财政部、国家税务总局公布2010年通过认定的动漫企业和重点动漫企业名单，其中由深圳国家动漫画产业基地组织申报、获批通过的共计9家，占全国总数的5%，占广东省总数的43%。获得2010年国家动漫企业认定的企业是：深圳神笔动画设计有限公司、深圳博克斯数码动画有限公司、深圳互动未来科技有限公司、深圳市方块动漫画文化发展有限公司、深圳市中境动漫文化传播有限公司、深圳市欢乐动漫有限公司、深圳市星缘文化传播有限公司、深圳市腾龙堂动漫文化传播有限公司、深圳市华夏动漫科技有限公司。

第六篇　艺术交流

随着文化“走出去”提升为国家战略，深圳文学艺术对外交流的渠道和内容在2010年度有所拓展和丰富，努力提升深圳的国际知名度和影响力。市文体旅游局、市文联以及各艺术机构，在推动中外文化交流，特别是深圳文化“走出去”方面，重视并加强文化艺术领域的多边合作，发挥了桥梁和纽带作用。

深圳文化艺术“走出去”步伐加大

《神州和乐》奏响印度“中国节”序曲

作为中国与印度建交60周年系列庆祝活动之一，4月20日，中国在印度举办的“中国节”在新德里拉开序幕，到访印度的全国政协副主席孙家正出席开幕式并致辞。中国文化部选派深圳交响乐团赴印度举办《神州和乐》专场音乐会并作为“中国节”开幕式演出。这是深圳交响乐团首次在国家级的文化交流活动中承担开幕式演出的重要任务。

《神州和乐》是中国佛教史上的首部交响乐，创意和策划起于深圳，由深圳交响乐团广邀音乐家与文化大师联袂创作而成。作品取意于论坛主题“和谐社会，从心开始”，蕴涵着世界庄严、万物和谐、天地光明之意。它结合了中国佛教音乐与西方交响乐特色，融入许多中国乐器和中国传统音乐调式，用鲜明的民族特色彰显中华之音，形成具有独特感染力的声音奇观。《神州和乐》曾在新加坡、马来西亚、印尼、德国等地相继献演。此次赴印献演由深圳交响乐团、上海歌剧院合唱团、深圳弘法寺僧伽合唱团、女高音歌唱家沈娜等176人组成盛大演出团队，在指挥家程晔的指挥下，向印度观众展现这台佛乐交响的恢弘壮丽。精彩表演赢得上千名印度观众的广泛好评，受到文化部和中国驻印使馆的高度肯定。《神州和乐》阐释了佛教文化精髓与中华民族的宝贵文化传统，为中印两国佛教界交流揭开新篇章，为中印两国搭起友谊之桥。

“中国当代水墨展”欧洲巡展圆满收官

受国家文化部委派，由深圳美术馆策展的“墨非墨——中国当代水墨艺术展”（以下简称“墨非墨”展），自2009年9月起，先后在波兰、匈牙利、罗马尼亚国家级的美术馆成功举办。克罗地亚当地时间2010年1月14日至2月14日，该展览在克罗地亚国家科学艺术院雕塑博物馆举行，展出8位中国最具代表性的当代水墨艺术家的64件作品。这是长达半年的“墨非墨”东欧巡展的最后一站。此次巡展开创了由深圳本土美术机构策展的展览在海外巡展国家最多、规格最高、展期最长的记录。当代水墨艺术在深圳得到弘扬和发展，是传统艺术的传承和创新相结合的一个成功范例，展览主题定为“墨非墨”，旨在探讨中国水墨在当下文化境遇中发展的新的可能。展览融合了东西方艺术的观念和形式，对水墨的都市化和现代化作出了全新的探索和实验。通过展示中国水墨艺术的传统、变迁和创新，加深克罗地亚人民对中国文化的了解，感受到中国当代水墨艺术家的人文思考和艺术魅力，并进一步加深中克两国、萨格勒布与深圳在文化方面的沟通与交流。克罗地亚共和国文化部部长博若·比什库皮奇评价说：“‘墨非墨’这样的展览对增进中国艺术遗产的认识、比较和交流开辟了新的广阔空间。”“‘墨非墨’展中艺术家对现代绘画的个性化表现，有传统风格与现代艺术新方向的结合，这种结合使得中国现代绘画成为一种世界现象。”

《神州和乐》在印度“中国节”开幕演出

“中国当代水墨艺术展”东欧巡展在克罗地亚落幕

艺术交流为主开展多形式活动 据市文体旅游局统计，2010年全年组派文体旅游交流、推广组团共143批1008人次。在开展对外文化交流中，突出民间性和专业性等特点，以艺术交流为主，组织开展了多种形式的活动。如组团参与俄罗斯“汉语年”、“中国文化节”大型文化交流活动，由深圳歌舞团、深圳艺校民乐组联合河南少林寺武僧团组成的“中国艺术团”共同献演了一场“中国元素·中国风”晚会，由深圳歌舞团团长付宇担任开幕式晚会总导演。晚会融合了中国民族舞蹈、武术、民族乐器演奏等元素，展示了中国民族文化及武术的魅力，体现了年轻深圳充满活力、创新的文化特色。深圳歌舞团参加第10届泰国国际舞蹈节，深圳民乐小组参加古巴第十届“中国艺术节”及哥伦比亚“昆蒂纳玛尔国际展示节”，均取得圆满成功。

优秀境外文化“引进来”

成功引进“中法文化之春”艺术节 “中法文化之春”诞生于2006年，2010年作为5周年庆，“中法文化之春”近200场舞蹈、戏剧、音乐、电影、展览等活动登台上海世博会。4月至5月，Roger Muraro钢琴独奏、多媒体音乐会《智者的花园》、法国爵士大师维瑞爵士乐三重奏、法国剧团Collectif Petit Travers演出的手技杂耍《Pan-pot》（适度歌唱）、舞团Rêvolution（为梦想而改变）的嘻哈街舞——城市芭蕾（Hip-Hop——Urban Ballet）等在深圳演出。其中，多媒体音乐会《智者的花园》在中法艺术家的紧密合作下，艺术家的音乐、文本、视频、动作，创造了全新视角，凸现了空间和图像，形成不同艺术形式之间的交融，成为两国文化交流与合作的成果。此外，智利佛拉门戈舞蹈团经典演出节目来深圳参加“文博会艺术节”演出，“印度之洋”乐队来深访演成功，增加了深圳多元文化元素。

“2010深圳·大芬国际壁画邀请展”中外画家“同墙涂鸦” 8月28日，上海世博会深圳案例馆分会场活动“2010深圳·大芬国际壁画邀请展”在大芬美术馆开幕。此次展览以“读村·画城”为主题，来自中国、美国、英国、德国、希腊等国的受邀艺术家与大芬村画家同台作画，对大芬村从村到城的城市再生进行多层面解读。艺术家们用20多天时间创作的壁画作品呈现在大芬美术馆外墙壁，作为大芬美术馆首批藏品，对大众常年开放。本次创作过程由先锋戏剧导演牟森执导拍摄成纪录片，在上海世博会巨幅LCD屏幕上播放。这是中国最具当代性、规模最大的一次集体性壁画创作，参与人数多，形式风格多样。主办方表述：活动旨在用符合“设计之都”特点的当代艺术、设计介入方式织补高速城市化中断裂的城市空间，使消极的甚至废弃的城市边角剩地呈现新的活力和文化品位。公共艺术这一新的都市话题所提供的不是一般的观赏性休闲绿地，而是一个生动的城市生活舞台、一个公众触摸艺术的界面，将大大提升公共生活品质，使城市新

“中法文化之春”增加深圳多元文化元素

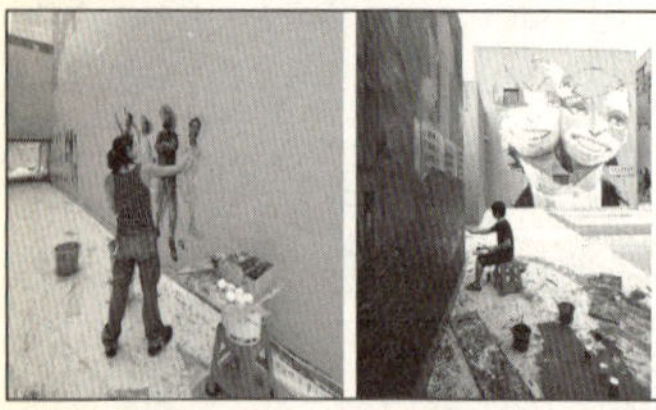

中国画家与外国艺术家在大芬村创作壁画

移民找到城市的归属感和认同感。

非洲客座艺术家绘画深圳 由中国文化部、市文体旅游局主办、深圳画院承办的“2010非洲文化聚焦·深圳，特靓！—非洲客座艺术家作品展”于10月30至11月7日在深圳画院举行，共展出莱索托的坦康尼·莱罗托利、埃塞尔比亚的丹尼尔·阿斯佛·塔得塞、津巴布韦的托尼利·恩文亚、赞比亚的戈登·沙姆林吉、佛得角的本托·奥利维拉等5位非洲艺术家的37件油画、水墨作品。展览以“深圳，特靓!”这句带有南粤特色的话为标题，表达了5位艺术家在中国游历的体验和对中国文化、当下生活的体悟。他们的作品或具体细致、或抽象抒情、或具有象征意义，风格不同，以独特视角，捕捉中国文化的韵味和深圳城市之美。5位艺术家在深圳共进行了两个月的艺术交流活动，包括采风、创作、交流、讲座和展览，加深了深圳美术家对非洲文化的了解，他们也成为两地深入交流和传播文化的使者。

此前，作为“2010非洲文化聚焦”系列文化活动之一，开幕式暨“共舞丹青——中非艺术家绘画联展”于5月在北京中华世纪坛举行。展览展出了2008~2009年在深圳画院客座的10位非洲艺术家在深创作的20件作品（文化部收藏），以及深圳画院艺术家董小明、宋承德及海岩先生2009年赴非访问创作的8幅作品。活动得到了文化部非洲处及美术界同仁的好评，表示今后将继续与深圳画院开展双边艺术交流。

何香凝美术馆“视觉样本”与“纸道” 在2010年“联合国教科文组织创意城市网络2010年深圳国际大会”和“创意12月”期间，何香凝美术馆举办了“本雅明计划——关于大芬村复制的视觉样本”和“纸道——来自美国的纸上艺术”展览。

“本雅明计划”由何香凝美术馆主办，德意志联邦共和国驻广州总领事馆协办，展出了来自德国的艺术创作三人组——托马斯·阿德巴尔(Thomas Adebahr)与大厅艺术工作组（Empfangshalle）的柯比尼安·博姆（Corbinian Bhm）和迈克尔·格鲁博（Micheal Gruber）的观念性油画作品20幅。作者根据德

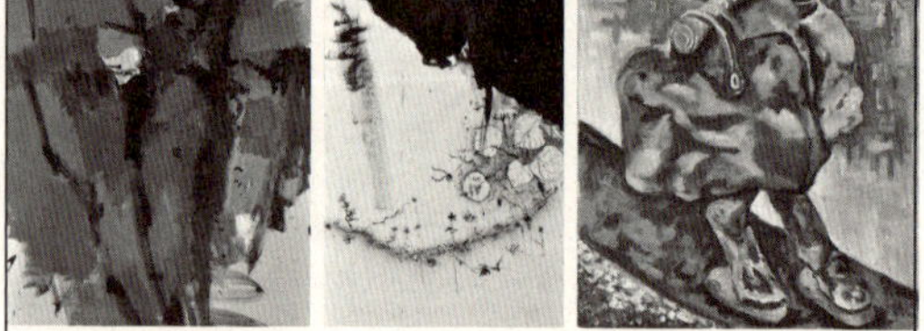

非洲客座艺术家笔墨下的深圳印象（从左到右）：戈登的《中国餐馆》、托尼利的《点亮世界》、丹尼尔的《深圳之秋》、本托的《深圳牛与花园的温柔梦想》、坦康尼的《一个中国男人》

国著名哲学家瓦尔特·本雅明的《机械复制时代的文艺作品》有关复制的理论，雇请大芬村的画工，以油画的技法机械而写实地复制该书，通过“山寨”，对复制艺术进行了一次“戏仿”。艺术家通过以复制为生的画工，复制理论文本的图像，呈现“复制”从理论到实践转化的视觉样本，凸显了复制概念在深圳大芬村的变异现实。在几乎看不出区别的原作与“复制”的“双胞胎”中，蕴含了艺术家对“中国制造”的思考。该展获得艺术界广泛的认同，荣获华侨城创想奖提名奖。

“纸道”以“纸”为基本线索，汇集了当今活跃于美国艺坛的安德鲁·拉夫特里、安·汉密尔顿、唐·克莱门兹等14位知名艺术家的“纸艺术”作品，包括版画、水粉、图片、装置等，以展现他们利用“纸”这一材质的手工性、书写性、可塑性、易传播性和亲密性的特质，通过“纸艺术”揭示出当代艺术中“轻”的理念和美学价值，使观众接触并审视美国艺术家在同一种材料属性及规定性下的不同创作方式和态度。主办方期望以这种深入化创作的展示与交流方式，对中国当代艺术生态的发展提供某种启发性和建设性的参考。参展的多位美国艺术家作品是首次与中国观众见面。展览期间，艺术家奥利弗•赫尔宁在展厅进行了“纸上艺术”的行为表演，与观众产生互动，激发观众的参与兴趣。

中英艺术家呈现不可复制的“现场艺术” 由英国总领事馆文化教育处携手欧洲当代著名行为艺术策展人乔纳斯·斯坦普(Jonas Stampe)共同主办、雅库艺术空间与深圳中学协办的“深圳现场——中英现场行为艺术文化交流”活动于12月3日至4日先后在深圳中学和华侨城雅库艺术空间上演。此次活动以“诗意的现场艺术”为主题，由英国当代具有影响力的艺术家布赖恩·康诺利（Brian Connolly）、约翰·

“深圳现场”不可再生的现场体验 ∧

“本雅明计划”展览现场 ∧

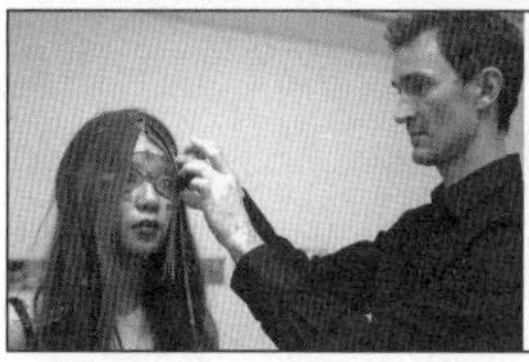

美国艺术家在“纸道”现场创作 <

考特（John Court）以及中国早期先锋艺术家段英梅和北京新锐艺术家戈丫进行行为表演、讲座、公众互动讨论等一系列活动，重在“现场体验”，通过中国与西方、女性与男性以艺术的语言进行交流、对话，激发观众对于生活的思考与感受先锋艺术中诗意的力量，引发人们对时间与生命的诗意化理解与感受。

两岸四地艺术交流

深化与港澳台文化交流与合作 由市文体旅游局主办，邀请香港特区政府民政事务局曾德成局长来深考察交流，就两地文体资源共享、合作举办国际赛事等内容进行深入交流。推动将深圳图书馆、深圳博物馆列为全国首批“粤港澳文化交流合作示范点”；深圳图书馆与香港中央图书馆联合举办“今日城市”主题征文联展。密切深澳文化创意产业的交流与合作，邀请澳门理工大学高等艺术学校师生30人访问深圳观澜版画基地。协调深圳部分文化创意产业及行业协会负责人赴澳门进行考察交流访问，积极开拓合作空间。

应香港艺术发展局之邀，2月份，由董小明带领市文联各文艺家协会及部室负责人前往香港进行访问交流，市委宣传部副部长罗烈杰和市文体旅游局巡视员刁铁军等人应邀共同前往。访港期间，深圳艺术家们参观了赛马会创意艺术中心和香港文化中心，并与香港艺发局主席马逢国、行政总裁茹国烈等人进行深入座谈，寻找实践深港文化交流的有效措施，推动双方文艺项目合作走上实质化进程。

4月份，由市文联副主席王廉运带队，组织六区文联负责人前往香港开展创意实体调研，在香港石硖尾“赛马会创意艺术中心”开展创意实体调研，学习香港创意文化产业基地的培育及管理经验。

本年度，由市文联、香港艺术发展局主办，市文艺创作室、市作协和香港艺发局文学组承办的深港作家座谈会、港深作家座谈会先后在深圳、香港两地举行。会议就深港两地的文学队伍及文学创作现状，文学观念及文学的发展路向等进行了介绍、交流和探讨。在第六届“创意12月”重点主题活动“深港文化创意论坛”上。来自深港两地的200多位业界专家和官员共同探讨“深港设计合作如何引领珠三角产业迅速发展”、“深港如何共建国际文化”等主题，举行了首个深港合作的交互设计实验室签约仪式。

11月初，市文联新任党组书记罗烈杰带领党组成员及组联部相关人员前往香港，拜访香港艺术发展局及中联办宣传文体部的有关负责人，双方就创建平台、加强合作、优势互补等予以探讨并达成共识。同期，罗烈杰等应澳门文化局邀请，前往澳门参加第24届国际音乐节，与澳门文化局进行了交流，进一步密切深澳两地文艺界的交往与联系。

深港“双城”美术联展　1月23日，由深圳画院与香港文化艺术交流协会联合举办的“水墨·双城——港深都市水墨画作品展深圳展”在画院陈列馆展出。展览汇集了深港两地从事水墨画创作的50余位代表性画家以“都市水墨”为内容的100多件作品。香港画家王无邪的《城韵之一》描绘了珠江口附近的城市夜景，庄瑞明的《上水之城》将香港郊区的平房与维港对岸的擎天高楼并置于一个青花瓷瓶中，乡土的气息与都市的情怀由于色调的统一而和谐相处。深圳画家的笔下，城市建筑物、交通灯、工地、地铁3号线、白领、打工者等都市景象皆有表现，比如潘喜良描绘深圳人在大梅沙度假的景观《假日》，陈巨的《梧桐山》，任四四、宋承德等画家直接以《深圳》为题，表达了“水墨当随时代的主题。深港水墨画交流展已成为深港两地文化交流项目的主要内容之一和常设性的活动。

由香港水彩画研究会、深圳水彩画会、罗湖区文联、深圳美术馆共同策划举办“彩绘当代·深港双城水彩画展”于3月19日至28日在深圳美术馆展出。4月2日至6日展览移师香港中央图书馆展出。该展展出了深港两地水彩画家的力作近百幅，是对深港两地水彩画创作的一次集中展示。这些作品立足当下、反映现实生活、强调个体经验、充满个性风格，用独特的视角和丰富的艺术语言，多维度地展现了两座城市的发展变化和生活状态。

深港艺术互展 12月3日至7日，“视觉深圳——深圳经济特区建立30周年大型图片展”在香港会展中心进行，共展出170幅摄影作品，全面反映了深圳的面貌。通过图像的表述，希望让更多香港市民深入了解改革开放给深圳带来的巨大变化、港深演绎“双城记”的进程，描绘两地一体化的宏伟蓝图。香港媒体在该活动报道中说，“百余年前，香港亦只是一个小渔村，靠着数代港人的不懈拼搏，方成就今天的‘东方之珠’。‘敢闯敢干’的深圳之魂与艰苦打拼的狮子山精神何其相似。30年，只是一个传奇的开始，‘视觉深圳’将令两地市民从中汲取驰骋腾跃的力量——同处海角天涯，携手踏平崎岖，继续抒写不朽的传奇。”

12月21日，“尘嚣之外——王秋童花鸟画展”在深圳鹏宝轩艺术馆开幕，展出香港画家王秋童水墨画作品40多幅。展览跨越元旦假期，持续至2011年1月4日。王秋童是香港文化艺术交流协会会长、香港美术家联合会主席，早在上世纪80年代开始探索都市水墨画的创作，被公认为都市水墨画的“领路人”。此次在深圳展出作品凸显传统色彩的花鸟、花卉水墨画。相比都市水墨中的繁华景象，王秋童的花鸟画透出一种空灵、质朴高洁的气韵。

蝴蝶效应——两岸四地艺术交流计划 3月27日至5月16日，何香凝美术馆推出“蝴蝶效应——两岸四地艺术交流计划”展览，这是2009年“出境——广深港澳当代艺术展”的续篇。此次交流计划以深圳为地理依托，集合了来自中国大陆和港、澳、台两岸四地的17位艺术家进行交流、创作，包括大陆的黑一烊、黄扬、计文于、蒋鹏奕、马秋莎、邢丹文、杨心广、朱卫兵；香港的林岚、周俊辉；澳门的郭恬熙、Jose Drummond（澳门籍）、朱焯信；台湾的陈敬元、吴达坤、吴季璁、姚瑞中。展览共展出装置、影像、行为艺术等多媒介作品17件。艺术家和策展人假以“蝴蝶效应”的机制与寓意，将海峡两岸的历史、现实，个人的成长历程、记忆与对未来的期待联系起来，提示出社会变化对于个人生活、艺术创作的影响，对“拥有过去的未来”进行艺术上的相互表达，以寻求在当代文化上的认同与共识的可能性。

深港澳联动首届举办深圳湾国际艺穗节 12月4日至12日，首届深圳湾国际艺穗节在南山举行。这是中国内地首次引进这一多元艺文品牌。本届深圳湾国际艺穗节以“Hi, fringe! Hjgh，艺穗！”为口号，由音乐、舞蹈、展览、戏剧等不同元素构成多元艺术系列，深港澳联动的艺术大巡游、20多场文艺汇演、高水平街舞大赛等，将前沿、创意、民间、多样性的艺术共冶一炉，街舞、DJ、说唱、涂鸦等街头元素吸引众多年轻人加入。整个艺穗节持续9天时间，释放出源自民间自由奔放的艺术活力。本次艺穗节在南山区举行，主办方有意扩大南山在国际艺术文化领域的知名度和影响力，既可以推动南山区的第三产业，扩大经济消费；也可推进创意艺术与市民大众交流互动，营造良好的社会文化氛围。担任本次“High心艺穗大巡游”总导演的是美籍艺术家Chad Leslie。艺穗大巡游最大的特色是巡游队伍的开放性，“每个人都是表演者，每个人都是艺术家。”游人观众随时可以加入巡游队伍的各项活动。

深港民间团体艺术交流 4月底至5月初，深圳市粤剧团受香港神鹰娱乐有限公司、新光戏院之邀，在新光戏院举办“香港演出周”，献演大型古装粤剧《风雨泣萍姬》、《鸳鸯泪洒莫愁湖》、《宝玉哭晴雯》和《精品折子戏专场》等4场戏，场场满座。市粤剧团“香港演出周”是深港文化交流的一个载体

市文联组织各艺术家协会负责人到香港访问交流 ∧

“2010年深港作家座谈会”在深圳举行 ∧

“水墨·双城”展出作品 ∧

“彩绘当代·深港双城水彩画展”展出作品 ∧

“蝴蝶效应”艺术交流展现场 ∧

和纽带。本次赴港主要演员有冯刚毅、苏春梅、李翠翠、吴晓毅、吴思明、黄永杰等老艺术家和青年艺术家，各具特色的唱腔和表演受到香港戏迷的赞誉。

8月7日下午，“深港携手、共迎大运”深港学生艺术交流演出在深圳龙岗会堂举行，来自深港两地的600余名舞蹈尖子表演了精彩节目。该活动由龙岗区舞蹈家协会、深圳花雨艺术教育中心、香港学界舞蹈协会三方合作，为两地更多爱好舞蹈的少年儿童搭建一个激励舞蹈学习、展现综合风采的舞台，推动两地舞蹈文化的交流和发展。为迎接大运，在深圳与香港之间架起一座促进文化沟通的桥梁，深港联合举办了这次学生艺术交流演出活动。

由深圳航诚公司承办的第四届“深港少儿书法大赛”于8月15日至21日在罗湖区举行，来自深港两地的近千名小参赛选手汇聚一堂，挥毫泼墨，在硬笔和毛笔两个竞赛项目中进行激烈角逐。经过初赛、复赛两轮角逐，一批优秀少儿书法作者分别荣获毛笔、硬笔两个项目的一、二、三等奖及优秀奖。该赛事为热爱书法的深港两地的少年儿童提供了一个展示与交流的平台。

“艺穗节”现场 ^

“航诚杯”书法大赛现场 >

2010
深圳文学

在创新中繁荣

2010年，深圳文学在精品创作、文学批评、作家群落的巩固形成、文学生态的涵养、文学交流、文学评奖、文学节庆和文学活动等方面持续发展。深圳文学、深圳作家逐步进入更多读者的视野。

一、文学创作

(一) 文学创作工程和深圳重点题材创作扶持项目成果显著

《少年张冲六章》、《大逃港》、《城市大演奏厅》、《深圳村庄30年》、《仙儿堂》等优秀签约作品引起文坛关注。签约作家南翔、吴君、孙向学、丁力、刘虹、厚圃、宋唯唯、徐东、毕亮、秦锦屏、戴斌、孙夜、王顺健、谢湘南、弋铧、俞莉等在全国重要文学期刊、大刊发表作品或作品被重要文学选刊转载各类作品50多篇；彭名燕、杨争光、陈秉安、南翔、丁力、吴君、陈宏、滕叙兖、刘利等签约作家出版各类专著共有20多部。

2010年度获奖部分文学作品

(二) 深圳作家获多项文学奖

由上海文汇报社、上海市闵行区人民政府和《作家》杂志社联合主办的第二届“春申原创文学奖”于3月26日在上海颁奖。李兰妮的长篇纪实散文《旷野无人——一个抑郁症患者的精神档案》获年度非虚构类文学著作奖。

杨争光的长篇小说《少年张冲六章》引起全国反响，获一年一度的“茅台杯”人民文学奖长篇小说奖，入选第11届深圳读书月2010“年度十大好书”，当选“《当代》长篇小说年奖”2010年长篇小说“年度五佳”，荣登中国小说学会2010

年度中国小说排行榜长篇组榜首。萧相风作品《词典：南方工业生活》获“茅台杯”人民文学奖新增设的非虚构类文学奖；秦锦屏荣获由北京市文联举办的老舍散文奖。

在广东省作家协会主办的“首届广东省青年文学奖”评选中，深圳作家7部作品获奖，分别是厚圃的长篇小说《结发》、王顺健的中篇小说《四十岁出门远游》、吴君的短篇小说《陈俊生大道》、曾楚桥的短篇小说《幸福咒》、秦锦屏的散文《女子女子，你转过来》、旧海棠的诗集《平原上的细雨》、于爱成的文学评论《现代城市经验与文学书写》。

二、文艺评论

(一)举办国际性“新技术·新媒体与文学”工作坊

联合国教科文组织创意城市网络2010年深圳国际大会文学工作坊于12月7日在深圳海景酒店举行。工作坊由深圳市文联、市作家协会承办，中国当代文学研究会会长白烨主持，美国爱荷华大学副教授乔恩·温尼特、爱尔兰旅游局中国首席代表李蔚、澳大利亚墨尔本维多利亚艺术机构高级项目经理Stuart Koop、维多利亚艺术机构副主任Grng Andrews、爱丁堡文学之都基金会会长Alison Ramona Bowden，以及张胜友、邱华栋、张柠、潘耀明、黄树森、谢有顺、钟晓毅、罗烈杰、杨宏海、谢君心、李亚威、李兰妮、杨争光、邓一光、李凤亮、梅毅、汤奇云、胡野秋、王绍培、于爱成等学者、作家、网络作家、数字出版机构、文学杂志社代表参加了工作坊，共同探讨新技术、新媒体时代文学的发展方向、形态和趋势等问题。

(二)举办作品学术研讨会

4月 6 日和 7 月 2 日，先后在北京和深圳举办杨争光长篇小说《少年张冲六章》研讨会。文学评论家何建明、李敬泽、胡平、雷达、梁鸿鹰、阎晶明、彭学明、何向阳、白烨、杨宏海、孙郁、王一川、吴义勤、施战军、张清华、李建军、唐晓渡、张未民、张燕玲、李震等，以及来自法国、塞尔维亚的翻译家出席了研讨会。与会专家认为，这部小说提出了尖锐、沉重的社会问题，忧思深远，是部敢于承担现实和艺术双重使命的小说。杨争光还在北京大学、深圳中心书城举行的《少年张冲六章》见面会和研讨会上，与读者进行面对面的交流互动。

7月18日，刘元举长篇报告文学《城市·大演奏厅》研讨会在京举行。作家、评论家高洪波、胡平、廖琪、温远辉，雷达、梁鸿鹰、白描、彭学明、何向阳、程树榛、阎纲、何西来、刘茵、田珍颖、李炳银、贺绍俊、李鸣生、胡殷红、杨宏海、彭名燕等出席了研讨会。与会者认为，这是一部在报告文学文本及创作手法上有新的尝试的作品，是一部用钢琴与建筑作为经纬解读城市的作品，它融庞大信息量、人物、故事、理性思考为一体，是一本既有文化品位也富含音乐、建筑知识的作品，从特别角度深入叙写深圳改革开放城市文化发展史的报告文学作品。在深圳即将迎来改革开放周年之际，这部报告文学作品的出现，以及本次研讨会的召开，是对三十而立的深圳的一次文学回望和文化阐释。

5月6日，深圳作家赵建水长篇纪实文学《铁骨柔情祭川西》研讨会在深圳举行，贺绍俊、傅溪鹏、温远辉等评论家出席了研讨会。该书荣获第十届全国公安系统“金盾文学奖”。

(三)探讨深圳文学新的10年发展方向

1月18日，由深圳市文联、市作协、深圳经济特区报文化星空共同举办“三十而立的深圳文学如何迈向新的十年座谈会暨第六期深圳文学沙龙”，评论家张未民、张燕玲、韩旭、温远辉、杨宏海、南翔、李凤亮，作家曹征路、邓一光等近50人围绕“三十而立的深圳文学如何迈向新的十年”主题，就深圳文学30年的成就、不足和未来如何开启新的历史、走向新的发展，进行讨论，提出“反思历史”，“梳理文脉”，“回到文学的思考前沿”，“保持独特的写作风格”，“关注和吸引文学人才”等观点。

（四）举办“第六届打工文学论坛”

11月28日，第六届全国打工文学论坛在宝安区举行。本次论坛主题为“打工文学”与“特区一体化”，着重研讨打工文学如何服务好新生代农民工，如何为特区一体化服务。活动包括打工文学学术报告会、打工文学颁奖、打工文学作品研讨会和优秀打工文学作品签赠等活动。国内省内名家胡平、雷达、廖琪、温远辉、谢有顺、郭巍青和深圳市作家、学者杨宏海、彭名燕等近百人参加论坛。

第六届打工文学论坛现场

<

与会专家认为：打工文学是一个与中国改革开放“共名”的文学现象，一定程度上折射出当代中国在社会、文化转型期产生的某种精神现象和心灵矛盾，给当代中国文坛增添了一个新品种；打工文学应该告别单纯的体验式写作阶段，进入更深层次的研究领域。创作不应停留在倒苦水上，而应该将笔触深入人的心灵深处，表现人的精神；打工文学不应停留在从社会学角度来关注打工现象，要从文学、人文学的角度关注社会。

论坛期间，主办方推出了20年来打工文学盘点，重点展示张伟明、萧相风、庄昌平、陈再见等一批宝安打工文学作家的创作成果，同时展示打工文学一年来的文学成就。

在第六届打工文学论坛举办之际，由深圳宝安区委宣传部、区文联和深圳报业集团联合主办的《打工文学周刊》出版第150期，成为了宝安区标志性的文学载体。

（五）举办“深圳网络文学座谈会”

8月6日下午，“中国作协调研组深圳网络文学座谈会”在深圳市文联举行，中国作协办公厅副主任、中国作家网主编胡殷红，市文联党组书记罗烈杰、副主席杨宏海，市作协主席彭名燕等出席了座谈会，老家阁楼等多位深圳网络作家，新浪网、Tom网等全国知名门户网站和深圳新闻网等多家深圳主流网络媒体的代表参加了座谈会。座谈会由杨宏海主持，与会人员围绕深圳网络文学发展状况、深圳网络文学作家创作、权益保护等问题展开讨论。

与会人员认为，文学网站的维权首当其冲，也最应该得到关注。像盛大文学这样专业经营网络文学内容的网站，其庞大的作者群体由于有规范的稿酬标准，因此，即使内容被盗版，对于作者而言并没有多大的受损，网站需要通过一些网络技术打击盗版的行为。

三、文学评奖

（一）第三届深圳原创网络文学拉力赛

本次拉力赛启动于2009年10月23日，2010年4月30日截稿，共征集参赛作品139部，其中长篇小说类76部，非虚构文学作品63部。本着公平、公正、公开的原则，实行候选作品匿名、终评委名单公开、评委会评语公开的制度，精细研读作品，公平公正投票。经过初评委、复评委、终评委三轮投票，宋唯唯的《一城歌哭》、戴斌的《深圳胎记》与弋铧的《琥珀》分别获得长篇小说

（从左到右）：第三届深圳原创网络文学拉力赛颁奖现场　长篇小说类冠、亚、季军获奖者　非虚构文学类冠、亚、季军获奖者

类的金奖、银奖和铜奖，萧相风的《词典：南方工业生活》、秦锦屏的《水项链》与王顺健的《驻所调解员日记》分别获得非虚构文学类的金奖、银奖和铜奖。10月23日上午，在深圳文艺会堂举行大赛颁奖典礼。专家认为，本次大赛参与作家多，文学态度和写作态度非常认真；参赛作品文学性普遍较强，展示了比较执着而强烈的文学信仰和追求；作品普遍具有较自觉的文体意识，技巧比较成熟；作品的叙事呈现出多样化，长篇小说作品、非虚构作品，各有特色，佳作纷呈；此外，也有比较鲜明的80后写作和后现代写作。非虚构文学文体形态丰富多样，文学性、思想性、艺术性都相当高，访问记，日记，叙事散文，大时论，断想随笔，写人写物写景，家族史，个人成长挣扎记，大都独立成篇，也有散文随笔集，各具散文自由文体的魅力。

(二)首届汉语蚂蚁小说“金蚂蚁奖”征文评奖活动

该活动主要推广各类精短小说，由深圳市作家协会和龙岗区文联共同举办，启动于2009年11月28日，截稿于2010年2月28日，有效参评作家共208人，参评作品2080篇。初评出53位作家作品进入终评，由格非、苏童、陈东捷、韩旭、杨宏海等专家组成终评委，投票产生获奖作品。

四、文学活动

(一)第三届广东诗歌节暨首届深圳诗歌节

第三届广东诗歌节暨深圳首届诗歌节于11月2日至4日在深圳隆重举行。吉狄马加、叶延滨等20多位全国知名诗人和来自广东省委宣传部、广东省作家协会、深圳市委宣传部、市文联的领导，以及来自省内各地的诗人、作家和媒体的记者共160多人参加了盛会。

第三届广东诗歌节暨首届深圳诗歌节活动现场　∧

广东诗歌节是广东省诗歌界的重要文化品牌，在确立广东的诗歌立场和理论构建，澄清、梳理正确的诗歌方向，带动形成良好的创作风气，对现代华语诗歌的发展做出了诗歌大省应有的贡献，在全国诗歌界产生了较大的影响。首次设立的深圳诗歌节努力展现深圳诗人的强大阵容，展示深圳多风格的原创作品。本届诗歌节是深圳历史上开先河之举，也是庆祝深圳经济特区建立30周年活动中最富诗意的一个亮点。

(二)第四届“诗歌人间”活动

该活动是第11届深圳读书月的重点主题活动之一，于11月28日在深圳报业集团举行。活动包括“诗脉永续：向陆游致敬”新诗研讨会和诗歌朗诵会。

诗歌研讨会以“诗脉永续：向陆游致敬”为主题，于坚、韩东、杨克、李少君、潘红莉、朱燕玲、余怒、陈先发、陈仲义、耿占春、古马、何小竹、李元胜、潘维、桑克、小安、肖水、周公度等多位在国内诗坛具有广泛影响的诗人、评论家共聚一堂，探讨了诗史交融、古今呼应以及传统与当代对接的话题，进一步廓清当代诗歌的方向，重塑当代诗歌的品格。

诗歌传统与现代之间的“纠结”关系、诗歌创作道德与良知的不同、东西方文化的根本分野、诗歌是否被边缘化等问题成为讨论焦点。与会者指出，当代诗歌创作中单面化、噱头化的趋势正在不断加重，无深度意义的口水诗、无审美价值的“小语境”，以及打着“反权威、反文化、反传统”幌子的诗作大量繁殖，泥沙俱下，侵蚀着当代诗歌原本健康的肌体。“诗歌人间”活动提出接续诗歌传统，是为了提倡当代诗歌张扬个性，走向生活，书写实在，呼唤当代诗歌旗手的出现。

(三)首届深圳校园文学节

“首届深圳校园文学节”于10月23日在罗湖区翠园中学举行，深圳青春文学研讨会暨第三届深圳十佳文学少年颁奖仪式同日在该中学隆重举行。

首届深圳校园文学节活动现场 ∧

中国作协副主席高洪波，儿童文学作家李东华，广东省作家协会副主席温远辉，深圳市文联党组书记罗烈杰、专职副主席杨宏海，深圳市教育局副局长唐海海，深圳市文体旅游局副局长尹昌龙，深圳经济特区报副总编侯军等文学评论家、专家，近年来涌现出来的深圳青春文学代表作家袁博、赵荔、张悉妮、林培源、李墨白、谢然、于瑶及第三届深圳十佳文学少年获奖者，深圳各中学文学社员共300人出席大会。

大会重点展示了深圳近年来涌现的6名青春文学代表作家的成长经历。袁博、赵荔、张悉妮、李墨白、谢然介绍了各自创作和成长经历，文学评论家进行现场点评，高度评价深圳青春文学作家的阳光写作姿态。专家们认为，深圳青春文学提供给全国的三个基本经验是：一、模式创新。二、阳光写作。三、创意文学。

在本次颁奖会上，红岭中学区琳、松岗中学赵迪、翠园中学谢然、深圳外国语学校初中部刘劭彧、深圳实验学校赖玉莹、深圳中学李偲、东湖中学陆雯雯、南山实验学校于瑶、梅山中学张薇、深圳第二高级中学黄秀萌获得第三届深圳十佳文学少年称号。

五、人才培养

(一)推荐青年作家参加广东省作协作家培训班

为了提升和扶植深圳青年作家创作水平,市作协推荐青年作者萧相风、张夏、老家阁楼等于8月6日到广州参加为期9天的广东省网络作家、青年作家创作培训班。

(二)与深圳大学共同举办作家研究生班

2009年下半年，深圳市文联与深圳大学文学院联合举办了首届深圳作家研究生班。2010年进入第二学年，市作协积极做好学术配合，邀请了韩少功、格非、杨争光、刘元举等文学名家进行讲学，并与深大合作，推出优秀学员作家《广州文艺》专号。该班的课程设置，不仅注重文学创作技巧的介绍，还注重作家文化、文学艺术修养的整体提升，增强作家的创作“后劲”。该班的开办不仅提升了青年作家的文化水平，扩大了他们的思维视野，还带动了深圳大学文学研究者对深圳文学的关注与评论，培养和壮大了深圳的评论家队伍。

六、深港文学交流

由深圳市文联和香港艺术发展局联合主办、深圳市文艺创作室、市作协、香港艺术发展局文学组承办的2010年深港作家座谈会,于5月16日上午在深圳市文联举行。

本次座谈会旨在推动深港文学艺术界合作交流向全面纵深局面发展，是深圳市文联和香港艺术发展局继2009年9月18日“深港文艺家座谈会”、2010年2月28日“港深文艺家座谈会”成功举办后，共商深港文学合作发展大计的一次重要会议，标志着深港文学界交流进入了活跃期。

深港双方组织邀请了具有代表性的作家出席。深圳方面的作家代表是杨宏海、彭名燕、李兰妮、胡经之、杨黎光、李亚威、邓一光、曹征路、苏曼华等重要作家，以及李凤亮、吴君、齐霁、宋唯唯、厚圃、毕亮、于爱成、赵婧等青年作家、学者。香港方面的作家代表包括香港艺术发展局文学组主席寒山碧、香港艺术发展局文学组副主席钟树根、香港艺术发展局文学组顾问、著名学者陈国球、香港作家联会会长潘耀明、香港作家协会主席黄仲鸣，香港散文诗学会会长夏马等重要文学组织和社团的负责人，以及近年来创作非常活跃、代表了香港中青年作家创作水准的王璞、潘国灵、黄劲辉、邓小桦等。会上，深港与会代表畅所欲言，就深港两地各自的文学历史、文学经验、文学形态、文学境遇，以及作家的写作姿态、文学理想等展开了讲演和讨论。

深港作家座谈会现场 ^

11月1日，由香港艺术发展局和深圳市文联主办，香港艺术发展局文学组和深圳市作家协会承办的港深作家座谈会，在香港中央图书馆会议室举行，标志着深港文学界交流的进一步展开。

出席座谈会的有香港艺术发展局文学组组长寒山碧、香港作家联会会长潘耀明、香港作家协会主席黄仲鸣，香港散文诗学会会长夏马，圆桌诗刊主编梁新荣、树人大学兼职教授薛兴国、香港联会副会长罗琅、公开大学教授黄劲辉、教科书出版社总编辑纪馥华、香港艺术发展局艺术组主席李锦贤，以及香港知名作家、评论家林曼叔、黄劲辉、邓小桦、张成觉等；深圳方面作家有深圳市文联专职副主席杨宏海、深圳市作协专职副主席李兰妮、深圳文艺创作室主任李亚威、著名作家、影视编剧邓一光、知名作家吴君、赵婧、厚圃、林培源等。

本次座谈会选择“作家的社会责任”作为主题，据承办方香港艺发局文学组组长寒山碧介绍是来自2010年5月深港作家座谈会上与会嘉宾杨黎光发言的启发。杨黎光当时对社会问题的关注和忧思，引起深港两地与会者的好评，香港艺发局文学组特意将这个题目拿到香港，邀集两地作家专门进行讨论。会上，港深两地作家畅所欲言，就“作家的社会责任”涉及的相关问题，如社会责任的内涵与外延、社会责任与作家良知、社会责任与文学性、社会责任与政治责任、社会责任与文学史、社会责任与创作规律等展开讲演和讨论。

（于爱成）

2010
深圳戏剧

推出新剧场 打造新品牌

2010年是深圳经济特区建立30周年，面对以文化消费为世俗价值旨归的时代潮流，深圳戏剧界坚持对文化价值体现和传播形态的独立判断与思考，在精品创作、品牌打造、戏剧普及等方面更上一个台阶。

一、《深圳日记》京、深两地上演

1月3日～5日，“创意剧场”推出的大型多媒体都市话剧《深圳日记》先后在北京民族文化宫和深圳保利剧院公演。这是深圳舞台剧第一次把首演放在首都，由北京、深圳两地戏剧精英为深圳经济特区建立30周年倾情献演。深圳主创人员为：尹洪波、从容、赵睿、唐华刚、于卉怡、李涛、刘宏、唐健、阚立文。

该剧讲述了主人公吴浩怀揣改变命运的梦想到深圳当业务员的过程，展示人生的诸般杂色和多重性。它以一个曾开发和建设深圳城市的亲历者的视角，围绕一个公司业务员如何在这个年轻的城市里打拼，如何在灵与肉的冲突中凸显人性丰富与社会变革的复杂过程，写出了人性的深度与灵魂的挣扎，获得专家和观众好评。中国戏剧家协会分党组书记季国平、《剧本》杂志主编黎继德、著名戏剧评论家童道明、中国话剧研究所所长、著名戏剧评论家刘彦君等人在北京看完演出后即刻就地召开座谈会，希望将这部作品打造成保留剧目。

深圳原创开年大剧《深圳日记》剧照 ^

二、《我听见深圳在歌唱》创新“中国诗剧场”

11月12日，由深圳市委宣传部、市文联、市剧协等精心策划新品牌打造的《中国诗剧场——我听见深圳在歌唱》在深圳上演。该剧精选深圳改革开放30多年来

30位诗人的30首诗，以深圳剧协骨干会员吴庆捷、项飞、赵睿、孙长盟、小妹为主体。由以大学生为群体的演员朗诵演绎诗歌的意境，放大诗歌的情绪，以诗歌与情景紧密结合的形式突破了传统诗歌朗诵会的模式。东门老街、华强北、深南大道、桂庙，这些深圳人熟悉的地理名词时而在剧场中出现。伴随着诗人的作品，都市人打拼的艰辛和疲惫，两性关系的感情纠葛，南方和北方的对比，理想和现实、乡村和城市之间的冲突等等，也相继在“诗剧场”中上演。在演出现场，观众可以听到激情的诗歌朗诵，可以看到鲜活而魔幻的生活情景，还可以享受到美妙的音乐、灯光和舞美，观众的思绪不断被舞台上的某些诗句、某个场景和某种音乐所感染、所拨动。

深圳原创诗剧《中国诗剧场——我听见深圳在歌唱》海报、剧照

此剧被称为“诗歌和戏剧的一次嫁接”。全剧从诗歌出发，走向戏剧。它是诗歌和戏剧的一次嫁接，是一次跨界的实验行为。由于它所属的先锋性，国内各大报刊、网络、电视电台等媒体争相报道和采访。

三、多项作品获国家、省级大奖

本年度，深圳戏剧队伍既出作品，又出人才，创作生产了一批优秀的戏剧剧目，新一代戏剧家、戏剧演员逐步成长，成为特区戏剧界的生力军，活跃在深圳戏剧舞台。其中，市剧协主席从容入编《中国文艺界名人库》，获得“新中国文艺界突出贡献艺术家”称号。

本年，深圳小品创作喜获丰收，屡获大奖。其中《成长》获第十五届“群星奖”金奖；《搞掂》获中国戏剧奖小品小戏优秀剧目奖和深圳市鹏城金秋银奖；《大话环保》获第十五届“群星奖”金奖；《最幸福的事》获中国戏剧奖及小品小戏奖的金奖；《妈妈您放心》获第六届广东省戏剧花会金奖。王予昆在首届中国文艺“华圣奖”大赛中，荣获最高荣誉金奖；《通往天堂的电话》参加文化部在广州举办的第九届中国艺术节并获优秀演出奖。宝安区小戏小品《应人石传说》、《妈妈，你放心》在广东省第六届群众戏剧曲艺花会上分别荣获金奖，音乐杂技剧《卖火柴的小女孩》参加文化部举办的全国民营艺术院团优秀剧目展演荣获优秀剧目奖，展示了民营艺术团体的创作实力。四幕话剧《入“行”儿》获全国戏剧文化奖小型剧本三等奖。

此外，深圳还有《穿越畅想曲》等14部作品获第四届“中国戏剧奖·小品小戏奖”等其他奖项。新创京剧歌舞《云衫水袖舞东方》获美国迪贝——施坦尼劳斯国际艺术大赛二等奖。罗湖区文联小品《大话环保》等作品获“群星奖”。深圳广电集团出品的广播剧《承诺的爱》获得国家广电总局技术质量金鹿奖二等奖。

四、民间戏剧团体佳作迭出

(一)虎虎生威的“宝安京剧娃”

本年度，宝安区少儿京剧团参加全国少儿戏曲小梅花比赛、“和平杯”小票友大赛、“戏出东方”戏曲大赛多次摘金夺银，被授予“中国少儿戏曲小梅花杰出贡献奖”等荣誉称号。

1月9日至10日，“南方百花盛典——盛世中华2010春节戏曲晚会”在广东佛山举行，宝安少儿京剧团一曲演出剧目《薪火相传中国人》，表现出较高的艺术水准。同在1月份，该团参加首届“广东京剧艺术大赛”，经过五场初赛、两场复赛后，7名选手进入复赛，3名进入决赛，占总数的3/10。23日决赛，宝安京剧娃以出色表现夺得少儿组金、银、铜全部奖项。

宝安区少儿京剧团已成为深圳市艺术教育的一张亮丽名片，在央视春节戏曲晚会、“南方百花盛典”春节戏曲晚会、澳门回归庆典晚会、名家名曲广东演唱会等大型活动中演出，受到中央电视台、中国剧协的关注。

虎虎生威的“宝安京剧娃”剧照 ^

(二)创出品牌的万丰粤剧团

万丰粤剧团成立于1993年，演员工资和整个费用均由万丰村承担。2005年后万丰社区不再承担演员工资。面对这种情况，万丰粤剧团勇敢地走向市场，靠戏剧质量走出一条属于自己的独特艺术发展之路。从村办小粤剧团到走向大市场，沙井万丰粤剧团这个广东省第一个村级民办专业粤剧团从小到大、从非专业到专业，走出了一条越来越宽阔的道路。

万丰获奖粤剧《一件羊皮袄》、《大潮》剧照 <

近年来，万丰粤剧团坚持走市场化道路，成功改编或原创排演30多部粤剧，多次获得全国戏曲“群星奖”金奖等大奖。截至2010底，沙井粤剧团有5部自己创作的粤剧在中央电视台播出，多次荣获国家、省市等级别的文艺奖项。2005～2010年，剧团积极参加宝安区文化局、罗湖区文化局举办的“送戏进社区”公益活动，共计演出38场，深受群众喜爱，为推动和谐深圳的建设发挥了积极的作用。

（三）深圳民间戏剧团体

2009年挂牌成立的深圳实验京剧团以及深圳大学戏剧社、深圳职业技术学院心艺戏剧社、福田区梨园艺术团等散落市内的民间戏剧组织，近年来也都创作、演出了一些戏剧作品。

2010年深圳大学、深圳高职院、深圳信息学院开启“校园戏剧之旅”，上演了《奋斗》、《怀表》、《日出》三个剧目，强烈的实验色彩是其特色，为繁荣深圳戏剧创作做出了积极贡献。

深圳职业信息技术学院心艺戏剧社创作演出的话剧《奋斗》 ^

深圳实验京剧团挂牌 ^

话剧《培尔金特》剧照 ^

五、构建戏剧艺术交流平台

2010年，深圳戏剧家协会努力展示、传播中华民族传统戏剧文化和与世界文化接壤的现代戏剧文化之外，努力为本土戏剧组织和戏剧表演人才提供交流平台。深圳剧协积极履行服务职责,热心为会员服务，主要体现在三方面:

深圳戏聚星期六活动海报、剧照 ^

(一)组织观摩来深演出优秀的戏剧作品

2010年深圳大剧院共举办公益类演出94场，演出类型包括了话剧、儿童剧、戏曲讲座等等，内容丰富，形式多样，充分满足了深圳市民的多种文化需求。本年“关爱月”，儿童音乐剧、粤剧折子戏等本土创排的精品演出陆续登上深圳大剧院舞台。主题性演出主要推出“小剧场话剧”32场、请来中国国家话剧院的著名团队，《向上走，向下走》、《未完待续》、《我爱你》等享誉国内口碑的小剧场话剧，场场演出爆满，观众好评如潮。

(二)“戏聚星期六”戏剧普及公益活动

“戏聚星期六”是深圳市一个大型公益文化活动，每周六下午在深圳大剧院音乐厅举办，观众免费凭票入场。该活动以“传承戏剧经典、弘扬传统文化”为宗旨，以弘扬中华民族传统文化为目标，以中国戏曲普及和欣赏为切入点，在表演形式上独树一帜，在策划创意、运作模式等方面也不断求变求新。它变通以往的看戏模式，通过政府买单、企业运作、市民免费看戏的方式，创造出一种全新的公益戏剧模式，既丰富了市民的娱乐生活，提升了生活质量，同时活跃了戏剧市场。2010年，深圳大剧院有策划、有包装、有主题地推出专题系列“戏聚星期六”40场，让深圳人聆听知识、欣赏艺术、浸染文化。“戏聚星期六”包括了话剧、交响乐、儿童剧、戏曲讲座等艺术形式，以中国戏曲普及和欣赏为切入点，以解说、演唱、表演相结合的形式，为广大市民提供听戏、赏戏、知戏、唱戏、学戏的好机会，充分满足了深圳广大戏曲文艺爱好者的文化需求。

(三)南山区的“周末戏曲欣赏”

2010年，南山区创立“周末戏曲欣赏”项目，在居民多的大社区，每周六晚演出，要求组织戏曲剧种、邀请优秀戏曲演员带妆表演。每场晚会各有特色，分别邀请国家二级以上演员领衔主演。推荐演出剧目有广东花朝戏、南方汉剧、江浙越剧、黄梅戏、豫剧、京剧、昆剧、评剧、秦腔、湖南花鼓戏、潮剧、川剧、山东吕剧、粤剧、采茶戏等16个品种。

湖南花鼓戏剧照 ∧

六、守望戏剧艺术的核心价值

深圳戏剧工作者强调坚持文艺创作的良知与核心价值的守望，看重文艺创作的精神含量。2010年度创立的“中国诗剧场”正是表达出这种追求。在现时的条件下，深圳戏剧界在增强戏剧影响力，加强队伍建设，提升演出场所硬件，培育观众群，创新创作机制方面，成效明显；在推动艺术评论工作发展等方面，尚需进一步加以改善。

（周思明）

2010
深圳影视

精品创作　再攀高峰

2010年，在深圳经济特区30华诞之际，深圳市、区各文化艺术机构和影视制作单位，筹备、制作、发行了一批原创影视精品项目，影视工程的生产机制逐步健全完善，成效显著，从数量和质量上均有新的突破。

一、多部作品登陆央视

2010年，深圳共有6部电视剧接连登上央视荧屏。业内人士认为，"深圳制造"密集亮相央视，充分表明深圳的电视剧制作迈上一个新台阶。

（一）《命运》是个传奇，也是深圳人的一部集体传记

由深圳市委宣传部和深圳广电集团联合出品的《命运》4月11日在央视8套播出后，引起全国电视观众的强烈反响，在深圳掀起"全城同看"的热潮。首播当晚，深圳市的5000多台公交车、10000多个电视终端、地铁1号线的所有电视终端以及2000多个楼宇、电梯中的电视终端，都转播了央视信号，同步播出电视剧《命运》的第一集。

4月25日下午，电视剧《命运》暨现实题材电视剧创作研讨会在北京召开，著名作家张胜友，著名评论家李准、仲呈祥、阎晶明、曾庆瑞、白烨，编剧陆天明等20多名专家学者及深圳市委宣传部副部长刘琸飙出席了会议。与会专家指出，当下正面反映改革开放历史题材的文艺作品太少了。《命运》是从高层完整书写深圳改革开放史的第一部作品，它敢于触碰现实和敏感题材，它的面世，标志着中国电视剧达到了一个新的高度，它在电视剧创作中的许多突破，为电视剧如何真实而艺术地反映现实、直面时代提供了许多新鲜的经验。

电视剧《命运》剧照

<

（二）《兵峰》首次聚焦戍边军人，主题重大又具备观赏性

《兵峰》将关注的目光对准高原边防军人，聚焦当代士兵的精神世界，成功塑造了一组高原军人的群像，人物内心丰富而有张力，人物形象深刻而有魅力。“兵峰精神”的内涵、剧中的经典台词等，成为热议的话题。

《兵峰》在央视8套播出后收视率连连攀升，在网上的同步播出也获得较高的点击率。在新浪大片频道，《兵峰》8月1日的点击率超过了新《三国》等众多大戏，日均播放量达120万，引发大范围的网络热议。

（三）类型各异的电视剧不断涌现

1、《家有爹娘2》：延续温情和感动

该剧由深圳广电集团、北京天地人传媒公司联合制作，于5月20日，在央视8套节目黄金时间播出。该剧以王起孟一家三代对爱情、婚姻、生子等问题的不同追求和态度为线，故事内容贴近百姓生活，情节架构充满趣味性，用真实质朴的生活背景为人们展现了一幅老百姓多姿多彩的生活画卷。

电视剧《家有爹娘2》剧照

<

2、《和空姐一起的日子》：处处留有深圳印记

3月26日，改编自网络小说的20集电视剧《和空姐一起的日子》在央视8套和土豆网同步播出，该剧由深圳广电集团深广传媒有限公司、北京紫禁城信都电视文化有限公司、深圳梦蝴蝶有限公司联合投资制作，在深圳取景拍摄了约两个多月，讲述的是白领陆飞与空姐冉静的纯爱生活。这部剧在央视的播出，也象征着“深圳制造”首次把触角伸向热门网络小说，时尚的深圳让小说“立体”起来，剧中处处留有深圳的印记，如小梅沙、华侨城及一些时尚场地等。

《和空姐一起的日子》剧照

<

3、《天地民心》：真实的历史人物故事

40集历史大戏《天地民心》于7月3日晚19点30分登陆央视8套黄金时段，讲述山西著名历史人物、一代名臣——祁隽藻的故事。该剧不仅故事有据可寻，演员表演也精彩纷呈，剧中汇集了成泰燊、王洛勇、宋佳、孙海英和吕丽萍夫妇、袁弘等优秀演员，导演杨阳曾经执导过电视剧《牵手》、《记忆的证明》、《诺尔曼·白求恩》等。

4、《春暖南粤》：深圳原创的第一部现代农村题材力作

电视剧《天地民心》海报

<

该剧由深圳市委宣传部、深圳市广播电影电视局等联合摄制，也是深圳原创并投资拍摄的第一部现代农村题材、反映基层贯彻科学发展观的力作。

2010年5月21日，《春暖南粤》在央视再度播出。9月13日，该剧在广东电视台黄金时间播出，播出收视率达到0.63%，远高出该频道此时间段平均收视率0.1%标准，再次在地方台荣获收视率冠军。与此同时，《人民日报》、《学习时报》、《南方日报》、《深圳经济特区报》、《羊城晚报》、《广州日报》、《深圳商报》等纷纷刊发评论文章及相关报道，对这部新时代的农村题材大戏给予了高度赞扬。

2月20日，《春暖南粤》专家研讨会在京召开，深圳市委宣传部副部长刘璋飙，以及业内专家李准、曾庆瑞、仲呈祥、尹鸿等到场发表精彩演讲。3月23日，中华文化促进会主席、文化部原常务副部长、中国文联原党组书记高占祥在《人民日报》发表署名文章《南粤大地报春花》，对此剧给予了高度评价。

二、深圳第二届DV大赛推出新人新作

1月13日，2009年的“创意12月”活动之一——深圳第二届DV大赛的颁奖典礼在大剧院举行，中国纪录片委员会名誉会长陈汉元、刘效礼，湖北电视台纪录片编

导张以庆为，深圳市委宣传部领导段亚兵、李瑞琦，市文联领导董小明、杨宏海、王廉运等出席了典礼。

本次参赛的DV作品绝大部分由非专业人士拍摄，他们以普通人的眼光用影像记录着历史，表达着对社会的发展及对百姓生活的关注。最终，25部DV优秀作品从全国386部参赛作品中脱颖而出获得奖项——《一个人老了》获纪实类作品一等奖，《钱是啥味道》获虚构类作品一等奖。

深圳第二届DV大赛由深圳市对外文化交流协会、市文联、市广电集团主办，市影视家协会、深圳新闻网、深圳DV生活频道承办，以深圳新闻网为平台，相继进行了网络海选阶段、专家评审阶段、奖项颁布阶段、获奖作品展播阶段。

2010年，深圳市电影电视家协会还与市文明办、市广电集团移动频道共同策划、举办了“寻找身边快乐的人”短片大赛活动，大赛从发起、评审、颁奖受到了社会广泛的关注，产生了良好的社会影响。通过举办“DV大赛”积累的经验，深圳市电影电视家协会表示，深圳“第三届DV大赛”将“升级”——把原来设置的参赛作品范围延展到全球的华人，还将增设奖项，为更多DV作者创作搭建平台。

1月，深圳第二届DV大赛的颁奖典礼在深圳大剧院举行，图为颁奖嘉宾与获奖者合影

三、纪录片、专题片浓缩时代色彩

6集纪录片《追梦——一个城市的心灵史》于7月完成摄制后，相继在各大影视剧平台亮相，该剧从移民、市场、规则、爱心、环保、文化等角度记录表现深圳人的当下生活和心灵世界，充分展现了一个城市的追梦传奇。为讴歌深圳改革开放30年的成果，专题片《深圳——一个明天的城市》以文化、艺术、思辨的方式，思考并展示城市未来的发展方向。10集电视专题片《百年中英街》播出后也收到良好的效果。

1月27日～31日，“人文中国”纪录片论坛暨2008～2009中国纪录片“十佳十优”表彰活动在云南腾冲召开，由深圳市越众影视有限

李亚威编导的纪录片《中国有个署立里》获中国电视纪录片“长片十佳奖”，图为她在颁奖盛典上发表感言

文艺创作室专业摄影师徐红亮(左)与导演李亚威(右)在文艺创作室集体创作的数字电影《荞麦花开》开机仪式上

12月，“创意12月——深圳第三届DV大赛”之“第五届中国纪录片深圳日”活动在深圳圆筒艺术空间举办

公司打造的纪录片《寻找少校》获殊荣，获评“2008～2009年度中国电视纪录片长片十佳作品”。这项由中国电视艺术家协会和电视纪录片学术委员会每两年评选一次的权威性全国大奖，为深圳赢得新的荣耀。

6月，深圳广电集团都市频道联合左氏文化传播有限公司宣布共同制作30集大型纪录片《深圳地标》，该纪录片由左力担任总导演。12月5日，《深圳地标》在深视都市频道开播，据该剧总制片人刘晋豫介绍，该片以30个极具深圳特色的地标为线索，包括特区建设早期的国贸大厦、蛇口标语牌、老东门里中国第一家麦当劳、深圳八大文化设施等，也包括近年的市民中心、音乐厅、中心书城等，采访了100多位与这些地标建筑相关的见证人或当事人。从开拍到播出，这部30集容量的纪录片仅用了4个月时间，从导演到撰稿、从题材到主题曲创作，都是百分百的“深圳制造”。

《追梦——一个城市的心灵史》获得广州国际纪录片奖；由深圳市委宣传部与深圳广电集团打造的专题片《珠江》获深圳市精神文明建设重大成果奖；《唐卡》获“2008～2009年度中国电视纪录片长片好作品奖”；《发现少校》获2010中国(青海)世界山地纪录片节人文类长片入围奖；罗湖电视艺术家协会的2010年电视散文《发现巴彦淖尔》获第十届百家电视文艺节目文学类三等奖；25集电视纪录片《走过罗湖桥》获广东首届网络文化精品评选岭南委员会特色奖。

在2010年的“创意12月”活动中，深圳市文联还主办了第五届“中国纪录片深圳日”活动，12月17日～18日，深圳圆筒艺术空间迎来了北京师范大学艺术系主任、纪录片制作人、纽约大学电影系访问学者张同道教授，他演讲的主题是：《新媒体纪录片创作》。当日还展播了纪录片《美丽中国》和《小人国》，现场吸引了很多DV爱好者。

四、《走路上学》影响持续

在2009年上映并引起关注的电影《走路上学》的影响仍在延续。2010年4月1日，该片获得深圳市委、市政府颁发的“深圳市精神文明建设重大成果奖”；4月3日，该片在叙利亚首都大马士革举行的“中国电影周”播出；5月25日～6月1日，“第二届两岸电影展——大陆影片展”在台湾台北和苗栗成功举办。大陆代表团为台湾同胞带去《走路上学》等6部影片；9月24日，在第十二届朝鲜平壤国际电影节夺得本届电影节“最佳影片奖”，朝鲜内阁副总理康能洙亲自向编剧、导演彭臣颁奖；10月8日，在第二届英国万像国际华语电影节荣获“最佳剧本奖”；11月29日，在土耳其举行的“中国电影展”上成为开幕影片；12月27日，在第十四届中国人口文化奖评选荣获电影类作品一等奖。

《走路上学》不仅成为“深圳制造”电影领域方面的代表，还让世界各国看到了中国儿童电影的进步。4月15日、6月1日，先后在深圳和北京举行电影《走路上学》座谈会，影片主创人员、专家学者对在当前商业影片泛滥的形态下，如何让孩子们看到更多的优秀儿童影

两岸电影展，导演彭家煌讲话 ^

朝鲜第12届平壤国际电影节颁奖现场，朝鲜总理康能洙为编剧、导演彭臣颁奖 ^

《走路上学》座谈会前，市领导王京生、吴以环与《走路上学》导演彭家煌亲切交谈 ^

片进行探索，认为《走路上学》在这方面进行了成功尝试，盛赞该片“谱写了一曲纯朴、美好的人性之歌”。

《走路上学》在发行模式方面进行了创新，采取“先看电影后付款”的“爱心观影”(即观影结束后，观众以自愿为原则将票款投入票款箱)模式，自办发行这部电影。这种特殊的观影模式受到了中央级媒体的关注。央视在“朝闻天下”、“精彩十一五”栏目中进行了近4分钟的报道，对深圳的这一大胆尝试进行了充分肯定。中国电影家协会主席李前宽两度专程来深圳调研《走路上学》“爱心观影”活动情况，高度赞扬《走路上学》“先看电影后付款”的“爱心观影”模式。国家电影局童刚局长也对该模式给予高度评价。中国电影代表团在不到两年时间里，带着《走路上学》走了10多个国家和地区，这在中国电影史上是罕见的。目前中国电影进入高速发展的黄金时期，《走路上学》正在进行的发行模式探索，对小成本影片、主旋律影片和儿童影片等都有重要的借鉴意义。

五、电影市场票房增长

2010年，深圳各影院观影总人次约有1072万，票房首度“冲4亿奔5亿”，总票房超5亿元，创造了一个新的纪录。其中，嘉禾深圳影城全年总票房7587万元，比2009年增长36.5%，其票房占深圳市场份额约达16.27%。

本年度，南山区成为深圳电影圈新兴的市场，票房产出追赶罗湖片区，海岸影城成立3年来，不断推出特色服务，培养区域影迷的观影习惯，已拥有两万多名固定会员。新南国品牌旗下在深圳的4家影院共创收约1亿元的票房佳绩，再加上其在外地的6家影院，新南国在全国范围内共创收票房约两亿元。

六、公益电影活动“惠百姓”

(一)“千场电影进社区”升级为“万场电影惠百姓”

2010年，深圳电影发行放映公司将“千场电影进社区”活动升级为“万场电影惠百姓”活动。1月24日，“万场电影惠百姓”活动在

万场电影惠百姓 ^

宝安石岩粤昌工业园正式启动，全年共放映电影约4800场，成为创建和谐社会、文明社区的重要力量。其中，福田区的公益电影放映工程突破千场；宝安区的“千场电影进社区”活动在社区、工厂、军营和文化广场共放映公益电影2500余场，受益观众135万余人次。

该活动除了在数量上升级，也在质量上升级。主办方增加放映员队伍，扩大覆盖范围，设立常驻放映队及固定放映点，更新放映设备，从各个方面来确保放映质量。

（二）举办首个“韩国电影展”活动

5月14日～6月2日，由深圳文体旅游局主办，在文博会期间举办深圳市首个“韩国电影展”，共展映韩国8部优秀影片，并邀请韩国著名演员参加本届“韩国电影展”开幕式和演员见面会。为满足观众不同层次的需要，电影展活动期间，专为外来青工专场展映3场，提供650张影券给偏远厂区的外来工。

（三）举行第四届花季雨季电影月

由深圳市文明办主办、深圳市电影发行放映公司携手“SCAF2010动漫节”承办了“第四届花季雨季电影月活动”，于7月16日至8月15日进行，持续31天，共放映电影240场，活动主题为“全城热动，影领假期”，堪称是献给暑期中小学生的“视听盛宴”，活动形式为影院和社区免费放映多部青少年题材的公益电影。

（四）公园文化节放映露天电影

11月，以“鹏城辉煌三十载，大运精彩同期待”为主题的深圳市第五届公园文化节正式启动，深圳电影发行放映公司为配合此次活动的开展，共安排了10场公园露天电影在部分公园放映，每场观影人数达上千人，深受百姓喜爱，赢得了良好的口碑。

七、各区文艺影视创作能力增强

4月9日，宝安区文联和多个文艺精品受到区委、区政府表彰，包括影视协的广播剧《拔鲁》（曾分别夺得中宣部和省“五个一工程奖”）。7月，由宝安区电影电视家协会常务副会长牛金瓶创作的广播剧《爱在春天》在中国目前最大的广播剧制作基地——中国黑龙江龙脉影视基地完成录制，该剧表现深圳义工队伍春运高峰时刻的动人事迹，角度新颖独特，格调昂扬向上，情节引人入胜，具有浓郁的地域特色，强烈的时尚特点和诙谐的喜剧色彩。

7月，由罗湖区委宣传部策划、区电视艺术家协会承制、区委区政府出品的25集大型纪录片《走过罗湖桥》，先后荣获“广东省首届网络文化精品评选”岭南特色奖和“第四届深圳市网络文明奖”专题类节目三等奖；罗湖区电视艺术家协会承制的11部电视纪录片《寻找身边快乐的人》，分获深圳市首届“寻找身边快乐幸福的人”DV大赛二、三等奖和优秀奖；8月，罗湖区电视艺术家协会高质量地完成了10集大型纪录片《开拓》，并陆续在搜狐网和“罗湖家园网”上刊发。

（李佳佳）

2010
深圳音乐

原创演奏合唱出异彩

2010年，“音乐工程”向纵深展开，品质、影响两方面都比2009年有了很大的提高。站在深圳经济特区建立30周年的节点上，深圳音乐催生出一批切准时代脉搏的优秀作品，唱出了深圳人对改革开放伟大时代的颂歌。除了原创音乐，深圳音乐在器乐比赛、合唱比赛、歌唱比赛等各大赛事中都取得了不俗的成绩，音乐会、演唱会、研讨会等音乐活动也全面开花。

一、原创作品体现优势

2010年，“音乐工程”进入第二年，原创作品数量大增，在全国范围内产生较大影响。歌曲《走向复兴》获央视“我最喜爱的中央电视台春节联欢晚会节目”唯一的特别奖，被誉为年度最具影响力和最广为传唱的作品；音乐作品《走山》、《永远的小平》获得了第15届“群星奖”金奖；《敬礼》、《童话》、《我是快乐的调色板》分获全国少儿歌曲歌词征集评选二、三等奖；《从小学书法》、《八月十五看月光》等5部作品分获中国音协颁发的优秀创作奖和最佳作曲奖及其他国家级奖项；《再别康桥》、《深圳的早晨》荣获“感动中国”全国歌曲创作一等奖；原创音乐电视作品《火塘·阿朵玛西》荣获云南省广播电视政府年度MTV一等奖等。

2010年，深圳原创音乐的风貌更加丰盈，“鹏城歌飞扬”在特区的“生日纪念簿”上写下了激情四溢的音符：充满感恩情怀的《谢谢你》、艺术气息浓郁的《纸上的新娘》、浪漫优雅的《我和春天有个约》、意气风发的《迎风飘扬的旗》、活力四射的《我在这里》、深情大气的《南方以南》、感人肺腑的《劝孝歌》、意境开阔的《圆梦的地方》、粗犷真挚的《回家》、诗情画意的《落叶的歌唱》等歌曲都为三十而立的深圳敲响了城市节拍。在“鹏城歌飞扬”各个季度的获奖歌曲中，选送单位来自全市各个部门，除了市委宣传部、市文体旅游局、市文联和市广电集团等市级宣传文化部门与群团组织外，罗湖、福田、宝安、龙岗、盐田等区均有歌

《走向复兴》在2010春晚上唱响 ∧

唐磊《爱没有屋》 ∧

刘惜君《我很快乐》 ∧

曲入选，具有广泛的代表性，显示了“音乐工程”的热力渗透到了深圳的各个角落。刘惜君、唐磊、因果兄弟、凤凰传奇、周笔畅、陈楚生等人气颇高的歌手更是把深圳原创音乐唱响到全国。

本年度，由国家音乐创意产业基地、深圳广电集团音乐频率等，联合出版深圳首张原创流行音乐合辑《深圳的声音》，汇聚了10首深圳原创歌曲，集合了当前深圳10位音乐人的代表作。包括塔列的《光明》、钟斌的《命运》、梁颖的《6号机场大巴》、小勇的《三楼楼顶》、韩承东的《回归》、小杜的《大风歌》、一晨的《幻想》、尚品的《墓志铭》、金科的《一切不是偶然》，以及吴强的《生命》。这也是“音乐工程”的一个组成部分。5月13日，梅沙原创音乐前沿基地被新闻出版总署授予“国家音乐创意产业基地(深圳园区)”称号，这是首个以音乐为主题的国家级创业基地。国家新闻出版总署党组书记、副署长蒋建国，广东省新闻出版局(版权局)局长朱仲南，市人大常委会副主任陈治华等出席了揭牌仪式。

二、演唱会种类多样

2月5日，2010深圳市新春音乐会在深圳音乐厅举行，著名抒情花腔女高音歌唱家吴碧霞演唱了深圳原创作品——新版大型客家山歌主题交响曲《交响山歌 · 客家新韵》。2月6日，大型客家山歌主题交响曲《交响山歌 · 客家新韵》研讨会在深圳举行，吴祖强、王世光、张国勇等专家学者齐聚一堂，对这部以客家山歌为素材的深圳原创交响作品进行研讨。4月14日，该交响曲在国家大剧院举行首场演出。

4月11日，“音乐风云榜”在深圳大剧院举办“十年盛典”颁奖典礼，晚会以回顾与展望为主题，表彰了华语乐坛10年来“十年最具影响力音乐人物”、“十大经典歌曲”、“十大最具影响力音乐事件”和“十年音乐新势力”。5月14日，“名家经典演唱会”在深圳音乐厅举行，杨洪基、王秀芬、魏松、吴碧霞4位歌唱家作了精彩演唱。5月15日，深圳第26届世界大学生夏季运动会第二届征歌颁奖典礼在深圳广电集团演播厅举行，晚会为15首获奖的优秀大运歌曲作者颁发了奖项。由李宇春主唱的志愿者主题歌《我在这里》MV隆重推出。7月15日，作曲家姚峰、广州军区文工团独唱演员刘罡、青歌赛金奖得主姚贝娜，师徒同台，父女同声，在深圳大剧院举办“今夜吹来低碳风”公益音乐会，所筹善款11.18万元通过深圳慈善会捐给市文联对口扶贫点雷州市乌石镇潭板村兴办电脑夜校和图书文化活动室。8月25日，“深圳，我用歌声赞美你——罗湖区纪念深圳经济特区建立30周年大型演唱会”在罗湖体育馆举行。12月18日，“第14届深圳大剧院艺术节”闭幕式演出“聆听最强音——魏松、廖昌永、沈洋经典三声部演唱会”在深圳大剧院上演。12月，“客家音乐流行风”专场晚会在保利剧院举行，31日，深圳卫视“声震世界”跨年演唱会集结50大华语巨星——羽泉、杨千嬅、韩庚、何润东、周迅、陈坤、S.H.E、周笔畅、大张伟、张靓颖、李玉刚、刘力扬、郑中基、陈慧娴、孟庭苇、飞儿乐团等悉数登场，与现场和电视机前的观众一起贺岁。

《交响山歌 · 客家新韵》

聆听最强音——魏松、廖昌永、沈洋

11月，福田区文化局打造了“今夜琴声悠扬——双钢琴四手联弹优秀选手音乐会”

8月，“深圳的路——宝安区纪念深圳经济特区建立30周年原创交响音乐会”

为庆祝深圳经济特区建立30周年，多台庆祝音乐会也轮番上演。8月3日，“深圳的路——宝安区纪念深圳经济特区建立30周年原创交响音乐会”在宝安区委、区政府礼堂上演。10月11日，“庆祝深圳经济特区建立30周年大型交响音乐会”在北京音乐厅上演。12月23日，“我们依然激情燃烧——庆祝深圳经济特区建立30周年大型交响合唱诗歌音乐会”在深圳音乐厅举行。“深圳文化周”是庆祝深圳经济特区建立30周年系列重大活动的一项重要内容，其中的音乐会由深圳交响乐团、深圳音协合唱团、深圳交响乐团合唱团、深圳高级中学合唱团联合演奏演唱，在展现深圳合唱艺术水平和深圳原创音乐成果的同时，充分展示了深圳交响乐团多年发展的水平以及深圳“钢琴之城”建设的成就。

三、音乐盛会精彩纷呈

2010年度，在国内外的众多音乐赛事中，深圳音乐展示出较强实力。在香港举行的香港中华文化艺术节第六届国际音乐艺术大赛中，倪旻荣获钢琴比赛青年组金奖；在第五届国际(香港)音乐艺术大赛总决赛中，倪旻获得钢琴成人组金奖；在香港国际钢琴邀请赛上，颜灵兰荣获一等奖；在美国第十一届俄罗斯音乐钢琴比赛中，刘晓龙作为唯一的中国选手获得第二名；在意大利第二十届国际巴勒塔青少年音乐家钢琴比赛中，许宁舒等3人获得决赛金奖。在广东省首届大中小学生器乐比赛中，深圳大学古筝重合奏《诗意民谣》获大学专业组二等奖；刘寰荣获第7届“德艺双馨”中国文艺展示大型公益活动广东省总决赛民族青年组金奖；9月，深圳市高级中学交响乐团赴奥地利参加第四届维也纳国际青年音乐节，在世界各国26支团队的角逐中荣获金奖，并获得组委会额外颁发的唯一最佳组织表现奖。10月，女子十二乐坊把在国内唯一的音乐基地设在深圳外国语学校分校。

四、成功举办首届合唱节

2010年，首届深圳合唱节展示出深圳合唱的普及性与较高水准。8月17日，由市委宣传部、市直机关工委、市文体旅游局、市教育局、市总工会、市文联联合主办，各区委宣传部和各区文化(体)局、市群艺馆、市音协、市群文学会、市合唱学会等承办，深圳报业集团和广电集团协办的首届深圳合唱节在深圳音乐厅举行。9月16日，首届深圳合唱节的9位专家评委参加“深圳文化沙龙”，以“合唱艺术与文化品牌”为主题，为深圳合唱事业的发展建言献策，田玉斌、徐瑞琪、田晓宝、陈新亮等分别作了发言。9月20日，“与歌声同行”首届深圳合唱节闭幕颁奖晚会在深圳音乐厅举行， 12支获奖合唱团登台汇报演出，香港城市合唱团和华中师范大学“Tian Kong”合唱团也到场展演。

2010年，深圳音协合唱团、深圳大学采桑子合唱团、黄贝凤凰女子合唱团等优秀合唱团继续发挥高水平，获取多个国内外合唱大奖。深圳音协合唱团先后参加了“歌飞台湾——深圳音协合唱团专场音乐会”、“同舟缘 · 委员情 ”政协深圳市第四届委员会全体委员迎春茶话会、第十五届“群星奖”合唱比赛(荣获最高奖——“群星奖”)、第二届星海国际合唱节暨第十届中国(番禺)合唱节(荣获金奖第一名)、深圳音乐厅举行的大型交响合唱诗歌音乐会“我们依然激情燃烧”等大型文艺活动演出，参加“首届深圳合唱节”决赛并取得3场比赛最高分及金奖第一名，出席颁奖晚会演出，并作为展演团队赴北京“深圳文化周”参加庆祝深圳经济特区建立30周年大型交响音乐会，受到市民和媒体的热烈追捧。在2010年的美国圣路易斯国际合唱节上，深圳音协合唱团一举夺得决赛总冠军，混声合唱A组(最高级别)金奖、冠军，宗教S组银奖第一名和最受观众喜爱奖(唯一一支队伍)共四个奖项。指挥陈光辉获得主办方颁发的荣誉证书，为国家赢得了荣誉，为深圳音乐事业赢得了荣誉。

在文化部、浙江省人民政府主办，浙江省嘉兴市承办的“永远的辉煌”——第十二届中国老年合唱节合唱比赛中，福田区文化馆霞光合唱团荣获“红船杯”奖金奖第三名，并被观众投票选举为“观众最喜爱的合唱团”；在北京展览馆举行的第十届中国合唱节上，黄贝凤凰女子合唱团摘得金奖，成为老年组获此殊荣的合唱团，合唱团指挥高俐获得最佳指挥奖荣誉称号。在第三届海峡两岸合唱节上，龙岗区女教师合唱团作为广东省代表队获得银奖。在浙江绍兴第六届世界合唱比赛中，盐田区外国语小学童声合唱团荣获儿童组锦标赛金奖。4月20日，深圳原创大型梵

4月，深圳音协合唱团赴中山参加全国第十五届“群星奖”合唱决赛，并荣获“群星奖”

10月，深圳音协合唱团参加第二届星海国际合唱节暨第十届中国(番禺)合唱节，荣获混声合唱组金奖第一名

《神州和乐》在印度老堡演出

11月，音协合唱团参加美国圣路易斯国际合唱节比赛，一举夺得决赛总冠军、混声合唱A组金奖冠军、宗教S组银奖第一名和最受观众喜爱奖等四个奖项

呗交响合唱《神州和乐》作为印度“中国节”活动的开幕式在印度首都新德里的德里老堡奏响。演出由中国文化部、印度对外文化关系委员会主办，广东省文化厅、深圳市委宣传部、市文体旅游局、市外办、市民族宗教事务局承办，全国政协副主席、中国文联主席孙家正、印度国家旅游部部长库玛里和中国驻印度大使张炎共同为开幕式揭幕并观看了演出。

深圳原创音乐能取得如此骄人的成绩，与音乐家们平时的采风、交流、下基层等累积分不开。1月15日，由市文联主办，市音协、龙岗区文联承办的“温暖你我心——深圳音乐家下基层慰问演出”在龙岗深圳志达集团福昌电子公司举行，20余位音乐家为600多位观众表演了24个节目。20日，“温暖你我心——为地铁建设者放歌”活动在新深圳站龙华枢纽地铁工地举行。5月18日，河源市的30多位音乐家与深圳音乐界名家欢聚龙岗，交流音乐创作、表演、教学心得，探讨音乐事业发展大计。6月29日，由市委宣传部主办的“我和深圳一起歌唱——纪念深圳经济特区建立30周年音乐沙龙”在福田区天天向上艺术沙龙举行。11月5日，应澳门文化局邀请，市文联党组书记罗烈杰带领各区文联主席一行8人前往澳门参加第24届国际音乐节。在4月举行的“2009年度广东省优秀音乐家奖”颁奖仪式上，深圳音乐家姚峰、熊家源、赖房千、陈光辉、聂冰、朱彦白、余凤兰、唐跃生等20人荣获“广东省优秀音乐家”称号。

（祁琦）

2010
深圳舞蹈

普及创新　力推精品

经过30年发展，深圳市、区、街道三级联袂打造舞蹈精品的机制已经成熟，深圳国标舞世界公开赛已成为品牌文化赛事。深圳舞蹈界借助创意的东风，以创新为旗帜，以比赛为平台，不断探索、总结，通过“创意12月”等系列活动，打造推出一批精品。

一、《英雄无悔》获“荷花奖”比赛银奖

由中国舞蹈家协会主办的中国舞蹈“荷花奖”比赛是全国规模最大、规格最高的舞蹈专业评奖活动，是中国舞蹈权威性的专家奖。“荷花奖”以舞蹈、舞剧为主，每两年评选一次，旨在鼓励创作思想性、艺术性、观赏性完美结合的舞蹈精品。

第七届中国舞蹈“荷花奖”比赛评奖于9月15日在内蒙古揭晓，共评出两个作品金奖，六个作品银奖，两个作品铜奖。深圳舞蹈家协会选送了8个不同题材的作品参赛，与来自全国26个省、市、自治区、直辖市选送的185个作品同台竞逐，最后41个优秀作品入围“荷花奖”当代舞、现代舞半决赛。由坪山新区坪山办事处、龙岗区文化馆联合创作的舞蹈《英雄无悔》勇夺作品银奖，填补了深圳舞蹈界30年来没有该赛作品银奖的空白。同时，《英雄无悔》与深圳选送的另一部作品《城中人》同获“十佳优秀作品奖”。深圳市舞蹈家协会被大赛组委会授予“优秀组织奖”。

二、深圳国标舞世界公开赛已成国际顶级赛事

7月16日～18日，2010WDC标准舞、拉丁舞世界杯暨第八届中国·深圳国标舞、拉丁舞世界公开赛在宝安体育馆举办。共有来自世界30多个国家和地区超过2000名选手争夺40个组别的冠军和名次。其中，中国选手赵亮、高雪荣膺“亚太地区拉丁舞舞王舞后”称号，中国香港选手Aleksander&Irina获得亚太区职业摩登组冠军。来自波兰的选手Michael Malitowski & Joanna Leunis毫无悬念地摘走国际公开职业拉丁舞的桂冠，意大利选手Mirko和舞伴的精彩表演斩获了国际公开职业摩登舞的冠军，分别成为“世界拉丁舞舞王舞后”和“世界摩登舞王舞后”。

本届赛事时间延长为3天，并专门为来自俄罗斯、澳大利亚、新西兰、加拿大、美国等国家和地区的选手增设“亚太地区组别”，更好地实现大赛为全世界选手搭建沟通平台、促进中国国标舞发展的功能。

世界舞蹈总会主席东尼·本对深圳举办国标舞世界杯的评价是：“首届国标舞世界杯比赛的组织工作做得非常出色。从本次大赛的成功来看，未来10年里，WDC世界杯会实现史无前例的进步和发展，深圳应该为此感到骄傲。”

三、3个舞蹈作品获九艺节“群星奖”

5月24日，第九届中国艺术节第十五届“群星奖”颁奖晚会在广州中山纪念堂举行。文化部副部长杨志今、广东省副省长雷于蓝等出席颁奖晚会，文化部社会文化司司长于群主持颁奖仪式。深圳共有8个文艺作品获殊荣，其中舞蹈作品3个，包括男子群舞《快乐的建筑工》、女子群舞《走山》、《围屋·女人》。

《快乐的建筑工》由宝安区文化局、文化馆、福永文体中心报送，由来深建设者本色演出，获得观众、专家的一致好评。2010年下半年，该节目参加中央电视台《我要上春晚》节目“选秀”，并被确定上央视春晚。为了在春晚有突出的艺术表现，编导们进一步打磨该节目，以《咱们工人有力量》为旋律，加进当代摇滚和建筑工地的金属之声，将街舞技巧、元素与中国舞相结合，提炼象征建筑工劳动的场景——“头转”象征“搅拌”，“霹雳旋风”喻意“铲土”等，尽可能用完美的艺术形式塑造当代建筑工人团结奋发、勤劳质朴、乐观向上的形象。

女子群舞《走山》以富含内韵的肢体语言，精彩演绎了岭南客家妇女勤劳、坚忍、善良、纯朴的美德。客家民系是一个不断“走”在迁徙路上的民族，岭南的青山绿水，留下一代代客家人顽强追求的脚印。《走山》以诗化语汇表现“跋涉”的概念，以现代舞蹈表现客家妇女刚柔并济的精神。

《围屋·女人》反映了客家女人勤劳朴实精神的代代传承。该作品以“磨子”为重要意向，象征生命的轮回，从开端、展开到高潮，在“圆”字上做文章，突出圆的形式感美。每一幅画面从点到面都由“圆”的图形构成，大圆套小圆，从静止的圆到流动的圆，不同的圆圈或圆点构图营造不同的舞蹈场景。圆代表围屋的形象，圆象征团结，象征生命的延续和轮回。

四、力推舞蹈原创作品

(一)创意舞蹈大赛选拔优秀作品

创意舞蹈大赛，是深圳“创意12月”的重头戏。本年度，第六届深圳舞蹈大赛——创意舞蹈比赛共有47部作品进入决赛，其中，《传人》获创意大奖，《秋·伤》、《撼天》获作品金奖，《墨梅》、《独自》获表演金奖。本届大赛于12月15日晚举行颁奖晚会。晚会还为上一届大赛选拔出来参与国家、国际级舞蹈比赛并获金奖的作品颁发“突出贡献奖”。

12月20日，由赵艳、陶莹莹、张月龙老师编导，学生表演的舞蹈《墨梅》，赵艳、何好、陶莹莹老师编导、学生表演的舞蹈《围楼里的成长》参加广东省大学生艺术节专业组及业余组的舞蹈比赛，两个节目均获金奖。

第八届国际标准舞世界公开赛暨WDC国标舞世界杯现场

创意舞蹈大赛选拔优秀作品，培养舞蹈人才

《英雄无悔》剧照

《城中人》剧照

《城中人》剧照

（二）持续打造《大围屋——雪娘》

3月15日，由龙岗区主创的大型客家原创舞剧《大围屋——雪娘》在市群众艺术馆影剧场演出。该剧立项于2005年，2008年 3 月首次登上舞台。3年来，该剧在全省巡演了53场，为了让人物形象更加立体生动，该剧边演边改，精益求精，以感人至深的客家先民故事、充满张力的舞姿和富有冲击力的舞台表现，向深圳及国内观众展示本土精品的风采，被专家评论为“跨度长、视野宽、水准高的文艺精品”。

（三）《初春》获得现代舞少年组金奖

7月25日，在第七届首尔国际舞蹈比赛的舞台上，深圳市艺校学生吕程亮凭借一段《初春》获得现代舞少年组金奖。该赛事是联合国教科文组织举办的国际舞蹈比赛，是受到各国舞蹈界关注的高规格舞蹈赛事之一。

(四)少儿舞蹈《又是一个丰收年》登上大舞台

7月23日～27日，罗湖区青少年活动中心少儿舞蹈团预备团赴杭州参加了由中国青少年宫协会主办的第二届全国青少年宫系统文艺汇演活动。来自30个省、市、自治区、30个青少年宫的35个精品节目同台竞技，集中展现了全国青少年宫系统的艺术成就，代表了全国青少年宫艺术教育和艺术团工作的最高水准，罗湖少年舞蹈团的《又是一个丰收年》在该汇演活动中荣获金奖。

五、群众舞蹈活动进一步普及

(一)基层舞蹈事业发展迅速

由横岗街道文体中心自主创作，以打工青年思念故土和亲人的心理活动为主线，以表现青工一族自信、乐观的人生态度以及自强不息、奋发有为的心路历程为背景的舞蹈作品《城中人》，在内蒙古鄂尔多斯市举办的第七届中国舞蹈“荷花奖”上，获得了大赛的十佳优秀作品奖；该中心组织、策划、导演、排练的舞蹈《都市节奏》在参加龙岗区2010文艺汇演中，获得同类作品的第一名好成绩。该街道积极组织选手参加各种比赛，成绩显著，如参加2010年惠州市第二届体育舞蹈比赛，获得4个冠军；参加第二届粤港澳国际标准舞(体育舞蹈)公开赛，取得了1个冠军，5个亚军及2个季军；创编的集体交谊舞《梦》，在10月份第七届全国健身交谊舞锦标赛上夺得了金奖，并获得全国体育舞蹈联合会社会指导中心颁发的“精神文明奖”荣誉称号；参加2010年“横岗杯”首届青少年体育舞蹈锦标赛暨龙岗区体育舞蹈公开赛，共获得36个冠军，31个亚军及32个季军。

横岗体育舞蹈协会共有会员1056人，有22支体育舞蹈队。其中不少佼佼者已从乡村冲向了全国甚至国际舞台，远赴英国、墨西哥、新加坡、韩国及中国港澳等国家和地区进行交流比赛，相继捧回了国内外523个奖项。

龙岗区和横岗街道都曾举办过多届类似“深港澳体育舞蹈大赛、城际交谊舞大赛”等大赛，影响深远，并涌现了多名国家和国际级体育舞蹈专业裁判和教练员。现在，横岗街道秉持体育舞蹈等方面的传统优势，正在积极创建国内首个“全国体育舞蹈城镇”。

(二)学院舞蹈向应社会需要转型

深圳大学师范学院艺术系舞蹈专业成立于2001年，经历近10年学科探索，制定了以舞蹈编导与教育为主的教学方向，致力于发掘学生多方面的潜力，培养学生的综合能力，以求广泛地适应社会需要。

5月13日，作为第六届文博会——青春演出季系列活动的首场演出，深大舞蹈专业师生现代舞专场——《五月风》在国际会议厅拉开帷幕，该专业的近40名师生为观众奉献了《太极印象》、《心灵深处》等14个节目。

该场晚会是第六届文博会——青春演出季系列活动的首场。14个表演节目汇集了该校舞蹈专业师生的部分原创作品及舞蹈专业2006级学生部分优秀毕业作品。舞蹈在快、慢、缓、急、柔、刚、轻、重的不同的节奏中，向观众表现人的各种生活状态，蕴含深刻的人生哲理。

11月10日，深大聘请英国导演西蒙·菲尔德斯(Simon Fildes)在深圳大学举办先锋舞蹈影像讲座及展演，以及聘请香港城市现代舞团的艺术总监讲授“当代舞蹈的流行趋势的的舞蹈影像”，开拓了舞蹈专业学生的艺术视野，受到师生们的喜爱。

六、各艺术节展示国内外舞蹈精品

由大剧院主办，深圳广电集团和报业集团承办的第十四届深圳大剧院艺术节于2010年9月28日至12月18日在大剧院隆重举行，艺术节以“和谐的颂歌、精品的盛会”为主题，交响乐、芭蕾舞、歌剧、话剧、京剧、越剧、印度歌舞、儿童剧、声乐等10余类23场系列演出轮番上演。观众累计达22000人次，观众平均上座率达八成。

在深圳保利剧院“2010年秋冬演出季”中，大型原生态歌舞集《云南映象》、音乐剧《歌舞青春》、俄罗斯经典芭蕾舞剧《天鹅湖》、《胡桃夹子》等中外名剧为深圳观众展示舞蹈艺术精品的风貌。

七、在国际舞台上展示风采

7月27日，中国-东盟青少年舞蹈展演在新加坡南洋女子中学举行，深圳4个舞蹈团体选演的9个节目获得金奖：深圳市青少年芭蕾舞团群舞《春之声》(芭蕾青年组)、《猫咪》(芭蕾儿童组)及独舞《黑天鹅变奏》(芭蕾少年组周洁歆)；深圳市吉思文化艺术中心独舞《扇舞丹青》(民族少年组赵曦)；深圳市蛇口青少年活动中心群舞《芭蕾芭比》(芭蕾儿童组)及独舞《牧童变奏》(芭蕾儿童组冯映雪)；深圳市海文少儿芭蕾舞团群舞《快乐的旋律》(芭蕾少年组)、《花之舞》(芭蕾少年组)及独舞《舞姬变奏》(芭蕾少年组彭芷茵)。中国-东盟青少年舞蹈展演是列入在新加坡召开的“2010中国东盟民间友好组织大会”重要交流内容之一，逐渐发展为一年一度的中国与东盟国家青少年文化交流的盛会。

8月21日，深圳市青少年芭蕾舞蹈团参加在德国德累斯顿举行的国际青少年舞蹈比赛。该团演员张歌洋表演的《花园变奏》获独舞金奖，张歌洋、王一涵表演的该团创作的作品《云》获银奖。

9月3日，由中国文化部和俄罗斯联邦文化部联合举办俄罗斯中国文化节在莫斯科举行，文化部特邀深圳歌舞团团长付宇担任开幕式晚会总导演。晚会融合了中国民族舞蹈、武术、民族乐器演奏等中国元素，向俄罗斯观众展示中国文化的艺术魅力。开幕式上，深圳歌舞团表演了组舞“中国元素·中国风”和民乐合奏等节目也体现了深圳这座年轻城市充满青春活力、极具创新等文化特色。

（王光明）

2010
深圳美术

艺术创作、服务迈上新台阶

2010年，围绕纪念特区建立30周年,深圳美术进行了深圳历史上发动范围最广、创作精品最多、评选规格最高的一次主题性美术创作活动，推动深圳美术创作迈上一个新台阶。同时,各种美术活动保持了百花齐放的态势。随着国际国内艺术市场的繁荣，无论是公益性的美术馆，还是商业画廊,都受到市民的关注。

一、美术创作

为了纪念深圳经济特区建立30周年，深圳市委、市政府实施“庆祝深圳经济特区建立30周年重大历史题材美术创作工程”。该工程于2010年3月启动，历时半年，组织深圳本土140余位艺术家参与创作；同时，还邀请13位国内委约艺术家参与了这次创作活动，组委会提供了41个选题供艺术家选择。据统计，活动共收到作品200余件。经过组委会组织的本市和国内最具权威艺术家五轮的草图、小稿、大稿、完成作品的严格评审，最后评选出50余件作品晋京展览或被收藏。这些作品涵盖了国画、油画、版画、水彩、雕塑、装置等多个画种类别，涉及题材广泛，展示了特区30年来的光辉历程和所取得的巨大成就。有些作品填补了深圳乃至中国改革开放30年来美术创作题材的空白。这些作品分别于8月26日和10月11日在深圳关山月美术馆和北京中国美术馆举办的“庆祝深圳经济特区建立30周年美术作品展”上亮相。

“美术工程”在时间紧、任务重的情况下，无论是作为特区发展的见证者的本土艺术家，还是作为关注特区建设和发展的外地委约艺术家，都以强烈的历史使命感和文化责任感，以丰富的艺术形式记录了特区30年发展的光辉历程和建设成就，特别是再现了期间所经历的重大历史事件、风云人物和感人故事，反映了深圳社会经济文化各领域的建设成就。通过艺术作品让人们重温改革开放30年来波澜壮阔的历史画卷，具有强烈的时代气息，为深圳留下了一笔宝贵的艺术财富。

“庆祝深圳经济特区建立30周年重大历史题材美术创作工程”作品在北京中国美术馆展出

除此之外，2010年深圳艺术家创作成果丰富。6月，艺术家董小明水墨作品《浦江夜色》被上海世博会中国国家馆贵宾厅永久收藏。同年11月，著名画家骆文冠用一年时间创作的百米长卷《东江百里图》在第二十三届世界客属恳亲大会上展出，这幅全长110米、高1.2米的作品，是首次由深圳画家完成的的以客家题材为主的中国山水画创作。

二、精品展览

2010年深圳各大美术馆继续举办的各种展览多达数百个，丰富了市民文化生活。这一年的展览活动呈现出以下几个特点：

(一)精品展览活动多，吸引越来越多的市民走进美术馆

1月，作为深圳市"新春关爱行动"的一项重要内容，关山月美术馆成功举办"国家重大历史题材美术创作工程作品巡回展·深圳"展，为公众奉献一场以爱国主义为主旋律的艺术盛典。展览期间参观人数高达15万人次,创近几年来参观人次的新高,许多观众留言要求美术馆多办一些这样的展览。

1月22日，由深圳美术馆主办、武汉美术馆协办的《你西我东——中国当代艺术展》在深圳美术馆开幕。本次展览共展出陈卫闽、戴耘、傅中望等15位当代艺术家的30余件力作，在国内美术界反响不俗，先后受邀前往武汉、西安、成都等地进行巡展。

9月, 何香凝美术馆OCT当代艺术中心举办了"水墨炼金术: 谷文达实验水墨展"。这是著名当代艺术家谷文达首次在国内集中展出近30年来的实验水墨作品, 从实验水墨的角度梳理其从20世纪80年代以来所创作的实验水墨画和水墨装置艺术作品。

(二)政府企业联手，创新服务模式

国庆节期间，关山月美术馆策划推出"我负丹青——上海美术馆馆藏吴冠中作品展"，展出上海美术馆收藏的41件吴冠中的艺术杰作。此次展览是关山月美术馆和中国移动广东公司深圳分公司共同推出的"全球通艺术鉴赏季"第一次亮相，是一次借助社会资源满足市民高端艺术需求的尝试，通过企业、美术馆、观众等多方共赢共享的形式，推动高雅艺术在城市传播。公立美术馆与企业合作，以冠名的方式引入社会资源，推出精品展览，满足市民的文化需求，具有深远的意义。

1月，关山月美术馆成功举办"国家重大历史题材美术创作工程作品巡回展·深圳"展，图为观众参观展览

<

(三)围绕纪念特区建立30周年，展示深圳历史和文化积累

2010年时值深圳经济特区30华诞，深圳各大美术馆都推出相应活动，深圳美术馆精心策划《深圳记忆·纪念深圳经济特区建立30周年何煌友摄影展览》、《纪念深圳经济特区建立30周年深圳美术馆典藏精品特展》和《纪念深圳经济特区建立30周年馆藏水印版画展》三大展览；深圳画院举办了“庆祝建国61周年暨深圳经济特区建立30周年套色木刻精品展”；关山月美术馆举办“庆祝深圳经济特区建立30周年美术作品展”，向广大市民展示特区建立30年来积累的文化宝藏，市民观众反响热烈。

三、推介青年艺术家

2010年度，以青年艺术家为主角的活动越来越多。1月，何香凝美术馆OCT当代艺术中心启动“青年OCAT”计划，着力关注有独立思考精神的青年艺术工作者，关注的领域包括展览、表演活动、研讨会、出版物和互访计划等多个方面，在一年内相继推出由年轻策划人王景、满宇共同策划“去”展和青年艺术家贾霭力个展。4月10日，何香凝美术馆OCT当代艺术中心主办“从电影看：当代艺术的电影痕迹与自我建构”展，这是国内首次以“电影”为概念研究与梳理华人当代影像艺术的历史、美学及创作观念的一个项目。此项目以研究与翻译、写作、展览呈现与展间论坛几个主体部分组成，是2010年OCAT正式启动这个计划以来第一个大型的研究性项目，集展览、讨论和出版物为一体。

延续往年的课题，何香凝美术馆在2010年继续关注青年艺术家，举办“新视觉2010：局中戏——第七届全国美术院校油画专业应届毕业生优秀作品展”和“进行曲——曦城第三届全国高等美术院校应届毕业生优秀雕塑作品展”。“新视觉”展以呈现当代艺术教育的现状与成果，提示新的艺术表达和发展趋势为基本宗旨，使各大美院毕业生刚走出校门，就能进入美术馆的空间向社会展示其作品，为年轻艺术家的成长打造坚实的平台。展览共展出21位应届毕业生的69件作品。“进行曲”展邀请全国10所高等美术院校雕塑专业的12位应届毕业生的12件作品，以“进行曲”为主题进行创作。

四、文化品牌活动

12月14日，由深圳市人民政府主办，深圳画院承办的“第七届深圳国际水墨双年展”在关山月美术馆开幕。本届双年展特邀140余位国内外著名艺术家参展，展出作品300多件。其中包括18位来自美国、英国、日本、西班牙、挪威、丹麦等国家的国际艺术家作品，展览在深圳画院、关山月美术馆、深圳华·美术馆同步开展。全国和本市各主要媒体和网站都对本次活动进行了现场采访和重点报道，在国内外产生了广泛、深远的影响。

国庆节期间，关山月美术馆策划推出了“我负丹青——上海美术馆馆藏吴冠中作品展”，图为展览开幕式

第七届深圳国际水墨双年展增加专题展“在线人间”，图为在华·美术馆展出的“在线人间”展

第七届深圳国际水墨双年展这一品牌文化活动有了新的发展，本次展览由主题展、新人展、专题展和邀请展四部分组成，形成“笔墨新境”、“新语传韵”、“水墨新人”、“在线人间”和“香港水墨”五个单元展，其中最引人瞩目的是两个新加入的单元。分别是“水墨新人”展和专题展“在线人间”。“水墨新人”是本届双年展新设的新人展板块，主要针对艺术学院在校学生而特设，旨在鼓励新人，激发潜力，为水墨艺术的发展建立一个更为持久的学术平台。“在线人间”专题展意在展示和研究水墨绘画的延伸品种，以及它们在当代呈现的全新生存状态。这些新加入的内容不仅成为展览的亮点，也在学术上成为水墨课题的有益补充，在未来的展览中将延续下去。

五、对外美术交流

2010年，更多的外国艺术家来深创作，深圳艺术家也走出国门，不少艺术成果在北京展出，获得文化部及国内美术界的一致好评。

2010年度，深圳画院受文化部、市文化局委托，继续承办2010年度“非洲艺术家来华创作”任务。9月，第三批非洲艺术家抵达深圳画院开展客座交流活动。来自莱索托、埃塞俄比亚、津巴布韦、佛得角和赞比亚的5位非洲客座艺术家在画院进行为期两个月的创作、采风、研讨、展览及交流活动，成功举办了“深圳，特靓！——非洲客座艺术家作品展”，举办了“美术第二课堂”，并向文化部、深圳画院捐赠了一批美术作品。

5月，由文化部主办的“2010非洲文化聚焦”系列文化活动总开幕式暨“共舞丹青——中非艺术家绘画联展”在北京中华世纪坛举行。展览展出了2008～2009年在画院客座的10位非洲艺术家在深创作的20件作品(文化部收藏)，以及深圳画院艺术家董小明、宋承德及海岩先生2009年赴非访问创作的8幅作品。此次参展作品得到了文化部非洲处及美术界同仁的一致好评，并表示今后将继续与深圳画院开展双边的艺术交流。

2010年，何香凝美术馆分别邀请来自德国和美国的艺术家在深圳举办展览，其中德国三位艺术家举办的“本雅明计划——关于大芬村复制的视觉样本”展，与德意志联邦共和国驻广州总领事馆合作，以大芬村为研究样本，体现了中外艺术的深度交流，获得了艺术界较为广泛的认同，并荣获了华侨城2009年创想奖提名奖。《纸道——来自美国的纸上艺术》展览则以“纸”为基本线索，介绍了当今活跃于美国画界14位知名艺术家的“纸艺术”作品，其中多位美国艺术家的作品是首次与中国观众见面。展览在开幕当天和次日，艺术家奥利弗·赫尔宁在展厅进行了“纸上艺术”的行为表演，现场与观众互动，引起了观众格外的参与兴趣。2010年深圳美术馆也邀请了两位来自美国费城的艺术家来深展览，举办《魔术源泉——布鲁斯·波洛克的素描与绘画展》与《纸中小宇宙——萨拉·斯坦沃克的建构展》。这些展览，都把西方最前卫的艺术带给了深圳观众。

六、深化深港合作

毗邻香港，深圳凭借地缘优势，多年来与港澳台交流频繁，其中一些文化交流项目已经成为常设的品牌项目。

1月23日，由深圳画院与香港文化艺术交流协会联合举办的“水墨·双城——港深都市水墨画作品展深圳展”，汇集了深港两地从事水墨画创作的50余位代表性画家以“都市水墨”为内容的80多件作品。深港水墨画交流展成为深港两地文化交流项目的一项主要内容和常设性活动。

3月，“蝴蝶效应——两岸四地艺术交流计划”在何香凝美术馆开幕，“两岸四地艺术交流计划”是何香凝美术馆自2008年以来重点打造的新型年度项目，致力于推进以深圳为中心的两岸四地常规性艺术交流机制的建设。此项目最终由一次集中研讨会和四次分地区讨论，17位艺术家的18件作品展出和一本文献等彼此联系的各部分组成。

此外，深圳美术馆与香港水彩画研究会合作，举办了《彩绘当代·深港双城水彩画展》深圳、香港两地展，进一步促进两地之间的艺术交流与共同发展。

“蝴蝶效应”开幕式在何香凝美术馆举行 ∧

9月，第三批非洲艺术家抵达深圳画院开展客座交流活动，并成功举办了“深圳，特靓！——非洲客座艺术家作品展”，图为展览开幕式

12月，关山月美术馆的“文化义工”项目获得文化部艺术司授予的“全国美术馆发展扶持计划”优秀公共推广项目，图为义工为观众提供导览服务

七、公益文化服务

文化义工一直是深圳美术馆文化服务的一个品牌。2010年，关山月美术馆组织义工参加多个大型展览活动，参与接待、导览、摄影、摄像、资料整理等许多具体工作，至年底，关山月美术馆组织文化义工组稿编辑出版了文化义工自己的杂志《爱上美术馆》，既激发了广大义工的参与热情和集体荣誉感，进一步扩大美术馆文化义工在社会上的影响力。为此，关山月美术馆的“文化义工”项目获得文化部艺术司授予的“全国美术馆发展扶持计划”优秀公共推广项目。馆长陈湘波在全国美术馆专业委员会2010年年会上发言，介绍了关馆在“文化义工”方面所取得的成绩和经验，得到了与会馆长、专家的广泛认同和赞扬。

除关山月美术馆之外，深圳画院也积极开展义工培训，2010年展览部共组织志愿者参加美术第二课堂培训6次，参加培训人数累计达200多人，志愿者服务画院展览活动10项,服务人数累计达120人，服务时间累计达360小时。

八、大芬“原创产业化”

以油画产业闻名全球的大芬村在2010年遭遇发展瓶颈问题。从2009年开始，有媒体报道大芬村由于地域狭小、房租高涨、遭遇发展瓶颈而致使多家企业移师江苏海安的事件。6月1日、4日，人民网、人民日报分别以《海安“523”：升级版油画产业平台为什么这么“火”》、《海安“523”：不做“克隆”油画村》为题，对比“大芬模式”和“海安模式”。此事给大芬村的发展敲响警钟，产业单纯、结构单一，土地紧张，过于饱和成为大芬面临的主要问题，大芬亟须以原创、差异化发展促进转型升级。

这种转型早在几年前已经初见端倪。自2008年金融危机爆发以后，以油画复制为主的大芬村受到很大冲击，大部分公司当年订单减少幅度为25%至80%。为了促进大芬美术产业的可持续发展，政府在扶持原创油画上不遗余力，虽然油画复制艺术依然是大芬美术产业的主体，但经过几年的发展，原创油画已占大芬产业的三至四成。大芬村内企业生产的商品画不少都拥有自主知识产权，正在走上一条“原创产业化”的道路，所谓“原创产业化”，即不再进行外国名画的简单复制，而是整合资源，邀请具有一定水准的画师原创，并将这些作品进行大规模的复制生产，使其产业化。

九、经验与问题

（一）以收藏代奖励，为深圳文化留下艺术财富

重大历史题材美术作品的创作对深圳美术界来说是个全新课题，是深圳美术界的一次大练兵。该工程实行“以收藏代奖励”的方式，成功入选北京深圳文化周参展的作品全部为政府收藏。为激励深圳市美术事业的创作发展、丰富艺术品的收藏积累奠定良好的基础。

(二)行画印记难消，原创起步艰难

在行画生产遭遇危机之时，大芬村的原创艺术有了很大发展，1月，在“2010美术作品迎春拍卖会”上，大芬画家马英良的两件作品《天之骄女》和《愉快的格桑》，分别被买家以36万元和35万元竞得，创下大芬画家作品拍卖纪录；7月底，大芬村内深圳原色文化艺术有限公司签约画家李泓鸣应邀前往人民大会堂作画，令大芬原创画家士气大振。但与之相对应的，是原创绘画在行画市场的艰难求存。3月，大芬村22位原创画家被台湾一家画廊看中，并与这家画廊成功签约，成为大芬原创画界津津乐道的一桩大事。然而，不过 5 个月光景，22人中的十几位就离开了大芬。

大芬行画知名度高、市场化程度高，各种机会也多，但对于原创画家来说，大芬的这些特质也犹如一把“双刃剑”，对原创画家的创作环境、原创作品的价格带来种种制约。行画“印记”让大芬的原创绘画只能在夹缝中生存，与北京、上海相比，同等水平的作品，大芬这边的画作在价格上相差10来倍。怎样给大芬村的原创画家们提供更好的服务，怎样改变大芬村行画市场的固有印记，还需要政府和文化产业的从业者更多思考。

(三)引入社会资源，达到文化双赢

近几年，随着艺术市场的繁荣，民间资本进入艺术领域、进入美术馆领域越来越多。但相对于历史悠久、实力雄厚的政府公益性美术馆来说，这些企业有资金有意愿投资文化，却缺乏专业人才。如何引入社会资源，把企业的资本与美术馆的专业力量结合起来，更好地为公众艺术服务，成为政府公益性文化机构面临的新问题，关山月美术馆和中国移动深圳分公司联合发起的艺术鉴赏季活动是一个有益的尝试。2010年何香凝美术馆举行了“艺术的华侨城——庆祝华侨城成立25周年艺术收藏展”，此活动对华侨城艺术藏品进行全面的梳理和展示，展览精心挑选了华侨城25件经典且有代表性的当代艺术藏品，包括公共艺术作品(华侨城区域)和架上绘画两部分(室内)。这些作品如今已经成为华侨城集团的一笔可观财富，既树立了企业形象，也取得了经济收益，使得华侨城集团成为投资文化的典范。

（梁瑛）

2010

深圳摄影

用影像建构视觉档案

在这特殊的一年，深圳摄影人以影像的形式，如实记录诸多城市风景，以摄影艺术形式和作品，为深圳留下宝贵的影像记录。在各类赛事、精品展览、对外交流、服务群众等多方面都取得了骄人成绩。

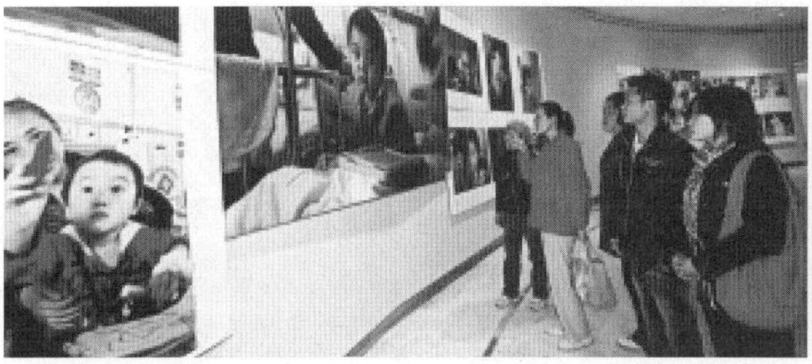

第五届“吾城吾乡摄影年展”在关山月美术馆举行 ∧

“深圳一日 · 定格30周年”优秀作品摄影展现场 ∧

一、主题摄影展

围绕特区建立30周年，各项主题摄影活动和展览活动丰富多彩。

（一）“深圳一日 · 定格30周年”摄影大赛及深港双城展

由深圳市文联主办、市摄影学会承办的“深圳一日 · 定格30周年”摄影大赛以记录2010年8月26日这一天24小时里所发生的故事为主题，用新角度、新眼光来展现深圳当前的城市面貌与辉煌成绩。

大赛于8月25日在深圳中心书城启动，参加比赛的知名摄影家及广大市民在比赛当天的24小时内分散到深圳的各个社区、道路、工厂等地点进行拍摄。大赛共征集到2000多幅摄影作品，从不同角度、不同方位为深圳30岁生日留下永恒的瞬间，成为深圳经济特区建立30年的一份珍贵记录。

9月29日，“深圳一日 · 定格30周年”优秀作品摄影展暨颁奖仪式在中心书城开幕，共展出120余幅摄影作品，包括获得“百幅优秀作品(组照)”的大部分作品，以及大赛组委会特别邀请的全国各地摄影名师和“广东省十大摄影师”等优秀摄影艺术家的作品。在这些获奖作品中，既有深南大道、码头港口、大芬村、大梅沙、农贸市场、公园，也有徘徊于书城和图书馆的读书人、正在当天某班飞机中的空中乘务员、早晨匆忙人群中赶着上班的白领、大运会场馆和地铁建设者。每一幅图片都透露出热爱生命、乐观向上的特区精神。

12月3日在香港会议展览中心开幕的“视觉深圳——深圳经济特区建立30周年大型图片展”，侧重从深港文化交流的角度，回眸深圳“梦开始的地方”。该展向深圳各界广泛征稿，从2000余幅征集作品中评出了包括1金、2银、3铜、30件优秀奖在内的共计36件获奖图片作品。

深圳30年波澜壮阔的改革开放历程，离不开香港的大力支持。正是源于这份特殊的感情，深圳市对外文化交流协会、深圳报业集团携手特制了“视觉深圳”大型图片展，在2000余平方米的展厅中，精选展出170幅图片，通

“深圳一日·定格30周年”优秀作品摄影展获奖作品
《早晨深圳》、《大运会建设者》 ∧

“发现深圳之美”摄影大赛展览现场 ∧

过图像的表述，让更多香港市民深入了解改革开放给深圳带来的巨大变化、港深演绎“双城记”的进程，描绘两地一体化的宏伟蓝图。

(二)市民参与建构城市图片档案

2010年，每一个深圳市民只要拿起手中的手机或相机，拍摄下自己眼中的“深圳之美”，就能参与构建这座城市的视觉档案。由深圳市文明办、市文联主办，深圳报业集团、深圳广电集团、深圳出版发行集团协办，深圳市职业摄影协会承办的首届“发现深圳之美”摄影大赛，旨在通过发动市民发现、记录、展示身边之美，引导市民热爱深圳，感恩生活，提高市民的家园意识和文明素养。大赛历经6个多月的征稿和两轮严格评选，共征集到10，700多幅照片，于4月30日揭晓最终获奖名单。有8位作者的作品分别获得“最佳风光摄影奖”、“最佳建筑摄影奖”、“最佳家庭生活摄影奖”等8个奖项；另有20位作者的作品被评为“优秀摄影作品 ”，100位作者获得“入选奖”。4月30日，这128位获奖作者的作品在深圳中心书城“深圳艺廊”正式展出。

(三)摄影家频办个展，镜头记录深圳成长

7月28日，由张燕方策划、深圳美术馆主办的“深圳记忆——纪念深圳经济特区建立30周年何煌友摄影展”在深圳美术馆开幕。展览以“深圳记忆”为主题，通过摄影家何煌友历经40年拍摄的200余件摄影作品，为观众展现深圳40年来的沧桑巨变。

何煌友自1970年起在深圳从事摄影工作，40年间为深圳留下了大量珍贵的史料和精彩镜头。此次展出的作品，再现了上世纪70年代宝安县时期的农业、工业、边防、渔业和文化历史状况，以及上世纪80年代初期特区建设的火热场面。这些作品以纪实的镜头表现社会生活，质朴而饱含深情，凝聚着深圳经济特区的精神，也承载着一代人的城市记忆。

8月6日，在关山月美术馆开幕的“纪念深圳经济特区建立30周年——‘追光逐影’苏伟明摄影艺术作品展”，集中回顾了30年来深圳文化艺术发展的步伐。共展出100多幅深圳摄影家苏伟明的摄影作品，包括舞台艺术、人文风情和自然风光三大部分。此外，汇聚了苏伟明30多年摄影艺术精华的《苏伟明摄影艺术作品集》也同期举行了首发式。

(四)从记录到反思

4月10日，深圳纪实摄影家余海波摄影个展《“一半是海水，一半是火焰 ”——一个摄影师眼中的深圳20年》在北京798艺术区内的大河画廊开展，集纳了余海波拍摄于20年间的96幅纪实摄影作品，从一位摄影家的角度，展现了深圳经济特区30年巨大成就背后那些移民们的真实生存状态。

上世纪80年代的老东门步行街，领袖像与港台明星像并置；上世纪90年代的罗湖口岸，几十万港人等候返乡清明祭祖；2000年后的埔尾村4号，曾经的深圳摄影人聚集地正在拆迁……当这些珍贵的早期深圳影像消失在森林般的高楼大厦之中，却以另一种形式在摄影师的镜头下复活。在沉默的影像背后，观众看到的不仅仅是深圳，还有转型中的中国。4月19日，该展览在北京举行了专题研讨会，多位社会学、历史学、美学及摄影界专家学者围绕纪实摄影家镜头下的深圳进行了学术研讨。

二、原创作品获多个奖项

在参加“第23届全国摄影艺术展览”作品评选活动中，深圳本土创作的《清洁家园》、《深圳农民工》、《比画》、《构成》、《漂浮在头上的行李》等作品获奖。其中，廖俊鸿的《清洁家园》在全国183，661幅(组)参赛作品中脱颖而出，获得艺术类金牌奖，谢建伟、廖俊鸿、赵青、钟国华、杨晓蔚、张长江、魏玉明等9幅(组)作品分别在艺术类、纪录类及商业类获得优秀奖。在“第23届广东省摄影艺术展览”作品评选中，深圳摄影人也取得了优异成绩，共有39幅作品获奖，其中3幅作品获得金牌奖，创下历届省影展最好成绩。

在广东省摄影家协会举办的各类专题摄影比赛中，深圳摄影人也屡有斩获。其中，在“关注绿道、印象广东”摄影大赛中，欧岳琦的作品荣获一等奖，刘伯良、刘自得、叶伟、欧岳琦等7幅作品分别获得优秀奖；在“迎广州亚运、看今日广东”摄影大赛中，林浩生、叶伟的作品分获二等奖，刘伯良、廖国强、林浩生、刘自得、谢建伟，欧岳琦等10幅作品分别获优秀奖。

2010年，深圳摄影人的获奖范围涵盖纪实摄影、风光摄影、新闻摄影、学术批评等各个方面。10月9日，《见证——中国纪实摄影20人作品展》暨研讨会在西安美术馆隆重举行，深圳摄影家余海波作为入选此次展览的摄影家之一，携30幅代表作品参展。此次摄影作品展是在中央电视台投资拍摄的20集大型纪录片《瞬间中国》的基础上经过慎审编选之后，对20位摄影家优秀作品的一次集中展示。《瞬间中国》的拍摄负责人谈到挑选余海波的原因，是因为他作为自改革开放以来涌现出的成就斐然的中国纪实摄影家，近二三十年来始终坚持纪实摄影的理念，以人文主义的视角记录百姓生活，关注国家变革，展现社会风貌，揭示人性人本，许多作品曾产生过巨大的社会反响。

三、摄影艺术“跨界”创新

2010年，深圳摄影界不断创新摄影媒介、拓宽传统摄影艺术边界，数码、手机、动漫等多媒体摄影方式更多地出现在各类摄影展览中，体现出强烈的“跨界”感，呈现出混搭性、反思性、实验性、学术性四方面特点。

(一)混搭性

3月13日，在湖北省艺术馆开幕的《传统神韵 · 创意文化——新媒体系列展》上，来自

“深圳记忆——纪念深圳经济特区建立30周年何煌友摄影展”作品

“纪念深圳经济特区建立三十周年——‘追光逐影’苏伟明摄影艺术作品展”作品《师徒》

《“一半是海水，一半是火焰”——一个摄影师眼中的深圳20年》在北京798艺术区内的大河画廊开展

香港摄影展七人展现场 ∧

摄影家伉俪在《复眼——荣荣&映里摄影作品展》现场 ∨

“爱在陇南——深圳援建灾后陇南摄影展”作品《依依惜别》 ∧

深圳的多件新媒体作品，为观众提供了全新的艺术感知体验。该展由五个不同形式、内容和风格的单元展组成，分别是“新山海经——邱黯雄影像作品展”、“坐天观井——缪晓春影像作品展”、“幻影西厢——古今视觉文化中的《西厢记》”、“半亩方塘——董小明水墨综合媒介作品展”、“加速光子：新媒体艺术交流项目”。展览通过视频、影像、摄影、多媒体、动画等新科技诠释和演绎中国传统经典文化，探讨这一新艺术形式和传统水墨、戏剧、文学、民间艺术的关系，引发信息媒介的巨大变化背后，当代艺术对传统文化的解读。

10月24日。在南山欢乐颂户外广场开展的“梦乐园——马良刘韧摄影双人展”，以梦幻乐园为主题，用数码摄影的光影之手建造“一千零一夜”的一千零一个梦。马良的摄影作品，主要是通过制作道具布置场景，按照自己创造的故事情节，摆拍人物和动物，描绘奇幻世界里的故事。刘韧的摄影作品，全部用数码影像技术后期合成，将传统和现代的各种符号融合在同一个画面中再现自己的梦境。这些作品，表现出天马行空的幻想世界。

(二)反思性

2月6日，“‘影度形’香港摄影七人展”在华·美术馆揭幕。“唸”同“度”，粤语里意指揣摩、度量。所谓“唸影度形”，即于光影缝隙间脑力激荡，心神攸关。该展朱德华、邓钜荣、陈华熙、李锦棠、何耀燊、沈振明及已故的郑智聪等7位摄影师的作品近200件，主题以人像、时装、创意各类型为主，为深圳提供一份商业如何与艺术共存的借鉴。

(三)实验性

何香凝美术馆主办的“复眼——荣荣＆映里作品展”展出荣荣、映里自2000年以来拍摄的当代影像作品共计113幅，包括《在中国长城系列》、《在中国嘉峪关系列》、《在日本富士山系列》、《在奥地利系列》、《我们在这·北京系列》、《荣荣＆映里2005年系列》、《六里屯系列》、《三影堂系列》、《无题2008系列》等13个系列，呈现出摄影人强烈的实验性和探索性。

(四)学术性

1月9日，深圳学术沙龙举办“表态语法与主体修辞学——蒋志作品学术研讨会”。该活动由深圳社会科学联合会主办，深圳公共艺术中心、《南方论丛》杂志社承办，邀请来自北京、武汉、广州等地的50多位艺术家、学者、评论家参加，是一场针对当代摄影艺术个案的“跨界”研讨会。

五、各项摄影艺术活动活跃

(一)摄影培训传播专业技能

数码摄影器材的普及性使得摄影这种艺术形式有着广泛的群众基础，2010年，深圳许多大型企、事业单位及驻深武警部队也相继成立了摄影学会或俱乐部。针对这一现象，深圳摄影学会组织了骨干以开设讲座，举办展览、影赛以及外出组织创作、现场指导等方式，与民间摄影爱好者互动。在第七届关爱行动系列活动中，“深圳市文联摄影爱心行动”被评为“市民最满意活动”。

在公益性摄影艺术讲座方面，群艺馆、美术馆成了组织、策划的“主战场”。首个获得“尤金·史密斯摄影大奖”的中国人、摄影家卢广应邀在深圳市群众艺术馆影剧场举办公益性专题纪实摄影讲座，向摄影艺术爱好者们讲述摄影的艺术精粹与自己的生动故事；著名摄影家李媚做客关山月美术馆“四方沙龙”系列学术讲座，主讲《一个城市，一本杂志——历史画卷中的深圳摄影》，都给市民带来不少启发。

（二）对外交流

2010年，深圳摄影学会多次组织会员及摄影爱好者，前往粤东、粤北以及四川、贵州、青海、西藏等地深入生活，开阔视野，进行各种类型的摄影创作、交流活动。12月3日，第六届连州国际摄影年展在广东连州市开幕，市文联副主席谢君心带领各级摄影家协会和部分摄影家参加此活动，与中外摄影家交流。

3月28日，由深圳市文联、陇南市文联共同主办的“爱在陇南——深圳援建灾后陇南摄影展”在深圳艺廊开幕，共展出陇南、深圳两地的摄影家拍摄记录深圳援建陇南历程的摄影作品100余幅。作品题材广泛，视角独特，再现了深陇人民不畏艰险、顽强拼搏、同舟共济、共克时艰的力量和精神，凝结着陇南、深圳两地摄影家对陇南的炽热之情。通过这些作品，深圳市民更加近距离地认识陇南和了解到陇南的灾后重建情况。

5月14日，在青海玉树地震后一个月，深圳报业集团用一种特别的形式为玉树祈福：以“玉树长青”为题，用集团记者赴玉树灾区采

8月，深圳摄影学会组织会员及摄影爱好者在梅州进行摄影创作、交流活动 ∧

访摄影的近百幅作品，在深圳经济特区报业大厦一楼大堂举行为期一周的展览活动。该影展内容分关怀、灾情、救援、爱心、魅力五大部分，内容包括李伟文、张国防、高雷3位记者记录下的胡锦涛总书记和温家宝总理亲临灾区慰问的宝贵镜头，以及解放军和武警官兵齐心协力抗震救灾的感人壮举。

6月2日，深圳博物馆迎举办“在书法、禅语及摄影中走近大师”活动。台湾佛光山开山宗长星云长老特别从香港凤凰卫视中文台台长、摄影家王纪言先生千余幅作品中挑出108张寓意深远的世间生活图片，并配以浅显易懂的慧心感悟，整理成《威德福海》，特别制作凭着内心智慧和毅力写下的100多幅一笔书法，以大师禅语福祇大众。

11月3日，“风从草原来——纪念深圳经济特区建立30周年”大型摄影作品展在深圳中心书城“深圳艺廊”开幕，这是继2008年12月两地摄影家在呼伦贝尔举办“南国风·北疆雪——纪念中国改革开放30周年摄影联展”之后，又一次举办的重要交流展。该展览由内蒙古自治区摄影家协会、呼伦贝尔市人民政府和深圳市文联共同主办，呼伦贝尔市国税局、呼伦贝尔市旅游局和深圳摄影学会承办，汇集了呼伦贝尔草原近百位摄影艺术家的120余件作品，系统地勾勒了草原辽阔、宽广、纯净、动人的美丽图画。

（刘悠扬）

2010
深圳书法

活动拓新路 创意促发展

在深圳经济特区建立30周年的历史节点上，深圳书法以丰富多彩的艺术活动、蓬勃向上的创作激情，为特区书法艺术的发展，为特区文化艺术事业的繁荣，谱写了翰墨华章。

一、深圳书法群体与兄弟城市互访交流增多

本年度，第一次有组织地与外省市举办书法联展并以互派代表团的形式进行双向互访和交流，成功举办了三个不同类别、不同形式的两地书法展：深圳-甘肃书法联展，深圳-嘉兴女子书法联展以及深圳-济南青年书法联展。

1月7日，“墨韵香洲——陈浩书法篆刻展”应邀在珠海鼎瀚美术馆展出，珠海市委常委、宣传部长黄晓东，珠海市政协副主席钱文炉和珠海、澳门、深圳、广州等地书画界同仁200余人参加了开幕式。

3月7日，在庆祝国际“三·八”妇女节一百周年之际，由深圳市女书法家协会、深圳市盐田区妇联、东莞市长安镇妇联、长安图书馆等单位联合举办，展示巾帼书法风采的“深花妙笔·深圳市女书法家十三人作品展”在东莞市长安图书馆开幕。书法家李远东、周汉权、陈浩、金龙等出席了开幕式。展览共展出王永苗、徐洁、廖晓花、徐磊等13位女书法家的新作93幅。这是深圳女子书法作品第一次对外展览交流，促进了深莞两地书法的交流。

由深圳市文联和中山市文联、中山书法家协会等单位联合举办的“仰望中山——陈浩书法篆刻展”于4月28日～5月10日在中山美术馆举办，这是深圳书法家首次在中山举办个展。深圳市政协副主席姜忠、文化文史委副主任李振河、市文联副主席谢君心，中山市委常委、宣传部长陈旭，中山市政协副主席周信、市文联主席胡波和书法界300余人参加了开幕式。

8月21日，“深圳-济南青年书法家提名展”在山东济南美术馆开幕。书法家李向东、黄斌、韩益、刘光、于剑波、赵永金、李静，以及深圳青年书法作者代表万迪龙、魏有永、韩广凯、杨振涛与山东文艺界人士200多人出席了开幕式。两地书法家和与会的二十几位参展作者在济南美术馆举行了学术研讨会，就书法界普遍关心的创作路径与审美倾向问题，及青年书法家的长远发展问题展开研讨。《深圳·济南青年书法家提名展作品集》在展览现场举行了首发式。

8月25日，深圳-嘉兴女子书法联展在浙江嘉兴市图书馆举行，嘉兴市政协主席刘冬生，嘉兴市文广局、市文联、市妇联、市书协等相关领导和嘉宾300多人出席了开幕式。盐田区妇联主席谢建兰，书法家陈浩、徐洁等组成深圳代表团出席开幕

为庆祝深圳经济特区建立30周年，“鹏城焕彩，嘉禾临风——深圳嘉兴女子书法联展”于9月在深圳市盐田区文化馆开幕

“甘肃·深圳书法作品联展”于9月在甘肃博物馆开幕

式。之后，两市书法家代表在嘉兴图书馆就本次书法联展和书法创作与城市文化发展建设等问题进行了座谈。9月10日，该展移师盐田区文化馆展出，盐田区委常委、宣传部长孙静，嘉兴市书法家戴振国、褚晓琼等8人出席了开幕式。《深圳-嘉兴女子书法联展作品集》在开幕式上首发。

9月26日，由甘肃省文联、深圳市文联主办的“甘肃-深圳书法联展”在甘肃省博物馆隆重开幕。甘肃省有关领导李友军、李膺、张瑞民、关玉军、马少青、张永基、张改琴、翟万益、林涛等，深圳市文联领导谢君心，市书协领导陈钦硕、陈浩、黄开稼、童志雄等深圳代表团一行12人，及甘肃书法界同仁和书法爱好者500余人出席了开幕式并参观展览。甘肃、深圳两地书法家还举行了专题研讨会，与会专家学者对跨越南北的甘肃、深圳书法联展的成功举办给予了高度评价，同时对南北不同地域、不同历史文化背景的书风特点、创作审美取向和对当今社会文化的影响等进行了座谈。《甘肃-深圳书法联展作品集》也于开幕式当天首发。12月1日，联展作品移师至深圳美术馆展出。以甘肃省文联党组书记、副主席马少青为团长，甘肃省文联党组成员、副主席张永基为副团长的甘肃书法代表团一行10人出席了深圳开幕式并进行交流。

由深圳书画艺术学院和深圳市书画艺术学会组织的“深圳书画家北美交流展”于10月16日～25日分别在美国洛杉矶和旧金山展出。以院长周治渭为团长，乔广洋、郭雯、刘继武、陈浩、孙宪华等13位书画家为成员组成的深圳书画家代表团赴美国洛杉矶、旧金山开展交流访问。美国华裔女议员赵美心女士特派其私人代表和加州阿布拉罕市市长沈时康先生、旧金山密尔布瑞市市长玛姬高拉彼杜女士、美国圣马刁艺术委员会主席郑其女士、旧金山中华艺术学会理事长古铳贤先生、美国中国美术馆馆长徐耀先生等分别参加了两市的展览开幕式，并为参展作者颁发了荣誉证书和艺术收藏证书。这是深圳书画家首次组团赴美国交流，对于进一步开阔艺术家视野，增强深圳对外的文化影响等方面都有积极的推动作用。《世界日报》、《侨报》、《星岛日报》和凤凰卫视、中美资讯等华人媒体均作了报道。

深圳书法群体与兄弟城市不同形式的交流展览的日趋频繁，从另一个侧面反映了深圳书法创作逐步走向繁荣、走向成熟。

二、出作品、出精品工程进一步加强

(一)以发掘培养优秀青年书法人才、打造精英团队为目的，市书协利用各种机遇，鼓励和发动我市青年书法作者努力创作，多出精品，参加全国、省、市重要的书法赛事，如广

东省新人新作、大沥杯、广东省中青年书法展、康有为书法奖、全国第三届扇面书法艺术展、全国首届篆书展、全国首届书法展和其他一些全国性书法赛事，深圳作者都取得了不俗的成绩，涌现了一大批书法新人和实力派作者，如：2010年广东省第四届新人新作入展31人，获奖11人；“大沥杯”获一等奖1人、二等奖2人、三等奖2人、入展29人；第三届康有为奖获创作奖4人、优秀奖3人、入选11人；首届张九龄杯广东省书法篆刻作品展一等奖1名、二等奖1名、三等奖四名、入展25名；全国第三届扇面书法艺术展入展7人；全国首届篆书展入展4人。

(二)利用深圳艺廊为平台，除了举办“深圳三十景篆刻展”等专题展以外，重点组织了“深圳中青年书法系列展”，全年共举办5期，每期12人，一共60位作者，每人以5幅不同形式不同风格作品参展，比较全面地反映个人的创作风格和水平，无形中推出了一个中青年书法群体。由于市书协对每期参展作者都精心筛选，对作品提出明确要求，每次展后还有小结，激发了深圳中青年书法作者参与的热情。还适时举办了几期书法作者和观众的互动活动，达到了以“交流促创作、以展览促提高”的预期效果。深圳艺廊的每期展览都在全国专业权威刊物《书法报》刊登一个整版予以宣传，总计全国共有35万人次看到了“深圳中青年书法作品系列展”专版，突破以往只在一市一地搞活动作宣传报道，提升了深圳书法在全国的知名度和影响力。

三、高品质的书法艺术展进入艺术场馆增多

近年来深圳书法热的不断升温，书法艺术繁荣发展的一个重要方面，是各大美术馆、博物馆等专业场馆以及民间艺术场馆积极推动高品质的书法艺术展。与一般的社会书法活动相比，专业场馆举办的书法展览艺术水准要求更高，更重视展览的专业性和艺术品质，而且更有条件有选择地引进国内一些在艺术上有造诣、有影响力的名家来深圳办展，既丰富了深圳书法文化内涵，提升了展览艺术品味，也为深圳与外界的交流开启了窗口，2010年深圳各大美术馆举办的书法展主要有：

(一)6月15日，一个以“书法与文学”为主题的刘家科乡村记忆书法展在深圳关山月美术馆开幕，展出当代作家兼书法家刘家科以自己文学作品《乡村记忆》为题材的书法作品近100件。作者努力探索书法创作如何与现、当代文学相结合，在创作实践中突出表现“以我的书法表现我的文学”，得到了业内专家同行的高度肯定，称其“走在了当今书法创作的前沿”。

(二)11月25日，由罗湖区文体旅游局、罗湖区残联等单位举办的“天若有情——张玲霞书画作品展”在深圳市博物馆展出，作品展示了深圳一位身患右手残疾但却用左手坚持书画创作而且达到相当水平的青年女书画家的近80幅作品。

(三)10月15日～30日，为庆祝深圳经济特区建立30周年，由深圳市政协主办的“深圳市政协第三届书画展”在深圳美术馆举行，深圳市政协主席白天、副主席姚欣耀、林洁、张效民、秘书长程科伟等领导和市、区政协委员及各界人士200多人参加开幕式，《第三届深圳市、区政协委员书画展作品集》于开幕时首发。

(四)11月15日，由深圳市委宣传部、深圳文体旅游局主办的“印由心造——李岚清篆刻展”在深圳博物馆展出，中共中央政治局委员、广东省委书记汪洋，中共广东省委常委、宣传部长林雄，省委常委、深圳市委书记王荣和深圳市委、市人大、市政府、市政协几套班

子领导全体出席了开幕式，并聆听了李岚清同志作为退休后的中央老领导讲述篆刻艺术学习心得和人生感悟。

四、创意书法逐步成为深圳品牌

2009年12月深圳首次举办创意书法展，引起业内和社会各界的广泛关注。为把创意书法展办好，办得更出色，更有质量，主办方在总结第一届创意书法展的基础上，精心策划筹备，从展览场地的选址，展览效果到创作题材的构思，每个环节都细细斟酌，多次组织部分作者到展馆实地察看现场。经过近半年的筹备，“深圳第二届创意书法展”在大芬美术馆举行。国家画院书法篆刻院院长曾来德、深圳市委宣传部副部长刘璋飙、市文联党组书记罗烈杰、市文联主席董小明、副主席谢君心以及书法界同仁300多人出席了开幕式。并举行了深圳第二届创意书法展研讨会。曾来德、李远东、朱中原、一墨、丁政、王见、汪永江、蔡树农、黄永健、胡野秋等来自全国各地的专家学者和深圳创意书法作者一起对创意书法的学术定位、创作表现形式、发展方向以及对深圳乃至全国的意义等方面进行了探讨。《墨舞鹏城——深圳第二届创意书法展作品集》已由岭南美术出版社编辑出版发行。

“创意12月”深圳市第二届创意书法展在大芬美术馆开幕 ∧

五、服务社会，参与公益事业

为响应中国书法家协会在第四次全国代表大会上“中国书法进万家”、“服务于社会，服务于基层”的号召，市书法家协会及各区书协分别组织书法家下基层、入机关、进社区为广大干部群众义写春联，配合开展法制宣传教育等。春节期间，义写春联近万副，深受社区群众和机关干部的喜爱，成为群众最喜闻乐见的文化活动。此外，深圳书法家们还热心参与公益慈善事业，2010年参加由市政协和市慈善会等有关方面组织举办的为舟曲地震灾区和广东肇庆200位孤儿捐款、书画义卖等活动，陈浩、金龙、孙宪华、赵永金、李静、陈加林等人的作品共捐得善款18万多，全部用于救助灾区和慈善公益事业，体现了书法家们的爱心和社会责任感。

六、各区书法活动丰富多彩

2010年深圳各区和其他机关企事业单位参与举办的书法活动丰富多彩。如：宝安区举办劳务工书法大赛，同时率先在全区各街道组织成立了街道一级的书法协会。为庆祝深圳经济特区建立30周年，宝安区书协组织举办了30位书法家现场挥毫书写《深圳赋》书法长卷。宝安文化局还主办了庆祝深圳经济特区建立30周年“书法三十年——当代书法艺术深圳论坛”，邀请了国内20多位专家学者参与改革开放30周年当代书法艺术创作与发展进行研讨，对提供的论文编辑出版了《书法三十年——当代书法艺术深圳论坛论文集》。

宝安区举办了另一项有特色的主题活动——“全国百位篆刻名家集体创作‘印证宝安’——宝安历史名胜古迹篆刻展”并编辑出版了《印证宝安——宝安历史名胜古迹印谱》。

∧ “深圳经济特区建立30周年宝安区30位书法家30米长卷现场书《深圳赋》笔会”在宝安区群艺馆举行

< 第八届关爱行动送春联进社区

罗湖区书协在举办庆祝特区30周年为题的“扇面书法展”的同时，与企业联合坚持举办一年一度的“鹏诚艺都杯、青少年书法大赛”。

福田、南山、盐田、龙岗等区文联和区书协也举办了本区书法展，并编印了展览作品专集。6月4日，由市委宣传部、团市委、市文联等单位主办、深圳市青年书法家协会承办的“深圳第六届外来青工文体节——外来青工书法大赛获奖作品展”在黄贝岭卓氏画院举行开幕式，共展出深圳外来工书法(含硬笔书法)作品200幅。

此外，深圳市检察院、深圳公安蓝盾书画会、深圳海关文联、深圳企业家书画协会，深圳烟草专卖局和深圳邮政等机关企事业单位以及行业协会也分别组织开展了本系统的干部职工书画活动，有的已成为本单位、本系统的机关企业文化的一部分，每年举办一次，有的还编印了作品集。

为配合“深圳读书月”而举办的“面点王杯——深圳楹联书法大赛”于11月7日在深圳中心书城举行，经过初评筛选出来的30多位书法选手，根据大会指定书写内容现场当众挥毫，最后评出一、二、三等奖获奖作者，由于书写内容是指定的，又要在规定时间内完成，有一定的难度，角逐也很激烈，观众踊跃，场面相当热烈，把“读书月”活动推向了一个高潮。赛后主办方还将获奖作品在市图书馆展出，市委常委、宣传部长王京生、市老领导厉有为等到场与观众一起参观展览，《深圳楹联书法大赛作品集》同时由深圳报业集团出版社编辑出版。

（陈浩）

2010
深圳曲艺杂技

建基地　育人才

2010年，深圳杂技曲艺事业在政府重视、民间助力下，有了新发展，取得新突破。杂技节目在国际大赛中表现突出，曲艺大赛成为培养人才的重要途径。市杂协、市曲协积极参与对外交流、送节目下基层等活动，为深圳的文艺事业做出了贡献。

《火之灵——技巧造型》获得第八届全国杂技(魔术)大赛杂技类银奖第一名

1月，福永杂技艺术团的杂技《蹬人空竹》荣获法国“明日”国际杂技比赛共和国总统奖金奖

一、深圳杂技在国内外大赛摘金夺银，打造全新音乐杂技剧

(一)深圳杂技获世界杂技大赛金奖

1月31日，第31届法国巴黎明日世界杂技节决赛在巴黎开幕，由福永杂技团和吴桥杂技学校共同打造的杂技节目《蹬人空竹》以全新的创意、高难的技巧、精湛的表演，征服了评委和台下的观众，喜获比赛最高奖金奖，为深圳杂技再添殊荣。

法国巴黎明日世界杂技节是世界四大高水平国际杂技赛事之一，创立33年来，已成为国际杂技界备受瞩目的顶级赛事。在本届杂技节中，共有15个国家的26个节目入围决赛，决赛仅设金奖2个、银奖3个、铜奖3个，竞争异常激烈。福永杂技团的《蹬人空竹》作为入围的两个中国杂技节目之一，把高难度的蹬人技术和成熟的空竹技巧相结合，形成了技艺高超、惊艳惊险的新杂技。

2月5日，市、区有关领导共赴福永街道，看望福永杂技团的演员，并举行座谈会，市文联副主席姚峰，宝安区委常委、宣传部长李桦，副区长李慧民等都对此成绩高度肯定。宝安区政府还给予杂技团50万元的重奖，表彰杂技团的突出成绩。

(二)福永杂技获全国比赛银奖

在12月举办的第八届全国杂技(魔术)大赛中，福永杂技团新排练的《火之灵——技巧造型》获得杂技类银奖第一名。全国杂技大赛每两年举办一届，本届比赛共有来自全国的25支队伍、近千名优秀杂技健儿参与角逐。

(三)音乐杂技剧《卖火柴的小女孩》进京演出受好评

6月23日至7月11日，由文化部组织的“首届全国民营艺术院团优秀剧目展演”在北京举行，来自全国各地的23支优秀民营艺术院团，在京城各剧场轮番上演"看家剧目"。由广东省文化厅选送，7月11日，深圳福永杂技艺术团的新版《卖火柴的小女孩》在北京保利剧院演出。该剧利用杂技肢体语言，将杂技技巧与名著精髓融成一体，寓教于乐、精彩纷呈，在展演活动中受到专家和观众好评。

(四)杂协送戏下乡，"大篷车"寓教于乐

6月，市杂技家协会组织精品文艺节目赴台进行交流演出，为增进海峡两岸的文化艺术交流做出应有的贡献。深圳雅特杂技团的优秀杂技演员在香港华懋剧场驻场演出长达半年之久，展示了深圳杂技艺术的风采，增进了与香港同胞的了解和友谊。雅特杂技团每年都会受邀到东南亚、欧美等地演出，2010年受加拿大博览会邀请，赴加拿大为世界各国友人表演。12月24日、25日，由宝安区杂协精心编排的杂技专场精品晚会在东莞市圆满落下帷幕。

2010年，杂协积极开展送戏下乡活动，在各区、各街道举办了数场专场演出。12月，举行了音乐剧《卖火柴的小女孩》走进社区走进街道巡回演出活动。

由宝安区预联办牵头，宝安区文明办、宝安交警大队、宝安区交通运输局、各街道办及福永杂技艺术团等单位共同组织了宝安区2010年度道路交通安全宣传大篷车队。从10月2日开始，这支队伍先后在福永、沙井、松岗等街道举办了10余场交通安全文艺巡演，到年底共演出50场左右。

二、深圳魔术获全国金奖，欢乐谷摘得世界魔术"奥斯卡"，第十一届深圳魔术节隆重举行，魔术爱好者队伍不断壮大

(一)魔术《扇韵》获全国杂技大赛金奖

第八届全国杂技大赛首次将魔术纳入比赛内容，共有8支代表中国魔术一流水平的队伍参赛。在比赛中，深圳市宝安区辛宽魔术团的《扇韵》获得金奖和最佳道具两项大奖。

《扇韵》只有短短8分钟，却丝丝入扣、引人入胜。整个节目是以中国各种不同的扇子为主体，当悠扬的民乐响起，魔术师辛亚飞身着白色绣龙的唐装，站在书画桌前，徒手变出两把大红扇子。接下来，他先后又变出了大小不一的折扇、团扇、羽毛扇、芭蕉扇，还有能把扇中的花朵提出来的神奇扇子。表演神奇梦幻，使人目不暇接，充满古典韵味。

(二)魔术"奥斯卡"花落深圳，欢乐谷成东方魔术之都

9月28日，国际魔术协会主席托尼哈辛尼为深圳欢乐谷颁发了世界魔术最高荣誉——"中国最佳魔术节梅林奖"。梅林奖也称为"世界魔术杰出贡献奖"，每三年颁发一次，代表魔术艺术界的最高荣誉，因此也被誉为魔

杂技剧《卖火柴的小女孩》在北京保利剧院演出 ∧

6月，福永杂技艺术团组织精品文艺节目赴台进行文艺交流演出 ∧

群口快板《我们是快乐的打工妹》获"群星奖" ∧

术界的“奥斯卡”。

欢乐谷国际魔术节历经11年的积淀和发展，已经成为仅次于蒙特卡洛国际魔术大赛的世界第二大魔术盛会，成为深圳旅游的一张闪亮名片。11年来，魔术节共邀请了70多个国家和地区的400多位魔术师前来献艺，近300万游客见证了魔术节的盛况，直接推动了魔术在中国的发展，促进了中西方文化交流。欢乐谷魔术节已经成为享誉全球的世界级魔术盛会，深圳也被誉为“东方魔术之都”。

(三)欢乐谷举办第11届国际魔术节

10月1日至7日，深圳欢乐谷隆重举办第11届国际魔术节。10月1日至6日每晚七点半，欢乐剧场上演《魔幻至尊——世界魔术冠军秀》专场晚会，多位世界魔术冠军切磋斗法、联袂献艺，为观众献上超乎想象的魔法视听盛宴。在欢乐剧场的《魔幻风云——世界魔术精英汇》专场表演中，菲律宾魔术大师魁斯携手中国美女魔术师刘蓓、印度尼西亚美女魔术师芮子珂、乌克兰魔术怪杰弗拉德、马来西亚“超级英雄”魔术师罗伊等，展现世界魔术精英的风采。

欢乐谷魔术还走出深圳，走向全国。7月25日晚，欢乐谷魔术《魔力与魅影》在天津大剧院上演，以前卫的风格和新颖的创意，赢得天津观众的阵阵掌声。

(四)深圳高校魔术社团继续壮大，“魔术吧”影响力辐射全国

在深圳，魔术爱好者达7000多人，专业或业余的魔术师数十人。魔术这项曾经被视为冷门的艺术，在深圳找到了“生根发芽”的土壤，焕发出新的生机。

6月4日晚，深圳市第二届高校魔术大赛在深圳大学国际会议厅举行，9名来自深圳各高校的魔术高手表演近景魔术和舞台魔术，近500名校内外观众及深圳魔术大师参与其中，现场气氛紧张而热烈。最后，深圳职业技术学院朱诣福和深圳大学谢俊夺得一等奖。

深圳高校魔术社是全国高校当中最早的一批魔术社，目前仅深大魔术社成员已过千人，近九成为男生，学习魔术的时间从一年到三年不等，由专业魔术师及前辈定期指导。2010年的比赛选手全部是大一学生，但推出的魔术节目难度明显较往年提高。魔术大师茹仙古丽称，大学生踊跃参加玩魔术，有助于让他们提高表达能力，丰富想象力。

位于佳兆业中心的“魔术吧”，已成立6年。这是从辛亚飞等人创立的深圳高校魔术社衍生出来的，成为深圳魔术界一个固定的活动地点，“魔术吧”网站也成为国内具有影响的网上魔术平台之一，拥有数万名注册会员。“魔术吧”在深圳东门、南山等区开设了魔术道具店铺，并时常在街头进行表演，普及魔术知识，传播魔术魅力。

三、深圳快板剧闯入“群星奖”决赛，首届全国曲艺新人新作邀请赛在深圳举行，深圳三所中小学挂牌成为少儿曲艺艺术培训基地

(一)深圳首次承办“群星奖”曲艺决赛

5月18日晚，第九届中国艺术节“大地情深——群星奖”曲艺决赛开幕式暨首场比赛在深圳宝安福永影剧院举行，这是深圳首次承办全国“群星奖”大赛。

“群星奖”是文化部为繁荣群众文艺创作、促进社会文化事业发展与繁荣设立的全国性文化政府大奖，自设立以来，产生了一大批优秀作品，在海内外产生了很大影响。参加此次决赛的56个“群星奖”曲艺节目来自全国24个地区，演员342人。作品形式不仅有相声、快板、评书等群众喜闻乐见的曲艺形式，还有梅花大鼓、天津时调、大同数来宝、绍兴莲花落等各具地方特色的传统艺术形式，可谓内容丰富，形式多样。

在第八届全国杂技（魔术）大赛上，深圳市宝安区辛宽魔术团的《扇韵》获得金奖和最佳道具两项大奖

国际魔术协会主席托尼哈辛尼为深圳欢乐谷颁发了世界魔术最高荣誉——“中国最佳魔术节梅林奖”

群口快板《我们是快乐的打工妹》

由宝安区文化局选送、沙井金蚝曲艺杂技团创作的情景快板剧《我们是快乐的打工妹》作为深圳市唯一一个入选曲艺决赛的节目，在首场比赛中得到好评。该节目把快板和情景剧结合起来，形式新颖活泼，内容积极向上，表现了深圳打工青年朝气蓬勃的精神风貌。

（二）举行首届全国曲艺新人新作邀请赛

11月，由中国曲协、广东省曲协、南山区文化局主办、深圳市曲艺家协会、南山区曲艺家协会协办的“南山杯”首届全国曲艺新人新作邀请赛在南山区举行。大赛共分三场：“说书比赛”、“唱曲比赛”和“相声比赛”。来自全国的参赛节目约40个，参赛人员来自北京、天津等十几个省市近百人，参赛品种齐全。此次邀请赛还设置了“新人奖”、“新节目奖”、“新曲目奖”等奖项，以利于推动南方曲艺事业的发展。

在这次大赛中，深圳代表队选送的群口快板《深圳行》、《牛赞》荣获最佳表演奖，群口快板《深圳行》、《大爱人生》荣获最佳作品奖，《大爱人生》荣获最佳优秀表演奖。

11月26日，首届全国曲艺新人新作邀请赛颁奖晚会在深圳保利剧院举行。中国曲协领导刘兰芳、姜昆，深圳市文联党组书记罗烈杰，著名曲艺家李金斗、侯耀华等出席了颁奖晚会并为获奖者颁奖。

中国文联和中国曲协十分关注深圳曲艺事业的发展，希望深圳能成为曲艺培训、创作、表演和举办赛事的一个南方基地。南山区曲艺家协会已制定了每两年一届创作大赛和隔年表演大赛的发展计划。

2010年，深圳曲艺还收获了多个国家级奖项：由刘俊杰等表演的天津快板《打工轶事》，获得第九届全国艺术节优秀演出奖。小品《猫鼠情》等11部作品分获全国第五届少儿曲艺大赛银奖第一名及其他国家级奖项。其中，《猫鼠情》是由市曲艺家协会副主席荆林野编导、深圳中央教科所南山附属学校的学生演出。

（三）三家少儿曲艺艺术培训基地挂牌成立

11月26日，“深圳市少儿曲艺艺术培训基地暨央校少儿说唱艺术团揭牌仪式”在深圳市中央教科所南山附属学校举行。中国曲艺家协会秘书长刁惠香，著名表演艺术家侯耀华，著名相声表演艺术家李金斗，央视《笑星大联盟》栏目总导演王晓，中国曲协副主席、广东省曲协主席李时成，深圳市曲协主席吴金富，南山区委宣传部常务副部长李业甫和师生400余人参加了揭牌仪式。

李时成、吴金富为培训基地揭牌，深圳市曲艺家协会聘请李庆明任基地主任并颁发聘书。刁惠香评价央校儿童说唱艺术团“创造了曲艺传承和学习新机制，搭建了一个很好的平台和载体。”

此外，南山区卓雅小学、学府中学也分别举行了“深圳少儿曲艺艺术培训基地”挂牌仪式。

南山区一直是深圳的曲艺人才聚集地，三个少儿曲艺艺术培训基地的成立，对曲艺“从娃娃抓起”起到重要作用。

(四)小品《我是深圳人》被央视采用

为庆祝深圳经济特区建立30周年，8月21日，中央电视台“心连心”艺术团赴深圳慰问演出，深圳市曲艺家协会创作的小品《我是深圳人》被央视采用，由演员黄宏现场演出。《我是深圳人》演绎了一位曾在深圳创业的东北人，巧妙地以个人经历串起深圳30年的历史，以普通人的眼睛看这座传奇之城，引发观众的共鸣。

(五)南山区曲协完成换届

4月18日，南山区曲艺家协会召开第二次代表大会，吴金富被选举为协会主席，荆林野、刘昭任副主席，赵梓林任副主席兼秘书长。著名曲艺家刘东来、肖咸忠、陈斌为艺术顾问。

1月，市曲艺家协会织组会员到多个社区为留深过年职工送去“和你一起过新年”文艺晚会，表演了舞蹈《吉庆锣鼓》、《欢聚一堂》，小品《过年不回家》等节目，8000多名来深建设者观看了演出。

5月13日到14日，南山区文联和区曲协组织了20余人的采风团，在区文联主席段钢、曲协主席吴金富的带领下，赴粤北山区的连平县采风、交流，收获颇丰。

9月8日晚，由南山区文联、区曲艺家协会联合制作的五幕笑剧《大树底下好乘凉》在蛇口影剧院上演，市文联、区委领导应邀前来观看。该剧由荆林野编导，以笑剧形式表现旧城改造的主题。

12月，市曲协组团慰问边防部队，表演了舞蹈《军歌嘹亮》、群口快板《深圳行》、双簧《逗你没商量》、魔术《梦幻》等节目，受到官兵的热烈欢迎。

四、杂技曲艺发展仍面临困难

深圳杂技、曲艺在2010年取得了很大成绩，但仍处在发展阶段，还面临很多困难。

(一)民营杂技魔术团排新节目难

深圳的几个杂技魔术团体均为民营，缺乏固定的排练场地；在筹排精品节目时，也有比较大的资金缺口。要排出能参加世界、全国大赛的精品节目，需要聘请好的导演、教练，还有音乐、服装等。在场地、资金方面，民营团体都需要更多支持。

(二)杂技魔术人才流动性大

深圳的杂技人才流动性大，除了待遇等方面，无法在深圳落户是一个重要的原因。深圳的魔术团多由民间力量自发组织，大部分魔术师都是业余的，为兴趣而来，变动很大。

(三)曲艺水平仍不算高

曲艺主要是北方的艺术形式，在深圳仍处于起步发展阶段，由于资金缺乏等原因，一些演员小有名气之后就离开深圳到天津、北京等发展。一些曲艺作品还没有抓住深圳移民城市的特点，创作和表演还停留在内地的一种区域状态，需要突破和创新。

(四)曲艺团体缺少演出机会

曲艺堪称艺术界的“轻骑兵”，道具、布景、服装等都很简单，可以在很短时间创作出新作品，表演又很幽默诙谐，很受群众欢迎。但目前深圳的曲艺团体演出机会仍比较少，生存比较艰难，需要相关部门在政策、资金方面给予更多支持。

（张贺敏）

2010
深圳民间文艺

在创新与发展中前行

2010年，深圳各级民间文艺组织和民间文艺家们围绕“创新与发展”的主题，开展一系列民间文艺活动，创新活动形式，取得良好的社会效益。

一、第五届“深圳客家文化节”内容更丰富

第五届“深圳客家文化节”由市委宣传部、市文联、深圳大学、深圳报业集团、深圳广电集团、相关区委、区政府联合主办，金曲排行榜、新客家风采灯谜会、三场演出、一场展览、一场讲座、一个高峰论坛构成六大板块活动，创意内容更丰富，形式更鲜活，层次更多样，形态更饱满，导向性、创新性更鲜明，群众性、艺术性更彰显。

(一)非遗活动灯谜首次助兴，网络竞猜添时代精神

12月10日，来自新加坡、泰国、中国台湾、香港及内地的80位国内外谜坛高手齐聚深圳，先后举行“中华灯谜王中王”争霸赛、即席命题创作与自由题材创作赛等活动，并采用网络同步转播方式与网友互动猜谜。在为期两天的谜会中，主办方还汇集海内外不同风格、不同流派的近万条灯谜，分批送入深圳的社区和校园，在丰富市民业余文化生活的同时普及灯谜知识。11日，“中国深圳·新客家风采国际谜会”之“中华灯谜王中王”争霸赛评出结果，80位参赛者中，吴健、郭少敏、陈挺、潘灏、李创龙、曾庆滨、薛道达和陈见生8位猜谜界选手获得前8名。

(二)客家文化节好戏连台，上演多场“艺韵客家”

12月21日，第五届“客家文化节”在客家传统的“舞草龙”与“水上迎亲舞”表演中正式开幕，市政协副主席林洁出席了开幕式暨“艺韵客家南澳晚会”。

12月27日，第二场“艺韵客家晚会”在石岩举行，江西客家歌唱家张红英以一首婉转的《送郎调》拉开帷幕。本场晚会以客家情歌为主。舞台上，男女对唱《有情千里来相会》、合唱《采香送情人》、女声独唱《长潭情歌》均采用普通话演唱，让原生态山歌与现代元素相结合，因而颇具“创意12月”的创新色彩。本场晚

第五届客家文化节闭幕式，演员与嘉宾合影留念 ∧

新客家风采国际谜会开幕式现场 ∧

会还挖掘了不少宝安本土艺术家参与演出。福永万福民工街舞团的舞蹈《客家小子》表现出年轻男性健硕阳光的精神风采，楚风艺术团带来的《深港之恋》与《深圳湾情歌》则具有浓郁的深圳风情。

客家文化节龙岗专场演出现场

马来西亚歌手余烟龙（左）、台湾歌手萧佩茹（右）参加第五届客家文化节活动演出

（三）客家民间工艺展呈现客家历史文化与风土人情

客家民间工艺展通过摘录客家经典诗文、山歌、典故、谚语、童谣等文化元素，以现代刻字艺术、现代瓷板书画艺术、创意书法艺术、陶瓷工艺、雕塑等方式创作工艺书画艺术精品，并辅以原生态山歌演唱和茶文化展示，多角度地反映客家的历史文化与风土人情。

（四）“杨宏海客家文化与艺术工作室”推出《客家金曲》音乐大碟

12月，刚成立一周年的“杨宏海客家文化与艺术工作室”推出融客家传统风情与创新歌曲为一炉的《客家金曲》音乐大碟，为正在举行的第五届深圳“客家文化节”助力。

《客家金曲》立足第三、四届“客家文化节”的“客家山歌与流行音乐高峰论坛”、“创新客家歌曲展示点评会”，曲目在专家斟酌、群众反馈的基础上精选而成，融客家经典歌曲与新时期音乐名家精品。专辑包括由杨宏海作词、梁军作曲的《中华儿女共婵娟》，蒋开儒作词、饶荣发作曲的《客家娘酒》，胡晓曼作词、姚峰作曲的《客家妹》，陈的明作曲的《月光光》，陈小奇创作的《乡情是酒爱是金》和华D创作的《客家人系有料》等12首作品。

（五）“客家流行文化高峰论坛”肯定深圳创新客家文化的意义

本届“深圳客家文化节”举行了“客家流行文化高峰论坛”。来自北京、广州、深圳、梅州等地的文化艺术界专家学者，就客家山歌的传承与创新，以及如何发展客家流行文化等问题进行了深入研讨。著名音乐人陈小奇、陈洁明、市文联专职副主席杨宏海等在会上做了发言。大家认为，此次研讨会有着重要的历史意义，从此“客家流行文化”这一概念得到确认，对整个客家文化的发展，必然会带来深远的影响。

“客家流行文化发展研讨会”专家合影

杨宏海工作室推出《客家金曲》大碟

二、《交响山歌·客家新韵》走进国家大剧院

2月5日，2010深圳市新春音乐会在深圳音乐厅举行，著名抒情花腔女高音歌唱家吴碧霞演唱了深圳原创作品——新版大型客家山歌主题交响曲《交响山歌·客家新韵》，该作品由

罗湖区携手深圳交响乐团倾力打造，由著名作曲家王宁作曲。

2月6日，大型客家山歌主题交响曲《交响山歌·客家新韵》研讨会在深圳举行。吴祖强、王世光、张国勇等专家学者齐聚一堂，对这部以客家山歌为素材的深圳原创交响作品进行研讨。

4月14日，《交响山歌·客家新韵》在国家大剧院举行首场演出，成为进入国家大剧院的又一深圳力作。本场演出担任指挥和主唱的分别是著名指挥家张国勇和女高音歌唱家吴碧霞，深圳市民间文艺家协会理事张梅珍应邀独唱了部分歌曲，深圳高级中学合唱团也参加了演出。

三、民间文艺家作品获多个奖项

2010年，深圳民间文艺界创作踊跃，有文学著作、音乐歌曲，收获颇丰，获奖很多。

(一)两部书作同获省民间文艺著作奖，另一部获省新作奖

1月，深圳市民间文艺家协会理事张煌新的《记忆龙华》、秘书长于爱成的《祥瑞动物》两书同获广东省第四届民间文艺著作奖。张煌新已连续三届获得该项殊荣，他创作的《记忆龙华》是一部记录龙华地区的民间民俗、风土人情、民间故事和传说的民间文艺著作，是龙华有史以来的第一部非物质文化遗产文本，有一定的史料价值。

《祥瑞动物》系《中国民俗文化丛书》之一，由中国民俗学会邀请撰写，是国内第一部全面、深入、专业地介绍祥瑞动物有关历史、知识、信仰和现代变迁的一部学术类和普及类有机结合的民俗学著作。

11月30日，深圳市民间文艺家协会顾问杨坚平编著的《近现代潮汕工艺美术》问世，全书40万字，由中国戏剧出版社出版，荣获广东省文联、省民协颁发的“新作奖”。

(二)民间文艺家激情创作音乐作品，斩获各项大奖

3月，市民间文艺家协会专家委员会委员、罗湖区民间文艺家协会主席李元庆参加了由广东省音乐家协会举办的“广东省优秀音乐家”颁奖交流活动，再次荣获广东省音乐家协会颁发的“省优秀音乐家”称号。6月5日，李元庆报送的锯琴与管弦乐《客乡集锦》在全国第十五届“群星奖”(音乐)比赛中获“群星奖”优秀演出奖，成为深圳市唯一入选“群星奖”的音乐作品。李元庆表演的锯琴独奏《踩花山》在第四届“多彩贵州”音乐作品创作大赛也获得了优秀奖。9月，李元庆入选《中国音乐家名录》，是中国首次入选的唯一锯琴音乐家。

7月，由市民间文艺家协会副主席饶荣发作曲、藏族歌手泽旺多吉演唱的《格桑美

李元庆的锯琴与管弦乐《客乡集锦》剧照

<

《交响山歌·客家新韵》唱进国家大剧院

<

朵》在2010年第十四届青歌赛中荣获优秀奖；9月，由饶荣发改编的福建永定客家山歌《八月十五看月光》荣获由中国音乐家协会主办的“首届海峡客家歌曲创作演唱大赛”最佳作曲奖、十大金曲奖、最佳演唱奖。10月，在广东省文化厅、广东省侨联等单位主办的“第二届‘八省优秀客家山歌(东莞凤岗)’邀请赛”中，饶荣发作曲的《山歌唱来喜事多》荣获金奖，市民协派出的新会员华D演唱的《客家精神》荣获银奖，市民协同时荣获优秀组织奖。

(三)民间工艺作品、影视戏剧、武术全面开花

10月10日，市民间文艺家协会理事何柏俊、会员何国俊创作的民间工艺美术作品《东篱采菊》和《空纳万境》分别荣获由中国轻工业联合会等单位主办的“第十二届中国(国家级)工艺美术大师精品博览会”创新艺术金奖和银奖。

10月20日，由市民间文艺家协会副主席秦健如主编的大型史诗综艺晚会《天地浪漫》成功入选中国文化部与国家旅游局共同主办的《国家文化旅游重点项目名录》。

此外，在2010年，龙岗区民间文艺家协会会员陈小澄的电影剧本《天火》荣获中国戏剧文学学会主办的首届全国戏剧文化奖大型剧本铜奖；会员唐华刚的作品《最幸福的事》荣获中国戏剧奖小品小戏复赛一等奖，作品《心归》获首届全国戏剧文化奖小型剧本二等奖；会员徐巍然的作品《入行》获首届全国戏剧文化奖小型剧本三等奖；歌曲《客家娘酒醇又香》获广东省文化厅举办的第二届八省优秀客侨文化节山歌邀请赛银奖；会员李汉明的武术在香港功夫节世界武林大会武术比赛中获得金牌3枚、金杯1座；龙城爱联麒麟武术队在香港功夫节世界武林大会武术比赛中获得金牌14枚、银牌1枚、金杯1座。

四、“非遗”的保护与传承

2010年，深圳全市积极开展非物质文化遗产的保护与传承工作，让非遗文化深入到群众当中，充分保有传统文化的活力，具体工作可以用“展示、保护、传承、创新”4个关键词加以概括。

(一)展示

2月28日，虎年元宵节，罗湖区民间文艺家协会组织的《香云纱服饰展示》、《剪纸》等参加了在深圳民俗文化村内举办的“元宵喜乐会”活动。活动由深圳市委宣传部主办，是一场以宣传展示深圳市民间非物质文化遗产项目为主的活动。

6月12日，第五个“非物质遗产日”，深圳市非物质文化遗产保护中心在市博物馆举行了相关活动，进行了上川黄连胜醒狮、咏春拳、客家山歌、粤剧表演、舞蹈表演龙舟竞渡、香云纱服饰等非物质文化遗产现场展演活动，让广大市民对这些民间艺术有了更多的了

深圳启动“2010文化遗产日”系列活动 ∧

坂田永胜堂麒麟舞 ∧

南山区蛇口渔二村“开丁节” ∧

解。同日，罗湖民间文艺家协会也组织辖区内的民间艺术家在罗湖区文化馆进行了交流展示活动，并与现场观众进行互动活动，受到参观者好评。

市文体旅游局还成功举办“欢乐闹元宵”、非物质文化遗产进社区等现场展示、展演活动和《深圳市非物质文化遗产保护成果展》，制作并播出大型非物质文化遗产电视专题片《鹏城遗韵》，加大非物质文化遗产保护和传承工作的宣传普及。

(二)保护

2010年，市文体旅游局积极向文化部申报了5项国家级非物质文化遗产项目，其中《下沙祭祖习俗》、《坂田永胜堂舞麒麟》、《大船坑舞麒麟》等3项通过文化部国家级非物质文化遗产项目的评审和公示。市级非物质文化遗产保护项目获得了专项保护经费，以加强非物质文化遗产传承及保护的扶持。

南山区向市非物质文化遗产保护中心申报了《内画》、《剪影》、《竹编画》、《捏面人》、《南山醒狮舞》、《内外十全散的配方与制作》等6个项目为市级非物质文化遗产名录，并组织以上项目在校园和社区举办了“非遗进校园展演展示活动”，广受好评。

6月4日，罗湖区民间文艺家协会主席李元庆申报的中国《锯琴艺术》项目，经区文化遗产保护领导小组评定并向社会公示，由深圳市罗湖区人民政府发文，列入罗湖区第二批区级非物质文化遗产保护名录。

2010年，宝安区也积极推进非物质文化遗产普查，共形成普查线索158条、文字材料501册、图片134张、音像材料33盒/张，基本摸清和掌握全区非物质文化遗产情况，为加强非物质文化遗产项目保护奠定了良好基础。该区构建起非遗传承体系，修改上报3个国家级名录项目，其中大浪《大船坑麒麟舞》已经在中国非物质文化遗产网上公示，并组织了第二批区级5个名录申报市级名录。

(三)传承

2010年，南山区在弘扬民间文化艺术、保护非物质文化遗产方面做了许多工作。端午节期间，该区举办了“端午节民间文化展演”。1月25日，举办了“开丁节”民俗文化活动，包括专场文艺演出、游园活动、皮影专场。开丁节是深圳市南山区蛇口渔二村的一个传统民间节令，原为一项以祝贺添丁的民俗活动，后来逐步形成正月十三过开丁节，吃开丁茶习俗。5月22日，为了更好的传承和发扬传统文化，南山区文化局主办了“传统艺术进校园”活动，第一场在蛇口育才二小介绍皮影戏艺术。6月8日，2010年“南山区第四届粤剧艺术周”在南油影剧院开幕。举办“粤剧艺术周”是弘扬民族文化、传承非物质文化遗产而打造的品牌群众文化活动，本届粤剧艺术周包括“开幕式”、“传统粤剧流派艺术选演专场”、“粤剧进社区巡演”、“粤剧进校园巡演”。

(四)创新

传统民间艺术的传承只有在“创新”中才能富有生命力，罗湖区民间文艺家协会对此做出了自己的努力。1月30日晚，该协会应邀在华侨城创意文化园艺术空间举办了一场“锯琴电乐书法混搭创意音乐会”，香港电子音乐人李劲松、深圳锯琴演奏家李元庆以及书法家段亚平三位艺术家倾力合作，通过现代电子音乐、锯琴音乐和音乐书法的表演，为观众展示了现代和古代艺术的有机融合，令人耳目一新。

五、在交流互动中发展民间艺术

9月，罗湖区民间文艺家协会主席李元庆代表深圳参加了由香港康乐及文化事务处主办的“粤拉越开心”锯琴专场音乐会以及由中国文化部主办、上海市人民政府承办的第12届中国上海国际艺术节锯琴展演活动。

10月8日，宝安区民间文艺家协会副会长倪壁雄，会员卢浩涛、林旭君赴揭阳与揭阳民间文艺家协会主席徐光华一行进行了广泛的交流。该协会还多次与揭阳、香港等地共同举办灯谜专家研讨会，计划合作承办第五届中华灯谜节，出版一本弘扬慈孝文化的灯谜作品集，举办向国内外征稿的大型灯谜比赛。

11月29日晚，在河源举行的第23届世界客属恳亲大会开幕晚会上，响起了深圳人创作和演唱的《客家娘酒》。这首由深圳人蒋开儒作词、饶荣发作曲的《客家娘酒》，成了当天晚会最受欢迎的节目之一；而唱响此曲的是深圳罗湖区文联主席、有“山歌皇后”之称的郑钢坚。本次开幕晚会上的另外一首受欢迎的歌曲《中原的后代铁打的汉》也是由饶荣发作曲。此外，深圳交响乐团还在30日晚“世客会”闭幕式上奏响了《客娘颂》。

深圳市民间文艺家协会组织了30名会员参加第23届“世客会”，12月29日上午在河源市委国际会议厅举办了“深粤客家文艺交流专题座谈会”，专家们积极踊跃地为客家文化的发展与传承提出建议，共同探讨了客家文化与艺术的发展前景，加强了深圳与海内外客家文化的交流，开阔了民间文艺家的视野。

市民协组织部分优秀民间文艺家参加在河源举办的“第23届世界客属恳亲大会”

民间工艺大师杨坚平

六、发现新人，壮大队伍

2010年，深圳市民间文艺家协会非常重视文艺人才的发掘，积极发现、培养民间文艺新人，推动民间文艺教育，壮大民间文艺队伍，深入民间开展各种文艺活动，大力培养、发现各艺术门类的民间文艺家。发现并推出客家流行歌手华D、郭瑜柱，客家“三胞胎功夫小子”等，其中客家“三胞胎功夫小子”代表深圳前六强赴上海参加《欢聚世博全家都来赛》全球才艺竞技大赛，获得优秀奖。

深圳还推出了民间工艺大师杨坚平，并将杨坚平推荐为广东省优秀民间工艺家的候选人。年近80高龄的杨坚平是潮州人，是广东省工艺美术界中一位60年长期不间断从事民间工艺创作和理论研究工作，特别是工艺美术理论作出突出贡献的艺术家，任国家级非物质文化遗产保护工作专家委员会委员、全国刺绣艺术委员会秘书长等职。他曾长达30年，对粤东地区民间工艺进行田野调查、搜集、挖掘和整理，著成40万字《近现代潮汕工艺美术》，全面而系统地总结了潮汕民间工艺技巧，留下一笔传统文化的财富。近几年来他来到深圳宝安定居，在深圳致力于潮州刺绣、潮州木雕的推广和传承，开设了相关培训班，在深圳培育相关人才。他还组织了全国各省16个绣种的刺绣精品来深圳中国丝绸文化创意园展出半年之久，为深圳的民间文艺事业增色不少。

七、开展调研，把握现状

3至8月期间，市文联专职副主席、市民间文艺家协会主席杨宏海带领协会工作人员及会员先后五次到龙岗区文联、宝安区文联、观澜街道办进行民间文艺调研活动，共同探讨深圳民间文化艺术的发展前景。

杨宏海表示，从这几次民间文艺调研活动来看，罗湖区、宝安区民间文艺事业发展迅速：罗湖区民间文艺家协会主席李元庆积极组织协会成员开展形式多样的民间文艺活动，广揽年画、剪纸、布艺、内画等民间艺人各类奇才。著名客家音乐人饶荣发近年创作丰硕，被福建、梅州等地邀请去创作，为深圳民间文艺增光不少；宝安区民间文艺家协会主席梁冰潜心从事壁雕工艺佳作迭出，棉塑艺术家丁维村母女创作的作品屡获全国大奖，著名民间工艺大师杨坚平主编的《广东民间工艺史》引起国内业界广泛关注，石岩、观澜客家山歌得到进一步传承等等。此外，盐田区的鱼灯舞、宝安、龙岗的麒麟舞近年都有长足发展，不少列入了省、市“非遗项目”，并在省级比赛中荣获奖项。

在调研中，发现深圳的民间文艺工作有“三个发展不平衡”：一是宝安、罗湖、龙岗等区已成立了民间文艺家协会，民间文艺工作推进较快。而福田、南山、盐田等区尚未成立民间文艺家协会，工作推进较慢；二是客家文化的传承弘扬工作做得比较好，如客家山歌、麒麟舞等客家特色文化的弘扬，而深圳地区的广府文化、疍家文化的宣传弘扬显得不够；三是，即使在工作开展得比较充分的客家文化艺术的宣扬中，舞台艺术比较受到重视，而在文化典籍、历史民俗文化的整理方面则比较欠缺。针对这三个“不平衡，深圳民间文艺工作正从比较单一的挖掘弘扬客家文化的同时，注重广府文化、疍家文化的弘扬，使深圳的历史文化更为立体全面地得以呈现和传承；有条件的区筹备成立民间文艺家协会；并加强典籍整理、民俗研究。

9月20日，深圳、东莞、惠州三地文化行政部门在深圳市签署了《深莞惠三地文化合作协议》，联合打造深莞惠文化活动品牌是此次文化合作的重点。其中，三地将探索合办“客家文化节”，展示三地客家文化丰富内涵和特有魅力，将共享知名品牌的文化节庆活动的内容，对民间文艺事业的进一步发展将有促进作用。

（郑丽虹）

2010
深圳文艺评论

讲座助鉴赏　研讨促创新

2010年，随着深圳公共文化服务体系的日趋完善，全市各类品牌艺术欣赏教育讲座遍及鹏城。本年是深圳经济特区成立30周年，各类研讨会论坛推广活动接连不断，深圳的优秀文艺作品广泛引起国内评论家的注意，深圳文艺评论界出版多本献礼作品，为特区的文化艺术理论评论做出了贡献。

一、公共文化艺术讲座品牌

2010年公共文化艺术讲座可谓遍地开花，公共文化教育对象更加精细化，内容也更加多样化，几乎涉及了所有文艺门类。

（一）“深圳市民文化大讲堂”。2010年大讲堂继续坚持“鉴赏·品位”的主题，秉承“弘扬人文精神，发展公共文化，丰富市民生活，提升城市品位”的宗旨，大力拓展大讲堂的覆盖面和品牌效应，艺术欣赏讲座选题如白燕升《审美从戏剧开始》，王晓鹰《话剧艺术之美》，张良、王静珠《电影艺术与生活艺术》，马啸《汉魏风骨：中国文人书法传统的源起》，方方《在生活中遇见文学》，刘魁立《当代中国人的时间与节日》等涉及各艺术门类。

（二）“南山保利艺术讲堂”。讲堂以“弘扬高雅文化·畅享艺术人生”为主题，邀请国内外文化艺术名家走进深圳保利剧院，引导普通市民和艺术爱好者欣赏艺术。2010年，讲堂邀请了著名蒙古族作曲家、指挥家永儒布畅谈《用音乐触摸草原的呼吸》；中央芭蕾舞蹈团通过叙述和展演，为深圳观众讲解中西芭蕾的不同及语汇表达特点；著名指挥家张国勇讲解中外合唱的起源和发展以及中国合唱艺术的特色及风格；中国著名青年钢琴家、教育家金莱，首位中德联培音乐学博士王勇主讲“穿越肖邦200年讲解音乐会”等，这些讲座提高了市民对高雅艺术的欣赏水平，深受观众好评。

（三）“人文之声——何香凝美术馆系列学术讲座”。这是何香凝美术馆面向深圳市民推出的公益性项目。2010年，共邀请海内外美术研究人员举办17场讲座。包括梁美萍《全球古根汉的效应问题》、张敢《抽象表现主义与文化冷战》、晋永权《证言与哀愁——20世纪中国摄影》、胡斌《世博与国家形象——以中国在世博会上的展示为例》等选题。

（四）“戏聚星期六”。每周六下午3点在深圳大剧院音乐厅举行，自2009年开办至2010年共举办戏曲演出80场，邀请到60多位梅花奖得主以及600多名优秀演员登台献艺，表演涵盖京剧、越剧、黄梅戏、昆曲等30多个剧种，满足了广大戏迷的需求，深受鹏城戏迷的喜爱。2010年举办了《京剧明星公开课(2)》、《湘音湘韵 湘聚

12月，市评协邀请深圳作家张黎明到明珠小学与学生们作“阅读与写作”讲座

V

第六届全国打工文学论坛在宝安区举行

Λ

鹏城——感受湘剧的魅力》、《话剧〈日出〉全剧》、《赣剧的艺术魅力》、《越剧艺术魅力 经典剧目赏析》、《蜀戏冠天下——川剧艺术发展》、《中国梆子——徐州梆子<打神告庙>戏与技的有机结合》、《传统戏与现代戏的行当塑造》、《粤剧折子戏剧目演出》、音乐普及讲座《琴键上的浪漫》、《楚剧流派及剧种的人物特色》、《<无双传>全剧欣赏》等多个剧种40场讲座。

（五）“四方沙龙”。2010年，“四方沙龙”以“深圳30年”为主题，邀请深圳本土美术、摄影、设计、文化类知名评论家开展了多场学术活动。包括陈湘波《深圳美术机构三十年》、尹昌龙《深圳经济特区文化三十年》、李媚《一个城市，一本杂志——历史画卷中的深圳摄影》、齐凤阁、吴洪、钟曦《对话：深圳艺术设计教育三十年》、鲁虹《深圳：新兴水墨三十年》等多场较具学术性的讲座。

此外，还有深圳市文联为外来工子弟学校举办了6场艺术讲座，参加讲座人数累计2000多学生。深圳画院举办了6场美术第二课堂，培训人数累计200多人。另外，市区文化单位深入社区，举办多场讲座，如南山区全年举办了338场讲座，宝安区观澜街道办举办了名作家与作者见面交流系列讲座。

二、高端学术研讨会引起国内外学者关注

(一)深圳美术馆论坛。1月23日，由深圳美术馆主办的“当代艺术与艺术史写作——第四届深圳美术馆论坛”，主题为“当代艺术与艺术史写作”，针对当代艺术史写作中的现状及存在问题进行探讨。论坛共邀请20多位当代艺术界具有相当影响力的艺术批评家参加。论坛邀请南京大学高华教授和北京大学李扬教授做了两个主题报告：《历史学界对这三十年历史书写的讨论》、《在文学史与当代文学之间》，在报告中两位学者分别从“历史学”与“文艺学”层面谈各领域当代研究的问题，由此展开本届主题的讨论，呈现“艺术”与“历史”、“文学”之间的对话，为此找到了一些在原来的学科中听不到的声音和看不到的角度。

(二)打工文学论坛。11月28日，在宝安区举行的第六届全国打工文学论坛，以“打工文学与特区一体化”为主题，提出“新特区时代”打工文学要有新作为的观点，根据打工文学服务对象结构变化、经济转型和“特区一体化”的实际，研讨打工文学怎样更好地服务新生代农民工，让外来建设者拥有生活以及文学的价值与尊严。来自全国各地专家学者及打工文学作家百余人出席了论坛。

“深圳青春文学研讨会暨第三届‘深圳十佳校园文学少年’颁奖仪式”在深圳市翠园中学举行 ∧

12月，市评协协助中学生文联举办深圳学校阅读文化建设研讨会暨深圳十佳文学少年报告会 ∧

市评协“艺术影响未来——关爱外来劳务工讲座”获“第七届关爱行动市民最满意活动奖 ∧

(三)青春文学研讨会。10月23日，第十一届深圳读书月重点主题活动——由深圳市文联、市教育局、深圳经济特区报社主办的“首届深圳校园文学节”在翠园中学开幕，来自北京、广东及深圳多位知名文学评论家参与了深圳青春文学研讨会。研讨会上，深圳市6名青春文学代表作家分别介绍他们的创作和成长经历，分享他们阳光写作的思考。专家们对深圳青春文学作品表现了浓厚的兴趣，认为深圳为青春文学提供了新鲜的文学经验。深圳少年见多识广，阳光写作是自然之作，并建议深圳应与浙江等地青少年作家多交流，与此同时，他们也开出良方，提醒他们要注意细节，融入生活。

(四)“当代水墨与美术史视野”国际研讨会。研讨会由何香凝美术馆、OCT当代艺术中心、北京大学视觉与图像研究中心和芝加哥大学北京中心共同主办，于9月20日至23日在芝加哥大学北京中心举行，邀请了多位知名的国内外学者参加。与会者分别从“历史的反思”、“水墨与话语”、“艺术分析的新视野”、“水墨艺术的世界性”等主题展开了演讲和讨论。研讨会对当代中国水墨做了一次综合性的历史回顾和理论审视，是这一议题近年来在大陆范围规格最高的一次学术活动。

(五)深圳平面设计回顾邀请展学术论坛。10月12日，市平面设计师协会在清华大学美术学院美术馆举办了纪念深圳经济特区建立30周年暨深圳平面设计回顾邀请展学术论坛。专家们围绕三个方面进行了热烈探讨：第一，发表个人对此次回顾展的观感；第二，探讨深圳平面设计与深圳城市发展的关系；第三，深圳现象对中国设计界的启示。

此外，还有多个艺术门类举办了研讨会，如1月18日，市文联、市作协、深圳经济特区报文化星空共同举办“三十而立的深圳文学如何迈向新的三十年座谈会暨第六期深圳文学沙龙”，来自国家、省市级评论家、作家共50余嘉宾欢聚一堂，就深圳文学的30年成就、不足和未来如何开启新的历史、走向新的发展，畅所欲言。与会专家们谈到要反思历史，提出要梳理文脉，同时提议回到文学的思考前沿，保持独特的写作风格，关注文学人才，吸引文学人才等深刻话题。这对“三十而立的深圳文学如何迈向新的三十年”具有非常重要的意义。

7月18日，市社科联与市文学学会联合主办的“深圳经济特区30年文学的回顾与展望”座谈会，对深圳经济特区30年来文学发展具有较深入了解研究的深圳本土专家、评论家和作家，对特区成立以来文学所取得的成就及经验进行了总结，就深圳文学的未来定位、走向进行了探讨。

11月3日，市文联和市作协主办了“30年广东诗歌学术报告会”，近20位来自全国和省内的诗歌理论家、诗人，畅所欲言，报告了对广东诗歌现象、流派、思潮和具体作家作品的研究成果和心得，这是全国名家第一次全面系统的对广东诗歌的研究成果的展现。显示了本届诗歌节对广东诗歌现状与走向、自身成就和存在问题的最大关注。

12月21日，市书协举办了“深圳第二届创意书法展研讨会”，专家学者与深圳艺术家、书法家围绕“什么是创意书法？它与传统及创新的关系是什么？创意究竟能走多远？能成多大气候？”等问题进行深层次对话与探讨。展览主要策划人、市书协常务副主席陈浩表示，创意书法目前在国内尚属新名词，它既不同于传统书法，也有别于现代书法。传统书法因积淀深厚而难于突破。深圳具有文化的多元性，先锋的气质，前卫的观念，勇于开拓创新又具有包容胸襟等特点给这座城市文化开拓创意，创造了宽松而有利的土壤。

三、新媒体、新技术冲击下创意工作坊里的艺术论题

随着新媒体、新技术的兴起和应用，文学、音乐、电影等传统艺术开始注入新鲜的血液。12月7日，联合国创意城市网络大会在深圳召开，“新技术·新媒体”为主题的创意工作坊引起人们的关注。

（一）音乐工作坊。在新技术、新媒体的浪潮下，当前音乐产业受到比较大的冲击，这种低迷状态引发了参加音乐工作坊的国内外音乐专家的普遍忧虑。然而，新一代音乐人的崛起和新技术、新媒体为音乐创造的更多机遇，却也让大家对音乐产业的未来并不感到过分悲观，而是表露出了普遍的信心。主持此次音乐工作坊的中国音乐家协会分党组书记、常务副主席徐沛东在总结时说，新技术、新媒体的发展并不只是蚕食着传统音乐产业的市场份额，其实也提供了很多机遇。许多“80后”、“90后”的青年音乐人表现出高度的适应和充满潜力的才华，只要大力扶持他们的创作，音乐产业就永远会保持生机。

（二）设计工作坊。在新技术·新媒体与设计工作坊中，近50位来自国内外的设计师就“绿色设计·低碳城市”进行了讨论。2010上海世博会总规划师吴志强，德国设计中心董事丽贾娜·汉克以及欧洲商会能源与环保委员会主委、德籍环保专家顾安德作为主讲嘉宾，分别就“世博会——创意产业的动力”、“当餐桌与创意、科技相遇” 和“可持续发展的建筑设计／城市规划”等主题做了专题演讲。随后，近50位设计师分成四组进行讨论，讨论的问题包括农产品到都市的新消费模式、产品环保标签ID设计、3～6岁儿童环保游戏产品开发、公共交通环保问题等，最后各组总结出一个解决方案，供设计师们日后继续深化实施。

（三）电影工作坊。国际国内电影制作人、电影机构、院线代表以及创意领域专家学者约30人出席了新科技·新媒体与电影工作坊。该工作坊以新科技、新媒体如何促进电影产业发展为主题，来自德国柏林国际短片电影节总裁Heinrich Hermanns和北京电影学院动画学院副院长李剑平分别作了题为《国际短片电影节与发行》和《新媒体电影和动画》的演讲。此外，与会嘉宾还围绕如何理解新媒体与电影之间的关系以及中外新媒体从业人员终端目的比较、新媒体传播方式等方面展开了广泛的讨论。

（四）文学工作坊。“文学给深圳带来了观念上的激励和形象上的打造，这点很像墨尔本；深圳30年来举办各类文学活动，这点很像爱荷华和爱丁堡。”广东省文艺批评家协会原主席黄树森将深圳与三座“文学之都”相对比，认为深圳有着丰厚的文学资源，拥有中国最大的写作群体、最多元的文学形态、最活跃的网络写作和最热烈的底层写作。北京师范大

学教授张柠认为，目前我们的文学要么太复杂，要么太幼稚，处在两个极端，找不到中间点，他期待深圳和上海这些创意产业走在中国前沿的城市，能够通过创意城市网络大会这样的活动，促进文化的发展，最终出现好作品。

（五）民间艺术工作坊。在这个瞬息万变、信息爆炸的时代，民间文化如何找到一条生存之道？来自国内外的二十几位专家对这个问题进行了热烈讨论。中国艺术研究院工艺美术研究所所长孙建君旗帜鲜明地指出了民间文化对现代生活的重要性："民间智慧"正是中国优秀传统文化的人脉、文脉、学脉之所在。民间工艺美术在历史上的繁荣与发展不仅是促进经济增长的因素，而且还是人们传递智力、情感、道德精神的手段。孟加拉的艺术家拉希德举例，版画是孟加拉非常重要的一种艺术形式，在历史上，它一直承担着表现、描述和传达社会进展的责任。

（六）媒体艺术数字化工作坊。媒体艺术数字化工作坊以新兴数字技术在影视艺术创作过程中发挥的作用及影响为主题，美国The Third floor特效工作室的克里斯·爱德华，中国电影家协会电影高清技术委员会常务副会长、中国传媒大学影视艺术学院院长李兴国，美国圣达菲市平行线工作室联合执行官、联合策展人弗兰克·拉加诺分别作了主题演讲。克里斯·爱德华在演讲中运用了大量的图片和视觉预览的方式向与会者介绍了美国特技发展的脉络。他以《钢铁侠2》、《星球大战》、《阿凡达》为例，进一步指出，高票房的电影往往是具有视觉驱动力的，依附高端科技和大预算，这已经成为一种大趋势。李兴国介绍了高清科技的发展以及在中国的运用情况。他认为，高清技术的进步，为观众带来穿越银幕的酣畅淋漓之感。而正是人们对视觉艺术的要求越来越高，才推动科技的发展。

四、文艺精品推广立足深圳面向全国

（一）《少年张冲六章》作品研讨会。4月6日，杨争光的《少年张冲六章》作品研讨会在北京举行，北京和深圳两地20多位专家就作品展开研讨。与会专家认为，这部小说提出了尖锐、沉重的社会问题，忧思深远，是一部敢于承担现实和艺术双重使命的小说。

（二）电视剧《命运》研讨会。4月14日，电视剧《命运》专题研讨会在深圳五洲宾馆举行。4月25日，"深圳制造"电视剧《命运》暨现实题材电视剧创作研讨会在北京召开，著名作家张胜友，著名评论家李准、仲呈祥、阎晶明、曾庆瑞、白烨，《命运》编剧陆天明等20多名专家学者共同探讨了这部电视剧的创作经验和精神内核。

（三）报告文学《城市·大演奏厅》研讨会。7月18日，《城市·大演奏厅》研讨会在北京举行，深圳、北京20多位专家学者出席了会议。与会专家认为，这是一部在报告文学文本及创作手法上有新尝试的作品，它是用钢琴与建筑作为经纬解读城市的作品，写出了报告文学作家对这座城市的独特认知。

（四）电视连续剧《兵峰》研讨会。8月1日，深圳原创电视连续剧《兵峰》剧组在北京举行研讨会，众多的影评专家在看过《兵峰》后，首先是肯定了它的创新意义，特别是它在题材内容方面的创新。他们认为，当下一些电视剧作品热衷于在繁华闹市、星级宾馆、豪华场景下叙写俊男靓女们的情爱故事，而这部剧的创作者们却把关注的眼光投向了雪山冰川，投向了在恶劣的自然环境下，一群普通士兵平凡而又撼动人心的高原生活，剧中所传递出的精神力量是无与伦比的。

（五）电视剧《春暖南粤》座谈会。9月12日，由深圳市委宣传部和市文体旅游局举办的电视剧《春暖南粤》座谈会在深圳举行，市委宣传部、市文体旅游局、市文联相关领导、专家与电视剧主人公原型代表、电视剧主创人员参加了座谈会。与会人员认为，《春暖南粤》是一部记录改革开放以来南粤乃至中国整个农村面貌和农民生活发展变化的情感编年史，反映了当代农民经受市场经济洗礼苦乐交织的活的心灵史。

(六)纪录片《深圳村庄30年》研讨会。11月9日，由深圳广电集团、深圳青年杂志社、市史志办、市新闻影视中心、深圳农村商业银行、市千堆雪文化传播有限公司联合拍摄的30集大型纪录片《沧海桑田——深圳村庄30年》研讨会在深圳举行。与会专家各抒己见，大力呼吁寻找、挖掘深圳文脉，坚守和宣扬"敢闯敢试"的深圳文化精神。

(七)电影《走路上学》座谈会。4月15日，"深圳制造"影片《走路上学》座谈会在市委宣传部举行。市委常委、宣传部长王京生指出，《走路上学》是一部兼具思想性和艺术性，具有人文情怀、人文精神和人文追求的好片子，体现了一种关爱他人、悲天悯人、艰苦奋斗、扶危济困的精神。他表示，该片塑造的支教老师形象，巧妙地把深圳关爱精神融合进去。

此外，2010年还有罗湖区举办了大型客家山歌主题交响曲《交响山歌·客家新韵》研讨会，宝安区举办的"张伟明作品研讨会"和市作协与深圳市公安局特警支队联合主办的"《铁骨柔情祭川西》荣获'金盾文学奖'表彰及学术研讨会"等文艺作品宣传推广研讨会。

五、深圳文艺作品和现象受国内评论界关注

(一)对杨争光作品的研究。作家杨争光的作品《少年张冲六章》，塑造了一个问题少年张冲的形象，自发表以来，引起国内教育界和文学界的高度重视。据中国期刊网统计，2010年有不少于30篇评论文章对它进行了集中研讨。

(二)对深圳打工文学的研究。当代生活中的打工者形象，不仅凝聚着艰辛和血汗，凝聚着挣扎和悲苦，更凝聚着一代新人生长的历程和一个新的时代来临的曙光。当代文学理论评论家已开始看到这一崭新的文学现象的研究价值，2010年中文类核心期刊刊登关于深圳打工文学的研究文章共有6篇。

六、30年文化、文艺学术回顾，理论评论积累滴水穿石

(一)《完备的公共文化服务体系研究》由深圳报业集团出版社出版。该书由陈威担任主编，尹昌龙担任执行主编，全书共分为上、中、下三编，下编的"案例研究"主要就"深圳读书月"、"图书馆之城"等近年来公共文化服务的成功案例进行透析，这些典型案例既具深圳特色，对全国的公共文化服务发展也极具启示价值。

(二)《深圳文化三十年——民间视野中的深圳文化读本》由商务印书馆出版。该书由深圳大学吴俊忠教授主编，编者从"文化"及"民间"两方面入手，所叙述的文化现象生动有趣、包罗万千，如"时间就是金钱，效率就是生命"的口号怎样面世等，并特地加强两个环节：一是文章选取注重"历史感"，尽量收集能反映深圳文化发展不同历史阶段的文章；二是撰写长篇前言，对深圳文化发展与评价的焦点进行客观评述，以形成深圳文化30年发展概貌。

(三)《都市文学新景观——深圳作家作品研究·30年30家》由商务印书馆出版。该书由

第七届中国文联文艺评论奖颁奖仪式暨第五届中国当代文艺论坛在长沙举行，深圳文艺评论家周思明应邀在论坛做了《如何繁荣，怎样引领》的专题发言

深圳大学校长章必功主编，深圳大学文学院副院长南翔担任执行主编。此书在对深圳的一些作家做了详细了解与访谈的基础上，以小说为重点，对30年来深圳的都市文学进行了研究与总结。该书的撰稿团队由深圳大学的教授、博士、研究生甚至本科生构成，采用文本细读法分别对30位年龄不同、职业迥异、写法参差有异的作家，就其思想内涵、表现特色以及艺术理想等方面进行赏析与批评。

(四)周思明的个人专著《全球化视野与新都市语境：深圳文学30年论稿(1980～2010年)》由人民出版社出版。该书包括新都市文学的搏动与变奏、悲悯情怀的底层书写、在历史滴血处抗争的“打工文学”、知识分子写作的吊诡、都市灵魂的隐喻、成长中的“阳光写作”、都市里的“新山药蛋派”、后知青时代的文学表述及前尘遗事的当下述说等章节内容，对深圳文学的精神内涵和价值取向作了深刻的探析。

除专著外，关于30年深圳文化艺术的学术回顾，还有毛少莹的《30年深圳文化发展历程研究》、周思明的《30年深圳文学反思》等。

(五)市文艺评论家发表了相关学术论文。

2010年市文艺评论家耐住寂寞，在本专业或业余时间关注文艺领域的相关作家、艺术家、作品及文艺问题，他们在全国核心期刊或重要媒体发表了相当有质量的论文。

七、存在问题与对策

2010年，是深圳文艺向特区建立30周年的献礼年，深圳的文艺评论在本领域内做出了突出贡献，但与此同时，了解深圳文艺评论现状的人，清楚深圳文艺评论热闹中存在着很多的隐忧。深圳文艺评论人才存在年龄老化严重，青年文艺评论人才连接不上的问题，各门类艺术评论人才也很不均衡；各门类艺术评论人才如散兵游勇散落在高校、媒体及文化部门，没有相应的平台凝聚他们的力量；在近年举办的各大文学艺术类论坛、作品研讨等会议上，大多艺术门类本土评论人才基本是陪衬的角色，而且数量不多。这种现象的出现，一是会议组织者外来和尚好念经的思想严重，二则是本土文学艺术评论人才专注本专业领域，对本土文艺相对陌生。

深圳每年都有不少从各大高校毕业的受过文学艺术理论训练的年青人才，这些人才受过良好的文学艺术理论训练，还保持对艺术评论的兴趣，只要适当引导、培育将会成为深圳本土青年文艺评论的中坚力量。但如果忽略，他们则会很快融入本行业工作，渐渐脱离文艺评论专业，无法融入深圳本土文艺评论的群体。 因此，加快扶持、培育、凝聚本土青年文艺评论人才，搭建本土文艺评论平台，加大本土文艺评论推广力度，将成为今后文艺评论亟待正视的工作。

（刘上江）

2010
深圳设计

开创“创意之都”新起点

2010年是深圳的“而立之年”，作为年轻的“设计之都”，深圳成功举办了联合国教科文组织创意城市网络的第三次国际大会。这一年深圳设计在创博会、室内设计文化节、工业设计节等专业展会中更深更透地融入产业、行业发展。

一、全球盛会凸显设计创意

距深圳冠冕“设计之都”两年，2010年12月7日，全球创意大会在深圳召开。大会期间，深圳举办了一系列活动，主要有三场主题报告和三场创意城市对话陆续举行，澳大利亚研究理事会博士后研究员崔喜政、加拿大蒙特利尔市艺术与技术协会战略与合作关系部主任勒内·巴萨罗和腾讯董事局主席马化腾分别就“变革——数字内容给创意经济带来的机遇与挑战”、“连接——社区参与和城市品牌打造”、“沟通——通过数字平台互联”等议题进行演讲与交流。在开幕式当天举办的“城市·家园·设计”学术论坛中，中央电视台著名主持人白岩松、韩国首尔成均馆大学教授白金男和清华大学美术学院教授吕敬人从不同的角度讨论在当代城市环境中如何把创意设计元素融入人们的日常生活和家园建设，从而让创意提升城市品质，添彩美好家园。

大会期间举办的设计工作坊汇聚了40余位世界顶尖设计领域的学者专家和知名人士，邀请到来自中央美院设计艺术学院院长王敏、2010上海世博会总规划师吴志强、德国设计中心董事汉克，以及欧洲商会能源与环保委员会主委的德籍环保专家顾安得等知名专家出席，就“绿色设计、低碳城市”相关话题进行了颇具前沿性的探讨，并推出“绿设计”概念。

11月30日，在深圳华·美术馆，以“密码”命名的联合国教科文组织创意城市网络“设计之都”海报大赛获奖作品展，率先揭开全球创意国际大会各大展览的帷幕。展览持续至12月9日，共展出70幅获奖作品，分别来自深圳、柏林、布宜诺斯艾利斯、神户、蒙特利尔、名古屋、上海等7个“设计之都”城市。

12月6日，“设计之都(中国·深圳)公益广告大赛”举行了隆重的颁奖仪式，大赛优秀作品展同日起也在华·美术馆展出。该大赛共征集到平面作品9465件，影视作品471件，广播作品188件，合计10124件。作品题材广泛、创意丰富，涉及生态文明、卫生健康、社会公德、公共安全、廉政建设以及世博会、亚运会、大运会等题材。大赛吸引了全国19个省市自治区以及港澳台同胞的参与，还征集到来自加拿大、美国、法国、德国、日本等国家的优秀作品。经初评和终评后，大赛共评出入围作品301件，获奖作品51件。其中，由广州市光合品牌策划有限公司吴文波选

联合国教科文组织创意城市网络2010年深圳国际大会拉开帷幕，图为各国嘉宾相聚鹏城 ∧

观众参观“深圳平面设计回顾邀请展” ∧

送的《对话框篇》获得平面类金奖；由中央电视台新闻频道编辑部选送的《真诚沟通——我，不是主角》获得影视类金奖；由陕西人民广播电台选送的《请耐心对待老人》获得广播类金奖。

二、平面设计“文化周”彰显城市发展史

2010年为深圳经济特区建立30周年，深圳平面设计一方面走出国门，开拓全球视野；另一方面在北京举办回顾展，向全国观众展示清晰的深圳平面设计发展脉络。

8月14日，一场由深圳市平面设计协会和美国平面设计协会联合举办的“深圳平面设计展”在拉斯维加斯东区艺术区美术馆揭幕。此次展览应美国平面设计协会的邀请，来自深圳的设计师代表毕学锋、冯志锋、孔森、杜峰松、高鸣、韩湛宁、杨振等一行16人，以及来自美国平面设计协会等机构的美国设计师近200人共同出席了展览的开幕式以及酒会。此外，深圳市平面设计协会一行还前往纽约、洛杉矶和圣地亚哥等地与当地的设计机构和设计学院进行交流。

10月12日，作为庆祝深圳经济特区建立30周年的一项重要内容，“深圳平面设计回顾邀请展”在清华大学美术学院美术馆举行。回顾展内容囊括深圳平面设计的发展历程、“平面设计在中国”优秀作品以及深圳30年的庆贺海报展，向观众展示了清晰的深圳平面设计发展脉络，共展出180余幅设计艺术精品以及多媒体展示、书籍装帧等。

展览还开设了学术论坛。孙振华、陈汉民、王敏、马泉、宋协伟，王粤飞、毕学锋、孔森，韩家英、张达利、尹昌龙、苗登宇、贾荣林、万捷等设计家、美术评论家围绕对回顾展的观感，对深圳平面设计与深圳城市发展的关系、深圳现象对中国设计界的启示等方面展开研讨。

三、为设计产业链搭建交流平台

(一)创意设计博览会促进项目洽谈和合作

9月17日～19日，由深圳市文体旅游局、深圳市贸促会联合主办的“2010中国

国际创意·设计·品牌博览会于9月在深圳会展中心举行 ∧

(深圳)国际创意·设计·品牌博览会”在深圳会展中心举行。该展会以“打造绿色设计、共创低碳生活”为主题，共有来自国际、国内及港澳地区共逾400家创意设计机构和品牌企业参展，其中包括哥伦比亚中国商会、香港设计师协会、“设计之都”创意产业园、F518时尚创意园、中国丝绸文化产业创业园、深圳市玫瑰海岸投资发展有限公司等知名机构及企业。展会现场举办了涉及眼镜、手机、LED照明灯等各领域的多场创意产品推介会，组委会希望通过搭建创新产品的发布及展示平台，向海内外专业买家集中展示最新创意设计产品、创新的设计方案、创新技术、工艺及创新的应用，为企业推广创新产品拓宽市场和渠道，促进项目洽谈和合作。

“中国青年创新大赛”经过半年的网络初赛，从国内200所高校的数千名参赛选手中决出90名优胜选手，组成12个团队参加在展会期间举行的总决赛，进行创意营销和创新产品设计的实战大比拼。通过现场竞技，最终由专家评审团从比赛中选出管理创新、产品设计、创意营销各一、二、三等奖、最佳现场销售实战奖及最佳现场演讲奖，并选拔出最佳选手进入“卓越创新人才发展计划”，参加赴美国硅谷和华尔街的访学团。另外，大赛评委会还将为参赛的优秀创新成果和团队安排知名风险投资商和创业导师，帮助实现其产业化。

(二)室内设计文化节重在“发现”与推广

12月10日，2010第五届中国(深圳)国际室内设计文化节在深圳市民中心开幕。国际国内嘉宾、著名设计院校负责人、设计师代表等近400人出席开幕式。设计文化节的主题是“设计发现”，发现最佳的室内设计作品、发现最具个性、最智慧的设计师，发现最具冲击力的创意思想、发现最具影响力的设计公司……通过举办设计论坛、设计作品展、设计机构邀请展等一系列主题鲜明的活动，设计文化节旨在发掘和培育优秀的室内设计品牌，推动“设计之都”建设，推动设计业全面发展。参展作品囊括12大室内设计领域，包括商业、文化、展示、交通、住宅、餐饮、酒店空间和陈设艺术、照明设计等。该展由青年设计师冯羽策展，一批国际知名的设计大师也受邀来深参加此次活动。

(三)《中国工业设计宣言》在深发布

11月30日，第三届中国(深圳)国际工业设计节在恒丰海悦酒店隆重开幕，汇聚了来自新加坡、日本、美国、意大利、香港以及大陆地区具有顶尖创意、一流设计水准、独特理念的大师、品牌CEO和众多知名企业。

每年一度的工业设计节已经举办到第三届，成为业界规格最高和规模最大的国际盛会，立足每年一个国际城市合作伙伴，并与之签署设计战略合作协议、联合举办两地互动系列活动，让设计“引进来”和“走出去”。由中国机械工程学会工业设计分会、深圳市文体旅游局和宝安区政府联合主办，新加坡设计师协会、深圳市创意文化中心、香港设计中心、台湾创意设计中心、日本工业设计促进会协办的第三届工业设计节以“新加坡”为主题，旨在通过探讨绿色设计和低碳经济发展，增进中新两国、深圳与海内外设计行业之间的合作与交流。新加坡设计师协会这次带领了20多位新加坡设计师访问深圳。在开幕式上，新加坡设计师协会与深圳市工业设计行业协会正式签署《深圳－新加坡设计战略合作协议》。此次签约是该行业协会继与以色列等国家和地区签订合作协议之后，为深圳工业设计进入国际市场、唱响“设计之都”品牌的又一举措。

开幕式上宣读了由全国工业设计产业创新联盟发布的《中国工业设计宣言》。该宣言经由中国工程院常务副院长潘云鹤院士、中国工业设计协会会长朱焘和工信部领导的指导和修订。宣言在深圳的发布，意味着深圳工业设计在全国的地位和影响力进一步扩大和巩固，“设计之都”的先锋作用得到进一步彰显。

工业节上，举办了一系列设计行业的交流与展示活动，包括全国工业设计产业创新联盟年会暨第四届中国国际工业设计高峰论坛、2010香港设计营商周——深圳工业设计论坛、第七届“三诺杯”中国工业设计精英赛颁奖典礼、绿色设计工作坊、新加坡设计精品展、香港创新科技及设计博览等精彩活动。工业设计节邀请了来自全球多个设计行业的国际顶尖设计大师、专家学者近30人，举行了近十场高峰论坛。

四、产业集聚园区促进产业对接

成立于2007年的田面设计之都创意产业园，是目前中国国内唯一被认定的国家级工业设计高新技术产业化基地、国内规模最大的工业设计类园区，已有160多家创意企业进驻，其中包括柏林国际设计中心、美国DF设计公司、澳大利亚的DETEK设计公司等知名企业。在2010年的第六届文博会上，作为分会场的田面设计之都表现分外抢眼，以“引领”、“价值”、“共生”为主题吸引了来自深、港、沪三地的设计企业和众多设计师，为三地文化创意企业间的合作营造产业氛围、交流公共资源，并在此基础上建立合作机制。

8月20日，国务院总理温家宝来到设计之都创意产业园，了解园区的发展情况，并和这里的设计师进行亲切的交谈。他说：“创意要靠人的聪明才智。你们大多是年轻人，富有朝气，敢想敢干，勇于创新，只要努力，充分发挥你们的聪明才智，就一定能把深圳建设成创意之都。”

由南头旧工业区改造而来的深圳设计产业园在2010年首次亮相文博会。在第六届文博会上，设计产业园集中展示了其在工业设计方面的优秀成果，颁发了中国工业设计贡献奖。文博会期间，设计园吸引了大量海外参展商，成交总金额超过11亿人民币，成为该届文博会的焦点和亮点。其中，意大利设计公司Eurorappresentanze与设计产业园签订了关于合作建立国际设计培训机构的战略合作协议，签约金额达5000万美元。双方将利用深圳产业园的平台共建一所国际设计培训机构，面向全球进行招生和培训。此外，设计产业园还分别与北美投资人联合管理协会和日中产官学交流协会签订了关于合作开展设计培训服务、设计外包服务、产品代理出口服务的协议，签约金额分别为3000万美元和1000万美元。

11月，由南山图书馆和深圳设计产业园参与建设和管理的南山图书馆 · 设计图书馆正式开馆。作为专业类图书馆，设计图书馆将突出设计特色文献建设。馆内设计类图书占总藏书的一半以上，聚集全球最新的研究成果、潮流与资讯。40多种境内外设计专业的期刊、上万种设计专业领域的图书，向设计师和普通市民提供最新、最全的设计信息。利用这一平台，设计园还将免费开展设计领域的学术交流、公益讲座、展览等系列活动，以此普及设计知识，让设计走入生活，提升市民的创意设计意识，营造良好的设计氛围，努力将图书馆打造成为深圳乃至全国最具特色、最具影响力的专业设计类图书馆。

五、深圳设计师获国内外多项设计奖

据深圳市创意设计知识产权促进会与中国设计之窗联合开发的“深圳市创意设计业”数据库统计，截至2010年，深圳的从业设计师约12万。深圳作为我国设计产业发展的领先城市，成就了中国最早的一批设计师，在设计行业所涵盖的平面、工业、服装、玩具、工艺、钟表、珠宝、室内、建筑、包装等多个领域中，深圳设计师的作品遍及全国，声名远播，形成一块闪亮的“深圳牌”，并逐渐闪亮于世界舞台，在国际一些顶级设计赛事中摘金夺银，为人瞩目。

1月8日，“光华龙腾奖——2009中国设计业十大杰出青年”评选活动最终结果在京揭晓。深圳市心雷工业产品设计有限公司总经理骆欢获得了“2009(第五届)中国设计业十大杰出青年”的荣誉；深圳市麦锡工业产品策划有限公司总经理郑宇获得“2009(第五届)中国设计业十大杰出青年提名奖”。

3月，全球三大设计奖项之一的德国“红点奖”产品设计奖公布2010年度获奖名单，在中国获奖的27家企业中，深圳占了6家。这6家深圳企业共计8件产品榜上有名，分别是创维集团的两款液晶电视E11、E15，飞亚达集团的“神七”航天表“天行者”，三诺集团的笔记本音箱A202U，嘉兰图产品设计有限公司的低压控制器和第三代老人手机，迈瑞生物医疗电子股份有限公司的M7便携彩色超声诊断仪，以及桑菲消费通信有限公司的通讯设备。其中，创维集团的产品液晶电视E11由于其底座与音响一体化设计，以及独特的人体感应功能，获得“红点奖”评委会的青睐，一举夺得最高奖“红点至尊奖”。这也是中国夺得的唯一一个“红点至尊奖”。

7月，戛纳国际广告节各奖项陆续揭晓，深圳山河水团队捧回设计单元银狮奖。源于戛纳电影节的戛纳广告节创立于1954年，1992年组委会增加了报刊、招贴与平面的

夺得红点奖的嘉兰图第三代老人手机 ∧

夺得红点奖的飞亚达神七航天表 ∧

竞赛项目，这使得戛纳广告奖成为真正意义上的综合性国际大奖。2010年有来自90个国家的24000多件参赛作品逐鹿“戛纳”。此次深圳山河水团队拿下银奖的作品是为GDC’07展(2007年平面设计在中国展)的外围展“X展”所做的一系列视觉形象推广。整个设计以“光”为创意元素，通过以日光灯管作为发光体，将展览主题及参展设计师的姓名拼写出来，创造了贯穿在整个展览内外及始末的独特字体系统——“光之字”。

11月，中国创新设计红星奖在北京揭晓，来自英国、德国、澳大利亚、美国、韩国、日本等14个国家及国内26个省市地区的106家企业196件产品脱颖而出，获得相关奖项。其中，深圳的中兴通讯、康佳、创维等10家深圳企业的11件工业设计产品夺得中国创新设计“红星奖”。

六、设计艺术展学术与普及并重

4月10日～5月7日，华·美术馆举办“游走·混沌界——田名网敬一之异想世界”展览。田名网敬一是日本上世纪60年代波普艺术与前卫艺术的开拓者，其作品风格超越时空，以性感、迷幻及色彩丰富见称，紧随时代脉搏，始终保持旺盛的激情与活力，引领日本现代波普文化，在年轻一代中保持着非凡之魅力。这次展览是田名网敬一在中国举行的第一次大型个展，作品涵盖了平面、地装、玩偶等其50年来的创作精华。田名网敬一此行进行了主题演讲、艺术论坛、创想工作营以及书籍出版等活动，活跃在一线的中国设计师受邀与田名网敬一展开对话，进行“视觉碰撞”。

5月，来自德国的新媒体艺术家迪特·容的个展给深圳观众带来建立在数字技术之上的视觉新体验，他将传统视觉艺术和激光全像技术结合起来，发展出一种横跨科技与艺术的新美学经验，以光束为画笔，以棱镜、玻璃、屏幕为画布，作品在40多个国家举办过个展和联展。

6月26日～8月1日，“设计的立场——来自中荷建筑、服装、产品与书籍设计的八种态度”在华·美术馆举行。中国与荷兰两国从事建筑、服装、产品与书籍设计四个不同领域工作的8位设计师、艺术家参展，以8种个体的设计态度揭示一个最简单的命题：设计还能够做到什么？他们分别是荷兰建筑设计师雷姆·库哈斯、平面设计师伊玛·布、产品设计师海拉·容格里斯和服装设计师亚历山大·凡·斯洛博，中国建筑团体都市实践、服装设计师马可、平面设计师MEWE设计联盟(刘治

深圳市第四届公益广告大赛　∧

治、广煜、何君)及艺术家、设计师艾未未。这8位具有相当影响力的艺术家们虽然领域不同，但他们在设计中大多采取批判性思维，以现实态度来回应当代的真实处境。策展人希望通过展览，揭示出创造性和建设性的工作方式，为今天的设计提供更多的视角。同期还举办了国际流水论坛“主动推动力”，特邀中荷知名设计师、设计评论家、研究者、策展人在建筑、设计等领域进行交流。

七、展望与挑战

由“设计之都”向“创意之都”的跃升，还面临着一系列问题和挑战。比如，创意设计业具体如何定义、归类、统计，目前中国并没有一个准确口径。国家统计局的文化产业范围并不包括创意设计业，这也造成了设计业长期被边缘化，在一定程度上制约了政府的有效管理，也制约着设计产业更快发展。

对设计产业的扶持力度应进一步加大，深圳于2009年12月出台了《关于促进创意设计业发展的若干意见》，在此之前还出台并制定了一系列有关文化产业的促进政策，并且设立了深圳市文化产业发展专项资金，对文化产业进行扶持和补贴，但相对于深圳目前产业发展需求，对产业的资金扶持仍然偏少，扶持方式、扶持的标准有待进一步细化。

人才始终是文化创意产业发展的关键所在，这也是众多设计行业面临人才不足、流失局面所聚焦的话题，一方面需要营造创业的氛围、培植创意土壤吸引人才、留住人才；另一方面，需要尽快建立一个人才的培养机制，以推动创意设计业的快速发展。而深圳创意设计业一线人才待遇相对偏低，人才认定标准有待进一步完善。

（刘瑜）

2010

深圳**动漫**

原创作品为本　多元格局初显

2010年，国家级新媒体影视动漫节落户深圳,为促进深圳本土和国内外新媒体影视动漫行业的发展提供了更为国家化和专业化的平台。深圳原创动画走上央视荧屏，出口国外。创意园区发挥聚集优势，开拓新业态、新渠道、新市场。深圳动漫创意产业以原创作品为发展根基，开发衍生产品、拓展发行播出渠道、打造文化主题公园，形成多元发展的新格局。

首届中国国际新媒体影视动漫节新闻发布会

第六届文博会动漫分会场
COSPLAY

第六届文博会动漫分会场
涂鸦大赛活动

一、“国字号”新媒体影视动漫节落户深圳

首届中国国际新媒体影视动漫节是大力发展新媒体影视动画产业的重大举措。该动漫节由国家广播电影电视总局和深圳市政府主办，深圳市文体旅游局、深圳广播电影电视集团承办。5月14日～5月17日，首届中国国际新媒体影视动漫节在第六届深圳“文博会”亮相。活动主题是：新媒体·新生活·新未来。内容包括：赛事活动、主题论坛、博览会展、版权交易、颁奖盛典等5大板块。

(一)“金鹏奖”鼓励新媒体短片创作

“金鹏奖”中国国际新媒体短片大赛，旨在奖励国内外优秀新媒体短片创作，发现和激励有理想、有激情、有创造力的影视团队和人才，培育和孵化优质新媒体影视创意项目，推动新媒体产业链发展，繁荣影视文化内容产业，打造新媒体影视动漫短片原创、汇聚、交流、展示、交易的品牌平台，引导和规范新媒体行业健康发展。该活动共收到来自26个国家和地区，包括中国、美国、英国、法国、土耳其、以色列、印度、日本等2000多部优秀的作品。“金鹏奖”参照国际顶级电影节的模式，兼具大众性与专业性、本土化与国际化、传统媒体与新媒体融合互动的特色，设定了竞赛单元、分竞赛单元、评委会特别创新奖、网络人气奖4个单元24个奖项。各奖项设置和评选参照国际标准。

(二)展览区“国际味浓”

第六届深圳文博会3号馆(新媒体影视动漫馆)以“新媒体·新生活·新未来”为主题，围绕“首届中国国际新媒体影视动漫节”及系列赛事评奖活动作集中展示。美国、日本、韩国等知名新媒体影视制作机构、网络、动画、游戏公司也获邀参展，极具国际会展色彩。

文博会新媒体影视动漫馆分为：国家广

5月，由国家广电总局和深圳市政府主办，市文体旅游局、深圳广电集团承办的中国国际新媒体影视动漫节开幕式暨首届金鹏奖中国国际新媒体短片大赛颁奖盛典在深圳广电集团大厦举行

深港影视动漫交流论坛演讲嘉宾互动交流

播电影电视总局科技司展区、新媒体影视动漫节获奖作品及深圳广播电影电视集团新媒体展区、中国原创动漫推广计划展区、国际展区、香港新媒体行业动力专区、日本展区、华强集团展区、新媒体家庭体验区共7个展区。

(三)中外专家“论剑”两大主论坛

首届中国国际新媒体影视动漫产业发展论坛是动漫节主体活动之一。论坛邀请新媒体影视动漫产业界国内外知名的创意设计大师、行业管理运营精英、影视动漫专家及政府部门主管领导就新媒体影视产业的技术、管理法规、营销和影视作品创作的特殊性及政策等问题进行专题演讲。在“三网融合”和新媒体快速发展的背景下，以城市电视台为主的地区性媒体遇到了空前的机遇和挑战。在“城市电视台”新媒体发展战略主题论坛上，来自投资界、传媒界、学界的嘉宾，就新媒体形势下城市电视台的发展进行思想的交流和碰撞。在本届动漫节上，全国26家以城市电视台为主的地区性媒体单位联合签署宣言，共同成立“城市新媒体联合体”。

(四)打造版权交易平台

新媒体影视动漫节举行期间，组委会通过在设立专区、组织知名风投机构、投融资机构和银行等专业买家与新媒体影视动漫企业开展配对洽谈；邀请国内外专业买家参与版权交易；推荐优秀新媒体影视动漫参赛作品在深圳文化产权交易所挂牌交易；组织获奖作品参展国内外相关文化产业交易会等平台，拓展新媒体影视动漫产业的投融资和交易渠道。

二、深圳动漫节创办展“新模式”

第二届深圳动漫节于8月12日至16日在会展中心7、8号馆举行。在5天的展期内，参加Cosplay挑战赛等5大主题赛事的数千名选手轮番亮相，动漫名家签售等20余项大型活动强势登场，玩具、动漫等衍生品销售额上升。大运特许商品首次亮相动漫节，各类动漫衍生品种类繁多：高达模型、动漫手办、毛绒公仔、美奇扭蛋、悠嘻猴、阿狸等卡通周边产品吸引漫迷们。参展商动用乐队助兴、游戏免费试玩、知名漫画家现场签售等手法促销。

三、领头企业“风头正劲”

深圳两大动漫领头企业——华强动漫和环球数码在2010年“风头正劲”。华强公司在原创动画产量、播出收视率等方面在国内动漫企业中遥遥领先，产品出口100余个国家。环球数码在服务外包、坚持原创的基础上，发展数字电影产业链，实行多元化产业发展。

(一)华强动漫作品广受海内外欢迎

深圳华强数字动漫有限公司2010年出品原创动画12818分钟，动画产量占广东省动画发行总量的41.8%，占深圳市动画发行总量的78.1%，为广东省动漫产量最大的企业，并夺得全国动画产量亚军。本年度，《生肖传奇之

深圳华强动漫主题公园外表演

深圳华强动漫主题公园海外开花

深圳动漫《小鸡不好惹》剧照

深圳华强动漫《十二生肖总动员》海报

十二生肖总动员》、《小鸡不好惹》、《猴王传》、《海螺湾》等4部作品进入央视播出，均创下高收视率。其中，《十二生肖总动员》在7月份播出时，收视率平均达到0.92，成为央视少儿节目的收视冠军；9月，《小鸡不好惹》收视纪录平均1.22，为当月收视最佳。上佳的收视表现，为华强动画与各大电视台奠定了合作基础，让电视台对华强作品青睐有加。

同时，华强作品还出口至美国、俄罗斯等全球100多个国家，累计出口超过80000分钟，播出覆盖欧美大部分地区及亚洲绝大部分地区，原创动画“走出去”成果喜人。其中《十二生肖总动员》进入美国、俄罗斯、新加坡、印度等100多个国家，《小鸡不好惹》进入塞尔维亚、新加坡、马来西亚、印尼等60多个国家，播出覆盖欧美大部及亚洲绝大部分国家和地区。同时，这两部作品还被全球知名的尼克儿童频道Nickelodeon看中，于2010年1月、6月登陆Nickelodeon India和Nickelodeon Asia，不仅创下高收视率，更得到了国外网络媒体的关注与推介。《小虫虫有大智慧》、《熊出没》等新作一经推出便获得十分热烈的市场反响，收到了来自意大利、俄罗斯等多个国家的购片订单。

（二）环球数码“多条腿走路”促发展

2010年恰逢环球数码成立10周年。环球数码是亚洲拥有全套数字电影产业链的公司，涵盖3D数字动画制作、发行、数字影院解决方案、数字影视动画培训及国际大型创意园区等相关高科技产业。本年，环球数码在动画制作、影视发行、影院系统解决方案、创意产业基地建设等方面都取得了长足的进步与发展，展现出全新的发展姿态。2010年是环球数码出品的三维立体动画电影《魔比斯环》、《潜艇总动员2》、三维动画电视剧《奇幻乐园》、《虹星飞轮》、二维动画电视剧《三小强》等多部作品先后投入进行制作。在10月份举行的戛纳电视节上，环球数码原创作品——《奇幻乐园》和《虹星飞轮》以崭新的创作风格和高质量的制作水平，与16个国家和地区达成预售意向。本年度，环球数码获评为深圳市重大精神文明建设成果奖、深圳市技术先进型服务企业、深圳市文化+科技型示范企业、中国服务外包成长型企业100强。《潜艇总动员》中聪明可爱的角色贝贝入围“首届中国十大卡通形象”。

《潜艇总动员2》剧照

<

四、深圳原创代表作品“各领风骚”

除了领头企业，一些中小动漫企业的代表作也相继登上国内外荧屏。深圳方块动漫出品的《超智能足球》6月初在南非主流电视台ETV热播。7月5日后，该片第一季(前52集)登陆央视少儿频道，拉开国内播出序幕。它是一部将“足球竞赛”与“未来科技”结合于一体的少年励志动画片。该片历时3年，投入达2500万人民币，2010年基本回收成本，呈现盈利势头。在南非ETV播出后，该片相继登陆法国、英国、德国、西班牙、韩国、泰国等60多个国家和地区。《超智能足球》因此入围“2010天下动漫风云榜”、“年度风云事件”。

1月25日起，《孔子》第二季(第27～52集)登录央视一套《动画城》栏目。动画版《孔子》历时3年，总投资5000万元，由中国孔子基金会和深圳崇德影视传媒有限公司等机构联合出品，是全球首部以动漫形象再现孔子成长历程、展示儒家文化形成过程的长篇动漫作品。第一季主要讲述“少年孔子”的成长故事。第二季侧重于中青年孔子的学习经历。片方邀请著名编剧李冯出任主笔，绘画大师戴敦邦担纲设计顾问，汇集多位资深动漫师。8月27日，《孔子》第三季(第53～78集)在央视少儿频道《动画梦工厂》栏目播出。《孔子》第二季和第三季在央视播出后，相继在国内56个省市电视台播出。为使更多的孩子了解国学，接触“孔子”，《孔子》制作方与中国孔子基金会、团中央青少年发展服务中心联合发起了“国学走进生活”系列活动，打造国内第一个“国学”题材的动漫衍生品牌。与《孔子》同名的“抓帧版”图书和“孔子”书包，相关文具、玩具、衣服陆续上市。

25集励志动画电视剧《与阳光一起回家》讲述了中国青少年在地震后快速成长的故事。该剧于5月12日——汶川地震纪念日在广州电视台少儿频道和成都电视台播出，于6月登陆国内各大省级电视台。该片由深圳西贝文化传播有限公司历经两年打磨完成。该剧是一部纪念5·12地震的灾后重建片，片中人物体现出友爱、宽容、团结、乐观、坚强等品质，具有积极的励志作用。2010年6月，国家广电总局公布了2009年度少儿精品发展专项资金及国产动画发展专项资金项目评审结果，该片获“优秀国产动画片”奖。

五、动漫基地寻找“新方向”

2010年，深圳国家动漫画产业基地在政府的指导下，以原创为根本、市场回报为源头、民营资本为动力，采用积极的良性运作管理模式，在新媒体、公共技术平台的建立、人才培训等方面寻找新的发展方向。

(一)整体品牌效应提升

本年度，动漫基地拓展了全市动漫、影视、游戏、新媒体、广告等核心内容的开发、发行渠道，业务增长迅速。基地的手机动漫、网络动漫、游戏的原创产品发展迅速，共有10部手机动漫作品、4部网络游戏作品产出，社会效益和经济效益双丰收。原创动漫作品与游戏研发、原创动漫作品与手机动漫、网络动漫相互交融，建立起良性的互动平台。同时本年度，动漫基地获批为“深圳网游动漫基地”，被列为广东省文化强省的十项重点工程之一；被列入深圳市“十二五”重点建设项目之一，“动漫大厦”和动漫公共技术平台的建设成为广东省500强建设项目；动漫基地服务中心争取获得了省、市两级对于动漫公共技术服务平台的专项扶持资金1000万元，包括省文化专项扶持资金400万和市文化专项扶持资金600万。

(二)推进产学研一体化平台

2010年，动漫基地服务中心加强实施“动漫人才培训实训”工作。开展了与湖北经济学院艺术学院人才实训互动的工作。先后10次组织企业参加了各部及市中小企业市场、金融、技术等方面专业人才的培训；开展了6次专门针对专业动漫人士的动漫俱乐部和动漫沙龙活动。基地在原有的动漫基础课程上，增设中级制作课程、高端影视特效、新媒体课程、高级游戏课程等不同专业的培训项目，全年开设了22个培训班次，共计培训220余人。

为了进一步完善产业链，动漫基地还与版权局、版权协会等政府部门建立了常规业务联系，洽谈合作建立版权注册、代理、保护、运营平台。积极与大型民营资本、风投资金进行文化产业项目运作事宜的洽谈对接，为企业原创项目的资金引入牵线搭桥。

六、深港动漫产业支援中心发挥平台优势

(一)创办“动漫培训工场”

5月15日，香港传媒控股集团与深圳出版发行集团深圳书城培训中心，启动了“动漫培训工场”教育合作项目。这是深港两地文化产业集团合作的、面向全社会的动漫人才培养项目，有别于国内现有的院校动漫人才培养模式。业内人士评价，这种合作方式体现了深港大胆创新的城市特质，将给中国的动漫产业培养源源不断的后备军。

(二)深港影视动漫论坛聚焦两地产业趋势

5月16日，由香港生产力促进局和深圳广播电影电视集团主办的深港影视动漫交流论坛在深圳举行。来自深港两地影视动漫行业的专家和学者，围绕“深港影视动漫产业发展的机遇与挑战”和“3D技术在影视动漫作品的运用”两个议题，专家们就如何实现新技术、文化以及市场三者的有效结合；如何建立完整的深港影视动漫产业链条等话题展开探讨。论坛的举办进一步促进深港在影视动漫产业方面的了解，明确深港两地合作的方向，进一步推动两地在影视和动漫产业的深入合作。

文化同源是深港两地在影视动漫产业方面深入合作的基础，文化加技术是深港两地合作的特色。深圳拥有年轻化的人口结构、创新的技术、广阔的市场以及良好的文化氛围等优势，与香港在创意、理念、人才方面形成有效的互补。两地可以从影视动漫的制作、融资投资、发行、技术的研发等领域深化合作。

七、展望与建议

2010年，一批原创动漫作品进入最后制作阶段。深圳天宇星影视文化有限公司的原创动画片《藏羚王》完成了前期策划和人物设定，已制作完前15集。2010年6月，国家广电总局公布了2009年度少儿精品发展专项资金及国产动画发展专项资金项目评审结果，《藏羚王》获“优秀国产动画片”奖。

以深圳大运会吉祥物UU为原型打造的大运献礼片《神奇的UU》于2009年5月正式启动。2010年，该片基本完成剧本、人物设定、场景设计、主角的造型。

原创作品《天籁》在2010年遭遇“难产”。2009年，由深圳一立动画影业公司创作的动画电影《天籁》被国家广电总局确定为国庆60周年献礼片。该片自2006年起开始策划，本应在2009年国庆期间上映，但为了将该片全程3D化，上映时间推迟至2010年，但无缘大银幕。究其原因，动漫创作团队不善于市场运作、无法为该片继续注入后续创作资金是重要原因。后期的发行和销售渠道欠缺也是摆在深圳动漫人面前的难题。

如何整合市场资源、如何连接起原创与产业间的各个环节、在培养原创人才的基础上，学会“多条腿走路”，并抓住市场机遇、开拓发行渠道、维护版权权益、完善整个动漫产业链，是深圳动漫行业面临的严峻挑战。

（刘琼）

2010
深圳文艺纪事

1月

5日，由深圳市职业摄影协会和关山月美术馆联合主办的第四届“吾城吾乡”摄影年展在关山月美术馆开幕，180幅入围作品中李政德作品《新国人》获年展大奖；张小禹作品《富士康招工》获最佳职业精神奖；李智俐的《鞋子》获创新奖；刘伯良的《地铁建设者》、李忠的《甲流》和王标的《红树林：鸟的世界》获优秀摄影故事奖；穆冬的《手机肖像》、罗凯星的《深圳平面设计师》获优秀人物摄影奖。

7日，由市委宣传部、市文体旅游局、市文联、深圳广电集团联合主办的“音乐工程暨鹏城歌飞扬2009年度颁奖典礼”在深圳广电集团大厦1800平方米电视演播大厅举行。《走向复兴》等10首歌曲获得音乐工程优秀歌曲奖，《我生在1978》等10首歌曲获得鹏城歌飞扬深圳原创音乐2009年度十佳金曲奖；陈昕、刘惜君分别获得最佳男、女歌手奖，陈楚生、周笔畅、凤凰传奇分别获得最受欢迎男歌手、女歌手和组合奖。市委常委、宣传部长王京生，市人大常委会副主任邱玫，市政协副主席陈思平出席了颁奖典礼。

7日，“歌飞台湾——深圳音协合唱团‘第二届海峡两岸合唱节’获奖汇报音乐会”在深圳大剧院音乐厅举行，演唱经典曲目近20首。

7日，第七届深圳关爱行动形象大使、爱心大使及公益合作伙伴聘请仪式在深圳报业集团举行，33名对深圳关爱行动和深圳精神文明建设做出突出贡献的个人被聘为爱心大使并接受聘书。市文联文艺创作室主任李亚威被受聘为爱心大使。

8日，“光华龙腾奖——2009中国设计业十大杰出青年”在京揭晓，深圳设计师骆欢榜上有名。自2005年以来，深圳已先后有9位设计师连续五届上榜。

9日，何香凝美术馆OCT当代艺术中心(简称OCAT)成立5周年庆典在OCAT展厅内举行。该中心2010年的重点项目“青年OCAT计划”在庆典后正式启动。

9日，全市100位书法家、书法爱好者齐聚宝安区文化艺术馆广场，参加由宝安区文化馆和区书协联合举办的“百家、百虎、百米长卷”大型现场书法笔会，以笔墨的形式，迎接虎年的到来。

11日，由深圳市心语国际文化传媒有限公司与日本日中国际美术协会合作举办的“水墨心语·中国深圳”画展在日本东京都美术馆举行。本次展览展出了深圳艺术家宋玉明、陈湘波、戴培仁、王云英、陈良宗等创作的60多幅水墨画，作品包括人物、山水、花鸟等不同创作题材。中国驻日本大使馆公使级文化参赞张爱平、日本众议院议员远藤乙彦，日本国会议员、日本日中友好机构人士及日本新闻界、文化艺术界、收藏界嘉宾200多人出席了画展的开幕式。

12日，市文联在深圳文艺会堂召开“2009年度深圳市文联系统宣传信息暨文艺年鉴工作会议”。市文联副主席谢君心主持会议，市委宣传部副部长段亚兵，市文联党组书记、主席董小明，副主席杨宏海、王廉运等领导，以及来自全市《深圳文艺年鉴》相关供稿单位50多人出席了会议。

13日，受文化部委派、由深圳美术馆策展的“墨非墨——中国当代水墨艺术展”东欧四国巡展先后在波兰、匈牙利、罗马尼亚成功举办后到达最后一站克罗地亚，8位中国当代水墨艺术家的64件作品在克罗地亚国家科学艺术院雕塑博物馆展出。

13日，由深圳市对外文化交流协会、深圳市文联、深圳广电集团主办，深圳市电影电视家协会和深圳广电集团DV生活频道、深圳新闻网共同承办的“深圳第二届DV大赛颁奖盛典”在深圳大剧院举行。25部DV优秀作品从全国386部参赛作品中脱颖而出获得奖项。范士广的作品《一个人老了》获纪实类作品一等奖；大三学生刘洋《钱是啥味道》获虚构类作品一等奖。

15日，市委常委会(2010年第3次)原则通过纪念深圳经济特区建立30周年系列活动方案。

15日，由市文联主办，市音协、龙岗区文联承办的“温暖你我心——深圳音乐家下基层慰问演出”在龙岗深圳志达集团福昌电子公司举行。演出持续两个多小时，20余位音乐家为600多位观众表演了24个节目。市文联副主席、著名作曲家姚峰参加活动。

18日，市文联、市作协、深圳经济特区报文化星空共同举办“三十而立的深圳文学如何迈向新的十年座谈会暨第六期深圳文学沙龙”，活动由市文联副主席杨宏海主持。《文艺争鸣》主编张未民，《南方文坛》主编张燕玲，《大家》杂志执行主编韩旭，广东省作协党组成员、副主席温远辉，广东省作协文学院副院长廖华强，深圳大学副校长李凤亮等近50人参加了活动。

19日，第21届中国电视文艺“星光奖”颁奖典礼在河南郑州举行。由深圳市委宣传部与深圳广电集团联合摄制的电视政论片《风帆起珠江》，摘得本届“星光奖”最高奖——电视纪录片大奖。

20日，由中宣部、文化部、财政部联合主办的“国家重大历史题材美术创作工程作品深圳展”在关山月美术馆隆重开幕。国家重大历史题材美术创作工程艺委会秘书长、文化部艺术司副司长刘中军，广东省文化厅副厅长景李虎，深圳市委常委、宣传部长王京生，市人大常委会副主任邱玫以及来自港澳台的嘉宾等出席开幕式。

20日，由市文联、市地铁集团公司主办的“温暖你我心——为地铁建设者放歌”活动在新深圳站龙华枢纽地铁工地举行。市文联副主席王廉运、市地铁集团公司党委副书记、纪委书记李鲁宇等领导与来自深圳地铁路1号线、2号线、5号线、深圳北站枢纽、前海物业开发等建设项目工地的建设者代表一道观看了演出。

23日，由深圳画院与香港文化艺术交流协会联合举办的“水墨·双城——港深都市水墨画作品展深圳展”在深圳画院陈列馆展出。

23日，由市政府主办，市规划和国土资源委员会、市文体旅游局、深圳报业集团等单位联合承办，并与香港进行跨城合作的2009深港城市\建筑双城双年展闭幕系列活动暨“知识作为基础设施”论坛在市民中心和华侨城创意文化园举行。展览吸引了来自27个国家和地区的64个项目，展示了建筑、文学、影视、设计等多个领域的作品。

23日，由发展中国论坛组委会、《中国美术》杂志社主办的“东方红”书画作品暨将军部长纪念毛泽东同志诞辰116周年签名题词巡展在深圳市民中心开幕。全国人大环资委副主任、解放军总后勤部原政委张文台上将，发展中国论坛执行主席王瑞璞和深圳市委常委、深圳警备区政委王小毛大校等领导出席了开幕仪式。

24日，由深圳报业集团、深圳文博会公司、深圳文博会拍卖公司主办的2010美术作品迎春拍卖会在会展中心举行。靳尚谊的《毛泽东肖像》以400万元竞得全场最高价。

24日，被称为深圳历史“清明上河图”、全方位描绘深圳改革开放的国画作品《深圳经济特区三十年》在中国山水画研修院深圳分院首次亮相。该组画全画由30幅丈二国画作品组成，主题为30幅画记录深圳30年变迁。

27日，“人文中国”纪录片论坛暨2008～2009中国纪录片“十佳十优”表彰活动在云南举行。深圳越众影视出品的纪录片《寻找少校》获得此次“纪录片长片十佳”，同时由该公司拍摄的纪录片《唐卡》获“好作品”奖。

28日，507名大芬油画村的画家与画师，用自己的画笔画出999块油画单元，拼出了长43米、高7米的“大芬丽莎”，这幅全球最大的集体画作将作为深圳馆外墙绽笑世博园 。

31日，第十届中华海内外对联艺术展演大会暨“第二届迎春联墨大赛” 决赛在深圳五洲宾馆举行，在全国各地21支楹联家、书法家代表队中脱颖而出的10支队伍一比高低，决选出了金、银、铜三个大奖。

31日，第31届法国巴黎明日世界杂技节决赛第一场比赛在巴黎开幕，由福永杂技团和吴桥杂技学校共同打造的杂技节目《蹬人空竹》喜赢金奖。

本月，《深圳文艺年鉴》2009卷正式出版发行。该年鉴至今年已连续出版4卷。

本月，全国动漫企业认定管理工作办公室在北京召开全国动漫企业代表座谈会并公布了首批通过认定的100家动漫企业。深圳市深动力动画设计有限公司、深圳华强数字动漫有限公司、深圳市点石数码科技有限公司、深圳市盈富通科技有限公司和深圳市哈哈动漫文化传播科技有限公司5家深圳企业榜上有名。

本月，在由深圳市委宣传部、深圳市文体旅游局和深圳市文联承办，关山月美术馆和华·美术馆负责展览的“第十一届全国美术作品展览·设计展” 颁奖典礼上，深圳艺术设计展区荣获了“第十一届全国美展组织工作奖”。

2月

2日，由国家广电总局、深圳市政府主办，深圳市文体旅游局、深圳广电集团承办的“首届中国国际新媒体影视动漫节”新闻发布会在北京广电国际酒店三楼多功能厅召开。国家广电总局办公厅主任朱虹、深圳广电集团总裁王茂亮、副总经理郑鼎文出席了新闻发布会。

5日，市、区有关领导共赴福永街道，看望在第31届法国巴黎明日世界杂技节决赛喜赢金奖的福永杂技团的演员，并举行座谈会。市文联副主席姚峰，宝安区委常委、宣传部长李桦，副区长李慧民对此成绩表示高度肯定。宝安区政府决定给予福永杂技团50万元的重奖。

5日，2010深圳市新春音乐会在深圳音乐厅举行，著名抒情花腔女高音歌唱家吴碧霞演唱了深圳原创作品——新版大型客家山歌主题交响曲《交响山歌 · 客家新韵》 。

6日，大型客家山歌主题交响曲《交响山歌·客家新韵》研讨会在深圳举行。吴祖强、王世光、张国勇等专家学者齐聚一堂，对这部以客家山歌为素材的深圳原创交响作品进行研讨。

22日，市纪念深圳经济特区建立30周年筹备工作领导小组办公室主任、市委常委、宣传部长王京生召集会议，听取大型交响合唱音乐会《改革开放颂》(暂名)的筹备情况汇报。市委宣传部、市文体旅游局、深圳广电集团有关负责同志参加会议并汇报。

22日，应香港艺术发展局之邀，市文联主席董小明带领市文联各协会及各部室负责人前往香港进行访问交流，市委宣传部副部长罗烈杰、市文体旅游局巡视员刁铁军等领导共同前往参加活动。

27日，第七届莲花山新春民间歌舞大巡游在莲花山公园风筝广场举行。

28日，第六届外来青工文体节开幕式在富士康集团体育场隆重举行。本届文体节由市委宣传部、市文体旅游局、市人力资源和社会保障局、市总工会、团市委、市妇联、市文联和宝安区委区政府联合主办。

28日，深圳原创歌曲《走向复兴》获央视“我最喜爱的中央电视台春节联欢晚会节目”唯一一个特别奖，被誉为年度最具影响力和最广为传唱的作品。

本月，香港世界“金紫荆花奖”大赛在香港元朗大剧院落幕，深圳歌手李苑菘(艺名李红)荣获声乐组“金紫荆花最高奖”。

本月，在第24届捷克布尔诺国际平面设计双年展入选名单中，黑一烊、陈平波、温金恒、朱东锋等深圳设计师的名字在列。

本月，“第四届中国青少年文化艺术盛典暨中国艺术特长生全国总评选”在北京结束，深圳市南山外国语学校六年级学生曹加获此次大赛“最高特别大奖”。

3月

1日，第三届全国中小学生艺术展在上海闭幕，深圳中学以5个一等奖的成绩名列全国中小学校之首。在上海现场集中展演的声乐、器乐、舞蹈、校园剧4个艺术表演类项目中，深中全部夺得一等奖。深中合唱团已连续3年夺冠。

2日，市纪念深圳经济特区建立30周年筹备工作领导小组办公室主任、市委常委、宣传部长王京生召集会议研究纪念活动有关工作。市委副秘书长郭永航出席会议并发言。市委宣传部、市文体旅游局、市文联、报业集团、广电集团、出版发行集团等单位负责人参加。

2日，由市委宣传部、市文体旅游局、市政府文产办主办，市插画协会、关山月美术馆共同承办，香港插画师协会协办的“第二届全国插画艺术展”在深圳关山月美术馆开幕，共展出插画作品400幅。深圳有5件作品榜上有名。平面设计师杨振的《火狼设计企业形象》、插画师颜健的《卡通总动员》获得品牌应用类金奖和铜奖，平面设计师郑华批的《动不动物》戏剧海报和张一晗的《无双》分别摘得广告类金奖和铜奖，职业插画师张永伟则凭借情感绘本系列荣获出版类铜奖。

4日，深圳市歌舞团赴泰国曼谷皇后公园参加“2010泰国第十届国际舞蹈艺术节”。来自深圳的16名舞蹈演员与来自意大利、西班牙、英国、韩国、罗马尼亚等17个国家的艺术家同台献艺。

5日，由深圳市关山月美术馆主办，安徽省政协、安徽省美术家协会、芜湖市委宣传部、芜湖市文化委员会和《国画家》杂志社协办的“梦笔生花·黄叶村书画艺术展”开幕式暨研讨会在深圳关山月美术馆举行。展览共展出20世纪中国画名家黄叶村各个时期的书画作品120余件。广东省政协原副主席赵培根，深圳市委常委、宣传部长王京生，市文联主席董小明等出席开幕式。

8日，关山月美术馆推出“自然而然

——2010武汉、深圳女艺术家邀请展”，此次展览展出了武汉王清丽、余萍、高虹、黄海蓉、王衍茹、刘晓峰、林欣、马桂芳以及深圳周力、李晴、刘艳琴、黄佳、薛扬、丁琳、张妮等艺术家的作品。

10日，市委宣传部副部长罗烈杰赴从化参加省舞台艺术创作工作会议，并作典型发言。

11日，深圳召开宣传思想工作暨精神文明建设成果表彰大会。广东省委副书记、市委书记刘玉浦出席会议并为获奖者颁奖，市委常委、秘书长戴北方主持会议，市委常委、宣传部长王京生对深圳宣传思想文化工作作了总结部署。

12日，由市音协和市电视台娱乐频道主办的第十四届CCTV青年歌手电视大奖赛深圳选拔赛在深圳文艺会堂举行。深圳近50名一线歌手分为美声、民族、流行(通俗)唱法三个小组参赛，选出了7名选手于3月底组队赴京。

13日，《传统神韵·创意文化——新媒体系列展》在湖北省艺术馆开幕，来自深圳的多件作品，为观众提供了全新的艺术感知体验。湖北省艺术馆馆长傅中望作介绍，深圳市文联主席董小明出席开幕式。

15日，龙岗区纪念深圳经济特区建立30周年大型客家原创舞剧《大围屋——雪娘》在市群众艺术馆影剧场首演。

16日，由市委宣传部、市文体旅游局、市文联联合组织实施的“纪念深圳经济特区成立30周年重大历史题材美术创作工程”由130多名本土知名美术家在深圳市博物馆报告厅开启，市委宣传部副部长罗烈杰，市文体旅游局局长陈威，市文联主席董小明分别作了讲话。

16日，市委宣传部副部长罗烈杰在博物馆新馆出席建市30周年重大题材美术创作工程动员会并作动员讲话。

17日，市委宣传部副部长罗烈杰主持召开重点音乐项目工作会议，研究儒家文化交响乐《人文颂》和深圳合唱节有关工作。市委宣传部文艺处，市文体旅游局、市群艺馆有关负责人和专家参加。

18日，2009全球动画大师评选揭晓，深圳点石数码科技有限公司总经理、总导演邓博弘赢得2009动画大师称号。自2007年以来，由邓博弘制作的作品先后获得9项国际大奖，其中5项金奖，另获得8项国际提名，并有6部作品在国际赛事中公映。

19日，“中国当代书画名家精品联展”在福田区农科花卉总汇“名画廊·珍宝堂”举行。该展览展出18位当代知名书画家的作品100余幅，包括著名画家黄胄的《新疆舞》，王子武的《读书钟馗》、《牡丹喜鹊》，范曾的《老子说道》、《钟馗神威》，林墉的《貂蝉拜月》、《山神图》，以及深圳画家宋玉明、郭西元、刘声雨、马顺先、王茂飞等人的作品。

19日，由香港水彩画研究会、深圳水彩画协会、罗湖区文联、深圳美术馆共同策划举办的“彩绘当代·深港双城水彩画展”在深圳美术馆展出。展览于4月2日至6日移师香港中央图书馆展出。

23日，市委宣传部副部长罗烈杰主持召开会议，专题研究设计建造改革开放纪念公园雕塑墙工作。钱强、陈绍华、沈忠生，彭立勋、侯军、胡洪侠、孙振华、张树国、鲁虹、孔森、刘洋参会。

26日，深圳制造的电视剧《和空姐一起的日子》登陆央视电视剧频道黄金时段，网络媒体也同时跟播。

26日，由文汇报社、《作家》杂志社、上海市闵行区人民政府联合主办的第二届春申原创文学奖在上海颁奖，共颁发五个奖项。深圳市作协副主席、著名作家李兰妮的作品《旷野无人——一个抑郁症患者的精神档案》获非虚构类文学著作奖。

26日，2010年全市文艺创作座谈会在市委常委会议室召开。市委常委、宣传部长王京生出席并讲话。市委宣传部、市文体旅游局、市文联、报业集团、广电集团、出版发行集团负责人和文艺家代表参加会议。

27日，“蝴蝶效应——四地艺术交流计划”展览在何香凝美术馆举行。该展览集合了来自中国内地和港、澳、台的17位艺术家装置、影像、行为艺术等多媒介作品共18件。

27日，由市舞蹈家协会、市东方国际标准舞交流中心主办的“第三届深圳市国际标准舞(体育舞蹈)锦标赛”在港龙国际标准舞俱乐部举行。来自全市20多支代表队共600多名选手参加了53个组别的比赛。市文联主席董小明，副主席王廉运，市创意文化中心主任王小明等出席了比赛并为获奖选手颁发奖杯奖状。

28日，由深圳市文联、陇南市文联共同主办的“爱在陇南——深圳援建灾后陇南摄影展”在深圳艺廊开幕，市文联副主席王廉运，陇南日报总编、陇南市摄影家协会常务副主席张红霞以及深圳、陇南两地部分参展摄影家出席了开幕式。

30日，由湖北省美术家协会、深圳市美术家协会、深圳美术馆、湖北省水墨画院、深圳市谷风画院共同主办的“南国花如海——鲁慕迅·高坤水书画联展”在深圳美术馆开幕，本次展览展出两位艺术家120幅书画精品，展览的同名画册同步出版发行。

本月，深圳作家杨争光的两部长篇小说《少年张冲六章》和《从两个蛋开始》(修订版)由作家出版社推出。

本月，全球三大设计奖项之一德国“红点奖”产品设计奖公布获奖名单，中国共27家企业上榜，其中6家深圳企业榜上有名。中国唯一一个“红点至尊奖”由创维集团获得。

4月

1日，由北京华晟泰通传媒投资有限公司和深圳市深广传媒有限公司联合摄制，深圳市委宣传部和深圳广播电影电视集团联合出品的30集电视连续剧《命运》在北京梅地亚宾馆召开首播新闻发布会。中央电视台、深圳市委宣传部和深圳广电集团的有关负责人出席发布会，该剧编剧陆天明、导演姜峰以及李雪健、高明、曹曦文、陈思成、娟子等主创悉数出席。

1日，市委宣传部副部长罗烈杰率文艺处负责同志赴中宣部文艺局、央视，推进邀请央视“心连心”艺术团来深慰问演出一事。

3日，由广东省文联、共青团广东省委、省舞协、深圳市舞协等单位联合主办的首届“HIP HOP”达人街舞挑战赛深圳海选赛在罗湖文化公园举行。来自深圳、广州、香港的16支队伍共110余名街舞爱好者参加了比赛。

6日，由中国作协创研部、作家出版社、人民文学杂志社、深圳市文联主办，深圳市作协、深圳重点题材创作办公室承办的《少年张冲六章》作品研讨会在北京举行。中国作协党组成员、副主席、书记处书记何建明出席研讨会，中国作协书记处书记、《人民文学》主编李敬泽做主持，胡平、雷达、阎晶明、白烨、孙郁、吴义勤、施战军、张未民、张燕玲、李建军、王一川、彭学明、何向阳、钟红明、李震、宁小龄、唐晓渡、杨宏海、邱华栋等专家学者对作品的表现主题、人物塑造以及叙事方式等进行了深入探讨。该作品在《人民文学》2010年第3期发表后，作家出版社趁热出版单行本。

7日，市委市政府通过《市政府公报》正式发布《关于全面提升深圳文化软实力的实施意见》。

8日，由陈小奇担任总制作人及艺术总监打造的大型歌舞剧《客家意象》在保利剧院连续3晚为观众献演。深圳市委常委、纪委书记谭国箱，副市长闫小培，市政协副主席陈思平，市文联副主席杨宏海等观看了首场演出。

10日，“从电影看：当代艺术的电影痕迹与自我建构”展览在华侨城ＯＣＴ当代艺术中心开幕。这是国内首次以“电影”为概念研究与梳理华人当代影像艺术创作的艺术项目。项目由何香凝美术馆ＯＣＴ当代艺术中心主办，董冰峰、杜庆春、黄建宏、朱朱共同策划。展览共展出26位艺术家从上世纪80年代至今创作的33件与电影有关的当代艺术作品。

10日，深圳纪实摄影家余海波摄影个展“一个摄影師眼中的深圳20年”在北京798艺术区内的大河画廊开展，展出余海波20年间拍摄的96幅作品。

10日，由陈绍华设计公司主办的日本60年代波普艺术与前卫艺术的开拓者田名网敬一的“游走·混沌界——田名网敬一之异想世界”在深圳华·美术馆隆重开幕。

11日，深圳制造的大型电视连续剧《命运》在中央电视台八套首播。

11日，“深圳市民文化大讲堂进军营活动”第一场在深圳警备区国防教育训练基地举行。市委常委、深圳警备区政委王小毛大校参加了活动。上午，央视戏曲频道知名主持人、制片人白燕升在深圳警备区国防教育训练基地二楼礼堂向在座官兵主讲了《审美从戏剧开始》的主题讲座。

11日，“音乐风云榜”在深圳大剧院举办“十年盛典”颁奖典礼。晚会以回顾与展望为主题，表彰了华语乐坛10年来“十年最具影响力音乐人物”、“十大经典歌曲”、“十大最具影响力音乐事件”和“十年音乐新势力”。

12日，“魔术源泉——布鲁斯·波洛克的素描与绘画”展及“纸中小宇宙——萨拉·斯坦沃克的建构”展在深圳美术馆同时开幕，两位来自美国费城的艺术家带来40多件作品，为深圳观众展示他们在抽象艺术领域的探索。

14日，由罗湖区携手深圳交响乐团倾力打造的《交响山歌·客家新韵》在国家大剧院举行首场演出，成为进入国家大剧院的又一深圳力作。《交响山歌·客家新韵》由著名作曲家王宁作曲，担任指挥和主唱的分别是著名指挥家张国勇和女高音歌唱家吴碧霞，深圳高级中学合唱团参加了演出。

14日，电视剧《命运》创作座谈会在五洲宾馆举行。市委常委、宣传部长王京生出席，副部长罗烈杰主持。《命运》剧组陆天明、孟凡耀、姜峰、娟子、陈思成、曹曦文，以及杨伟光、仲呈祥等领导、专家出席。

15日，“深圳制造”影片《走路上学》座谈会在市委宣传部举行。影片导演、编剧彭家煌、彭臣兄弟，主演曹曦文等出席了座谈会。市委常委、宣传部长王京生出席座谈会并发表讲话。

16日，由市文联、民盟深圳市委主办的“守望特区——魏达志深圳26年著述与书法展”在深圳艺廊揭幕。市政协副主席姚欣耀、深圳大学副校长李永华、市书画家协会主席唐大进、市书协副主席陈浩等出席开幕式。

18日，南山区曲艺家协会召开第二次代表大会，吴金富被选举为协会主席，荆林野、刘昭为副主席，赵梓林为副主席兼秘书长。著名曲艺家刘东来、肖咸忠、陈斌为艺术顾问。

18日，宝安区国际标准舞协会召开成立大会。区文联主席戴有斌，副主席李汉源、佟建华、卓佩丽以及沙井街道宣传部长郭培源、区民间组织管理办公室主任温海莹、区舞协会长莫梓材和副会长袁伟出席了会议。

20日，深圳原创大型梵呗交响合唱《神州和乐》作为印度“中国节”活动的开幕式在印度首都新德里的德里老堡奏响。演出由中国文化部、印度对外文化关系委员会主办，广东省文化厅、深圳市委宣传部、市文体旅游局、市外办、市民族宗教事务局承办。全国政协副主席孙家正、印度国家旅游部部长库玛里和中国驻印度大使张炎共同为开幕式揭幕并观看了演出。

22日，受中国文联委托，深圳市文联在深圳文艺会堂举行“杨庶正、谭嗣英从事新中国文艺工作60年”颁奖仪式，将荣誉和证章证书送达两位老艺术家手上。

24日，市书协副主席兼秘书长陈浩的书法篆刻展“仰望中山”在中山市开幕。深圳市政协常务副主席姜忠、广东省书协副主席李远东、市文联副主席谢君心等出席开幕式。

25日，“深圳制造”电视剧《命运》暨现实题材电视剧创作研讨会在北京召开， 来自中国作协、国家广电总局、人民日报、中国社科院、中央电视台、光明日报、文艺报等单位的著名评论家张胜友、李准、仲呈祥、王丹彦、阎晶明、郭运德、沈卫星、曾庆瑞、范咏戈、白烨、张德祥、黄海涛等出席研讨会，共同探讨这部电视剧的创作经验和精神内核。 市委宣传部副部长刘璋飙出席了研讨会。

26日，“龙岗·金凤凰”中国工艺美术精品奖颁奖典礼暨深圳第26届世界大学生夏季运动会工艺礼品设计作品评选启动仪式在龙岗区平湖街道华南城举行。深圳作者杨怀宇、李佳武、彭笛创作的琉璃《18罗汉》获得了该奖项的金奖。

28日,由市作协、龙岗区文联主办，深圳作家网、奥一网和小小说作家网协办的首届汉语蚂蚁小说“金蚂蚁奖”终评结果出炉。终评委由国内有影响力的著名作家、编辑家、批评家格非、苏童、陈东捷、韩旭、杨宏海等专家组成。共评出金奖5名(段国圣、蔡中锋、刘吾福、刘玲海、肖晨)，入围奖10名，佳作奖38名，文体创新奖1名。

28日，由深圳市文联、深圳广电集团和龙岗区政府联合主办的“价值的链接——穗汉油画家作品赏析展”在大芬油画村太阳山艺术中心开幕，共展出广州、武汉两地15位著名油画家的代表作品百余幅，太阳山艺术中心下属的太阳山画廊正式成立。

28日，2010文博会艺术节在由著名指挥家罗杰·诺林顿执棒的德国斯图加特广播交响乐团演奏海顿的《D大调第101号交响曲》于深圳音乐厅开幕。

28日，由深圳市委宣传部、市文体旅游局、市人力资源和社会保障局、市总工会、团市委、市妇联、市文联和宝安区委区政府联合主办的第六届外来青工文体节在富士康集团体育场拉开序幕，市政协副主席姚欣耀等出席了文体节开幕式。

28日，由市精神文明建设委员会主办，市委宣传部、市文明办、深圳广电集团等单位承办的第七届深圳关爱行动表彰晚会在深圳广电集团大厦1800平方米电视演播大厅举行。第七届关爱行动的十大最具爱心人物、十大最具爱心家庭、十大最具爱心企业、十大最具爱心社区等受到隆重表彰。市领导李锋、王京生、邱玫、姚欣耀，市老领导李海东出席了表彰晚会。

30日，由深圳关山月美术馆、香港美术家联合会、香港文化艺术交流协会主办的“水墨联想——中国当代水墨名家作品提名展”在关山月美术馆举行开幕式。市文联主席董小明出席开幕式并致辞。

30日，由市文明办、市文联主办，深圳报业集团、广电集团、出版发行集团协办，市职业摄影协会承办的首届“发现深圳之美”摄影大赛获奖作品展在深圳艺廊展出。

30日，市委宣传部副部长罗烈杰召集市文体旅游局、市文联、深圳广电集团有关负责人和我市文化策划专家，专题研究策划“心连心”演出工作方案。

30日，2010年文博会的一场重头演出《肖邦钢琴音乐会》在深圳大剧院奏响，法国钢琴家罗日·缪拉罗以其精湛的技艺演绎了肖邦的多首经典曲目。

本月，深圳市粤剧团受香港神鹰娱乐有限公司、新光戏院之邀，在新光戏院举办“香港演出周”，献演大型古装粤剧《风雨泣萍姬》、《鸳鸯泪洒莫愁湖》、《宝玉哭晴雯》和《精品折子戏专场》等4场戏。

本月，2009年度“广东省优秀音乐家奖”日前在广东省文联举行颁奖典礼，深圳音乐家姚峰、熊家源、赖房千、陈光辉、聂冰、朱彦白、余凤兰、唐跃生等20人荣获该奖项。

本月，广电总局公布了2010年度优秀国产动画片，共有17部动画片入围。深圳崇德影视传媒有限公司原创的大型动画片《孔子》和深圳华强数字动漫有限公司制作的《小鸡不好惹》入围。

本月，波兰华沙国际海报双年展公布了本届(第22届)的入选名单，其中刘江平、温金恒和王志强三位深圳设计师的名字在列。

5月

6日，由深圳市作家协会、深圳市公安局特警支队联合主办的“《铁骨柔情祭川西》荣获‘金盾文学奖’表彰及学术研讨会”在深圳市公安局特警支队举行。

9日，由市教育局、市文联、深圳经济特区报社主办，深圳青少年报社、特区教育杂志社等单位承办的第三届“深圳校园十佳文学少年”的现场作文大赛在福田外国语学校、翠园中学、华侨城中学三校举行。报名参加大赛的有全市近百所中学的4000多名中学生。

12日，市委宣传部副部长罗烈杰主持召开2010音乐工程重点歌曲创作会议，部署创作任务。各区、市文体旅游局、市文联、报业集团、广电集团有关同志参加会议。

13日，第六届中国(深圳)国际文化产业博览交易会动漫分会场在怡景动漫画产业基地隆重开幕。开幕式举行了“首届原创动漫剧本大赛”、“第二届花季雨季漫画大赛”启动，“我的动漫情结”网络征稿大赛获奖作品颁奖等一系列仪式、活动。国家广电总局宣传管理司司长金德龙，深圳市委常委、市纪委书记谭国箱出席了开幕式。

13日，由国家广电总局和深圳市政府主办，市文体旅游局、深圳广电集团承办的中国国际新媒体影视动漫节开幕式暨首届金鹏奖中国国际新媒体短片大赛颁奖盛典在深圳广电集团大厦1800平方米电视演播大厅隆重举行。国家广电总局副局长田进宣布中国国际新媒体影视动漫节开幕，其后举行了首届金鹏奖中国国际新媒体短片大赛颁奖盛典。盛典借助3D

互动、触摸显示屏等新媒体手段揭晓了“金鹏奖”最佳短片、最佳新技术创意、最佳导演、最佳编剧等25个大奖的获奖名单。由中国新锐导演申奥创作的《河龙川岗》获得了最佳短片、优秀男演员、优秀剧情片导演三项大奖。全国政协教科文卫体委员会副主任、凤凰卫视董事局主席、行政总裁刘长乐，中央电视台原台长杨伟光，深圳市政协主席王顺生，广东省委宣传部副部长杨健，著名导演冯小刚等领导和嘉宾出席了盛典。

13日，梅沙原创音乐前沿基地被新闻出版总署授予“国家音乐创意产业基地(深圳园区)”称号，这是首个以音乐为主题的国家级创业基地。国家新闻出版总署党组书记、副署长蒋建国，广东省新闻出版局(版权局)局长朱仲南，市人大常委会副主任陈治华等出席了揭牌仪式。

13日，市侨联文化艺术委员会成立暨文化艺术展揭幕仪式在关山月美术馆举行。市委常委、统战部长王毅参加揭幕仪式。

13日，首届中国十大最佳卡通形象最终评选结果揭晓，作品将在文博会的3号馆集中展示。首届中国十大卡通形象获奖作品分别是：喜羊羊、美猴王、猪猪侠、福星八戒、大角牛、雪娃、嘟噜嘟比、小破孩、憨八龟、蓝猫。

13日，第六届文博会观澜版画原创产业基地分会场暨观澜版画艺术节隆重开幕，中国美协分党组书记、常务副主席吴长江、中国美协副主席、广东省美协主席许钦松，文化部文化产业司原司长王永章，中国书协副秘书长戴志祺，深圳市人大常委会副主任邱玫，市文联主席董小明，宝安区区长李文龙，副区长蔡颖等出席开幕式并参观了粤港澳台版画作品邀请展和第四届观澜原创版画交易会。

13日，“《十面埋伏》——香港中乐团大型民族交响音乐会”在深圳音乐厅举行。

13日，作为第六届文博会——青春演出季系列活动的首场演出，深圳大学师范学院艺术系舞蹈专业的师生在深大国际会议厅现代舞晚会上表演《太极印象》、《心灵深处》等14个节目。

14日，由市委宣传部、市文体旅游局主办，深圳交响乐团承办的“名家经典演唱会”在深圳音乐厅举行，杨洪基、王秀芬、魏松、吴碧霞 4 位歌唱家作了精彩演唱。

14日，第六届文博会文化产业交易战略合作签约仪式在深圳文交所盛大举行，深圳文交所分别与20个省市自治区宣传文化主管部门、金融机构、相关行业协会、重点文化企业、国际买家及海外同行以及重点文化产权交易项目进行了签约。

14日，第一部由深圳市政府官方出品、整体展示深圳“设计之都”风采的纪录片《创意·新大陆》举行开机仪式。

15日，深圳第26届世界大学生夏季运动会第二届征歌比赛颁奖典礼在深圳广电集团大厦1800平米电视演播大厅举行。赛事主办方为15首获奖大运歌曲的作者颁发了奖项，并选定《我在这里》为深圳2011年世界大运会志愿者主题歌。本次颁奖典礼还同时启动“追风中国星，金钟撞大运”的活动，以此拉开深圳2011年世界大运会“大运之星”选拔赛的序幕。国际大体联(FISU)主席乔治·基里安，教育部原副部长、中国大学生体育协会主席章新胜，广东省政协原副主席、大运会组委会副主席许德立，深圳大运会执委会副主席、执行局局长梁道行，深圳广电集团副总编辑陈志荣出席了典礼。

15日，由国家广电总局、深圳市政府主办，中国电视艺术家协会城市电视台工作委员会、市文体旅游局、深圳广电集团承办的“中国国际新媒体影视动漫产业发展论坛”在福田香格里拉大酒店2号宴会厅举行。论坛包括“新媒体·新生活·新未来”论坛和“城市电视台新媒体发展战略”论坛两部分，来自国内外的专家、学者、权威人士分别作了主题演讲。在“城市电视台新媒体发展战略”论坛上，还举行了“城市新媒体联合体”签约仪式。国家广电总局办公厅主任朱虹、副主任罗建辉，市委常委、常务副市长许勤，副市长闫小培，深圳广电集团总裁王茂亮、总编辑陈君聪、总经理张合运、副总经理郑鼎文、总工程师傅峰春出席了论坛。

16日，由深圳市文联、香港艺术发展局主办，深圳市文联文艺创作室、市作协和香港艺发局文学组承办的“2010年深港作家座谈会”在市文联举行。会议由香港艺发局文学组组长寒山碧，市文联副主席杨宏海、王廉运主持。

16日，第六届文博会大芬油画村分会场西画、国画作品拍卖会落槌。本场拍卖会成交率达60%，成交额近300万，深圳中青年画家张闯油画作品《都市精灵之三》最终以84万元的成交价夺冠。

17日，文博会观澜版画基地分会场在观澜美术馆举行中外版画精品拍卖会，45幅版画拍得60万元，其中《毛主席来到武钢工地上》拍出5万元的最高价。

17日，由中国(深圳)国际文化产业博览交易会组委会、中国工艺美术文化创意奖评审委员会、深圳国际文化产业博览交易会有限公司共同组织的2010年“中国工艺美术文化创意奖”颁奖典礼在会展中心举行。

17日，第六届文博会圆满落下帷幕。本届文博会在推动交易方面有了实质性跨越和突破：本届文博会总成交额1088.56亿元，合同成交额351.03亿元，占总成交额的32.16%，合同成交比上一届增加了一倍多。

17日，全国首届青少年原创作品暨儿童文学原创作品文稿拍卖会在深圳少年儿童图书馆举行。共有14位作家的17部作品参加了竞拍，其中12部作品“配对”成功，拍卖总额达19.4万元。

17日，应宝安区委宣传部、区文联、区文化局邀请，中国舞协分党组书记、博士生导师、著名舞蹈编导和理论家冯双白在宝安区为数百名舞蹈工作者和爱好者讲述舞蹈发展新信息。

17日，由市文联、宝安区委宣传部、区文联、宝安网主办，《打工文学》周刊协办，深圳雁盟酒店文化产业园承办的深圳文学论坛“作家与物质生活”研讨论会和《酒店，一个有故事的地方》首发式同时举行。市文联副主席杨宏海与深圳部分作家参加了本次活动。

18日,第九届中国艺术节第十五届“群星奖”曲艺决赛在宝安区福永影剧院举行,这是深圳首次承办全国“群星奖”大赛。

18日，河源市的30多位音乐家与深圳音乐界名家欢聚龙岗，交流音乐创作、表演、教学心得，探讨音乐事业发展大计。市文联副主席、著名作曲家姚峰，龙岗区委常委、宣传部长熊国伟，区委宣传部副部长、区文联主席张奇，市音协主席熊家源，以及深圳、河源两市音乐家协会部分会员参加了活动。

18日，第九届中国艺术节“群星奖”曲艺决赛在宝安区福永影剧院举行，56个决赛节目将一一亮相。这是深圳市首次承办全国“群星奖”大赛。

18日，市委常委、宣传部长王京生在广电集团主持召开电视剧《命运》精编版审片会。市委办公厅郭永航、市委组织部王京东、深圳广电集团、市社科院负责人和市委宣传部副部长刘璋飙等参会。

24日，第九届中国艺术节第十五届“群星奖”颁奖晚会在广州中山纪念堂举行。文化部副部长杨志今、广东省副省长雷于蓝等出席颁奖晚会。文化部社会文化司司长于群主持颁奖仪式。深圳共有8个文艺作品及项目获殊荣：男子群舞《快乐的建筑工》，情景快板剧《我们是快乐的打工妹》，小品《守候》、《大话环保》、《成长》，女子群舞《走山》、《围屋·女人》。另外，深圳城市街区24小时自助图书馆系统获得“群星奖”项目奖，李南生、杨素贤两人获得“群文之星”称号。

28日，“鹏城歌飞扬——深圳原创音乐评选”2010年第一季度颁奖典礼在深圳音乐厅举行，刘惜君、唐磊、因果兄弟等深圳原创歌手送评的《我很快乐》、《爱没有屋》、《我是果果》、《永远到底有多远》、《星光》等10首作品获得第一季度十佳金曲。

28日，深圳市第六届“外来青工文体节”闭幕式暨颁奖晚会在宝安区新安影剧院举行。市政协副主席陈思平出席闭幕式，并为获得文体节特别荣誉奖的单位颁奖。闭幕式后上演了一场由宝安区新近创排的话剧《突围1978》。

30日，深圳市粤剧团受香港神鹰娱乐有限公司、新光戏院之邀在新光戏院举办“香港演出周”，献演大型古装粤剧《风雨泣萍姬》、《鸳鸯泪洒莫愁湖》、《宝玉哭晴雯》和《精品折子戏专场》等4场戏。

本月，深圳摄影家廖俊鸿《清洁家园》获2010国展艺术类金质收藏作品奖。

本月，在北京展览馆举行的第十届中国合唱节上，黄贝凤凰女子合唱团摘得金奖，成为老年组获此殊荣的合唱团，合唱团指挥高俐获得最佳指挥奖荣誉称号。

本月，由市文联、云南楚雄州委宣传部、楚雄州民族艺术剧院、武定县委宣传部共同联合摄制，市文联文创室主任、市影视协副主席李亚威编导，傈僳族歌手朗芯萍作词并演唱，黎中信作曲的原创音乐电视作品《火塘·阿朵玛西》荣获云南省广播电视政府年度MTV一等奖。

本月，在《中国作家》杂志社和中国世界华人作家艺术家协会联合主办的中国作家创作年会交流评比中，深圳原创大型报告文学《从清华园到深圳湾》夺得一等奖，并入编《中国作家创作书系·2009中国作家创作年会获奖作品集》。

本月，深圳市大爱艺术品有限公司董事长、著名残疾人艺术家宁雷创作的鱼皮圆雕作品《大鹏展翅》，获得第六届中国(深圳)国际文化产业博览会工艺美术文化创意奖金奖。

6月

3日，由市委宣传部、市文化局、团市委、市文联等单位联合主办，市文联主办、市青年书法家协会承办的深圳第六届外来青工文化节书法大赛获奖作品展开幕暨颁奖仪式在深圳古玩城举行。韩广凯、魏有永、周健、何家力、左奇志、苏剑等获奖。

3日，由市领导王京生建议，市委宣传部、市文联共同主办的“全市文艺界学习贯彻市第五次党代会精神座谈会”在市文联举行，市委宣传部副部长罗烈杰出席会议并作了讲话，市文联党组成员董小明、杨宏海、王廉运、姚峰出席会议，六区文联主席及文学艺术各界代表参加了座谈会。

4日，由关山月美术馆主办的“领跑——中国当代水墨邀请展”展出以四川美院中国画系为主体的、当今中国活跃的18位年青艺术家的当代水墨作品共85件。中国美术馆党组书记钱祥林，上海美术馆馆长李磊，《美术》杂志主编尚辉，重庆市美协副主席、市美术馆馆长冯斌，台湾山艺术文教基金会董事长林明哲，深圳市文联主席董小明，深圳市文体旅游局副局长陈新亮，关山月美术馆馆长陈湘波等出席了开幕仪式并剪彩。

6日，2010年美国青少年国际音乐比赛在美国波士顿举行。深圳艺术学校高二音乐班学生蒋安琪荣获第四名，并获得比赛唯一的“最佳音乐奖”。蒋安琪的指导教师任妮莎教授荣获“卓越贡献·优秀教师指导奖”。

7日，市委宣传部副部长罗烈杰在宣传部会议室主持召开特区30周年赴京“深圳文化周”策划会。市文体旅游局陈新亮、梁宇，市文联董小明、姚峰，深圳交响乐团聂冰等参加会议。

8日，“东西交风：加拿大四人展”在关山月美术馆揭幕，展出56幅风格各异、充满异域风情的油画作品。

10日，上海世博会中国国家馆艺术作品证书颁发仪式在沪举行。上海世博局副局长黄建之、上海市文联党组书记杨益萍、中国美院副院长宋建明以及众多著名艺术家、新闻界人士出席颁证仪式。深圳市文联主席、著名画家董小明的《流光溢彩》获捐赠收藏证书，被上海世博会中国国家馆贵宾厅永久收藏。

13日，由深圳市舞协、深圳东方国标舞交流中心、港龙舞蹈文化机构联合主办的“第二届粤港澳国际标准舞公开赛”在港龙国际标准舞俱乐部举行。

18日，第三届海峡两岸合唱节在福州举行，深圳市龙岗区女教师合唱团作为广东省代表队获得银奖。

18日，由中国作协、中国书协、深圳市文联、关山月美术馆、深圳报业集团联合主办的“书法与文学·刘家科新作展”在关山月美术馆举行。中国书协副主席、全国政协委员申万胜，二炮宣传部原副部长张玉华，河北省衡水市委副书记周金中，衡水市政协主席徐学清，著名画家詹忠效，书法评论家斯舜威、张瑞田、胡传海，市政协副主席张效民，深圳市委副秘书长张骁儒，市文联主席董小明，深圳报业集团总编辑宣柱锡，市文体旅游局副局长陈新亮，深圳报业集团副总编辑侯军等出席了开幕式。

18日，“全国第十五届‘群星奖’罗湖获奖作品总结会”在罗湖召开，罗湖区有4个作品获奖，成为本届“群星奖”大赛中全国获奖最多的县区。

28日，由市文明办、市文联、深圳报业集团、深圳广电集团联合主办，市影视家协会、广电集团移动电视频道、DV生活频道共同承办的首届“寻找身边快乐幸福的人”DV大赛赛果揭晓。市政协副主席林洁，市委宣传部副部长、市文明办主任刘璋飙，各主办方领导，DV大赛获奖者和获奖作品中的“幸福主角”共400多人出席现场活动。大赛共评出一等奖1名，二等奖2名，三等奖3名，优秀奖15名和组织奖2名。

29日，由市委宣传部主办的“我和深圳一起歌唱——纪念深圳经济特区建立30周年音乐沙龙”在福田区天天向上艺术沙龙举行。

30日，深圳市作协就殷小英侵犯苏曼华和深圳电影制片厂名誉权一案举行新闻发布会。会上宣布：深圳市作协副主席、电影《我们手拉手》编剧苏曼华和深圳电影制片厂联合起诉殷小英侵犯名誉权一案，已于2008年11月11日终审胜诉。

30日，深圳艺术学校爱华民乐小组参加古巴首都哈瓦那国家剧院“中国文化节”活动，献上一台经典中国民乐专场音乐会。这是为庆祝今年中古建交50周年在古巴举行的首场演出活动。

本月，在捷克特克利策落幕的第九届捷克国际动画电影节中，深圳点石数码科技有限公司原创作品《鸿隆世纪》荣获最佳广告金奖。

本月，大型电视选秀节目“中国红歌会”2010年度的赛事开幕。由市音协主办的“中国红歌会”深圳赛区的比赛在罗湖区紫荆花酒店正式启动。

本月，在美国第11届俄罗斯音乐钢琴比赛中，深圳艺术学校小四音乐班学生刘晓龙作为唯一一位中国选手获得第二名。

本月，在意大利第20届国际巴勒塔青少年音乐家比赛中，来自深圳艺校的许宁舒等3人获得决赛金奖。

7月

5日，深圳动画《超智能足球》(前52集)登陆央视少儿频道。

5日，市委宣传部副部长罗烈杰主持召开舞剧《一座城市的舞蹈》工作协调会。市文联姚峰、李建平、文艺处胡滨等出席。

6日，华强文化科技集团制作的《十二生肖总动员》首次在央视少儿频道播出。

6日，由关山月美术馆和武汉美术馆联合主办的“江山如此多娇——关山月画展”在武汉美术馆开幕。武汉市人大常委会原主任李岩、武汉市委宣传部副部长、武汉市文联党组书记陈汉桥、关山月先生之女关怡、武汉美术馆馆长樊枫、关山月美术馆馆馆长陈湘波等出席了开幕式。

10日，由深圳市委宣传部、福田区委宣传部、区文化局和新经典广告制片厂联合摄制的影片《走路上学》登上暑期档。该片先后荣获第13届中国电影“华表奖”和第27届中国电影“金鸡奖”，并获得深圳市精神文明建设重大成果奖，被国家教育部、国家广电总局列为“第24批向全国中小学生推荐优秀影片片目”之首。

11日，首届全国民营艺术院团优秀剧目展演在京举行，深圳福永杂技艺术团的音乐杂技剧《卖火柴的小女孩》在北京保利剧院演出。

13日，红段子之“深圳红，红耀30年”活动启动仪式暨深圳经济特区30周年视觉记忆展在深圳中心书城启动。市委常委、宣传部长王京生，市委宣传部副部长罗烈杰、刘璋飙，深圳报业集团总编辑宣柱锡等出席活动。

15日，著名作曲家姚峰、广州军区文工团独唱演员刘罡、青歌赛金奖得主姚贝娜，师徒同台，父女同声，在深圳大剧院举办“今夜吹来低碳风”公益音乐会。广东省音协主席刘长安等来电祝贺演出成功。音乐会所筹善款11.18万元通过深圳慈善会捐给市文联对口扶贫点雷州市乌石镇潭板村兴办电脑夜校和图书文化活动室。

16日，由关山月美术馆主办的“艺苑掇英——2010中国山水画展”在该馆展出国画作品105件。安徽省美术家协会主席张松，广东省美术家协会副主席兼秘书长王永，关山月美术馆馆长陈湘波，香港美术家联合会主席王秋童等出席了开幕仪式。

16日，由市对外文化交流协会和市文联联合主办，市舞蹈家协会、市东方国标舞交流中心、港龙舞蹈文化机构承办，2010WDC标准舞、拉丁舞世界杯暨第八届中国·深圳标准舞、拉丁舞世界公开赛在深圳宝安体育馆举行。文化部副部长赵少华，国家体育总局副局长、国际奥委会副主席于再清，中华文化促进会主席、中国国标舞总会名誉会长高占祥，中国文联荣誉委员、中国舞协名誉主席、中国国标舞总会会长贾作光，深圳市副市长吴以环，深圳市委宣传部副部长罗烈杰，大赛组委会主任、市文联主席董小明，副主席姚峰，市舞协主席李建平，市国际标准舞研究会会长金龙，大赛执行秘书长、港龙舞蹈文化机构主席王永刚等出席了大赛开幕式。

17日，由何香凝美术馆主办，华侨城集团、华侨城地产协办的“新视觉2010’：局中戏——第七届全国美术院校油画专业应届毕业生优秀作品展”在何香凝美术馆开幕。展出中央美术学院、清华大学美术学院、中国美术学院、天津美术学院、鲁迅美术学院、西安美术学院、四川美术学院、湖北美术学院、广州美术学院21位应届毕业生的69件作品。

18日，由中国作协重点作品扶持办公室、广东省作协、深圳市文联、花城出版社联合主办的刘元举长篇报告文学《城市·大演奏厅》研讨会在北京举行。中国作协党组成员、副主席高洪波，广东省作协党组成员、专职副主席廖琪、温远辉，深圳市文联党组成员、专职副主席杨宏海，文联副主席、作协主席彭名燕出席会议。评论家、作家雷达、梁鸿鹰、白描、彭学明、何向阳、程树榛、阎纲、何西来、刘茵、田珍颖、李炳银、贺绍俊、李鸣生、胡殷红、杨晓升、李朝全、于爱成以及建筑评论家曾昭奋、吴家骅，音乐指挥家卞祖善，作曲家唐建平等出席了研讨会。会议由中国作协创研部主任胡平主持。

19日，盐田区外国语小学童声合唱团在浙江绍兴第六届世界合唱比赛中荣获儿童组锦标赛金奖。

21日，市委宣传部副部长罗烈杰主持召开30周年重点文艺工作新闻通气会。深圳报业集团总编辑宣柱锡、深圳广电集团总编辑陈君聪等参会。

22日，由市美协、市书协、福田区文产办联合主办的“庆祝深圳经济特区建立30周年暨福田建区20周年美术作品展”在会展中心展出。由深圳80多位书画家创作的181幅书画作品展示了深圳巨变。

23日，由市委宣传部、市文体旅游局、市文联、深圳广电视集团主办，飞扬971音乐频率、市音协承办的“鹏城歌飞扬”深圳原创音乐评选2010年第二季度颁奖典礼在深圳音乐厅举行。

24日，由市文体旅游局、罗湖区文化局主办，深圳市群艺馆、罗湖区紫荆戏曲艺术团共同承办的“梨园百花颂鹏城——庆祝深圳经济特区建立30周年大型戏曲专场晚会”在深圳大剧院音乐厅“周末剧场”上演。

25日，第七届韩国首尔国际舞蹈大赛落幕，深圳艺术学校中国舞专业高二学生吕程亮以《初春》获得现代舞少年组一等奖。

25日，由深圳电影制片厂和珠江电影制片有限公司联合摄制的电影《夜·明》在台北孙中山纪念馆举行公映会，近千名台北观众到场观看。

25日，罗湖区青少年活动中心少儿舞蹈团预备团赴杭州参加了由中国青少年宫协会主办的第二届全国青少年宫系统文艺汇演活动。来自30个省、市、自治区、30个青少年宫的35个精品节目同台竞技。该中心少儿舞蹈团预备团集体舞蹈节目《又是一个丰收年》荣获金奖。

27日，坪山新区美术馆揭牌成立，新区党工委书记杨绪松、国家画院美术馆馆长陈风新、国家画院书法院院长曾来德、坪山新区公共事业局局长熊瑛共同为美术馆揭牌。20余名国内知名画家以及新区各界代表近百人参加了揭牌仪式。

27日，由中国人民对外友好协会、中国舞蹈家协会、新加坡中国友好协会主办的中国——东盟青少年舞蹈展演在新加坡南阳女子中学举行。深圳4个舞蹈团体共有《春之声》、《猫咪》、《舞丹青》、《芭蕾芭比》、《牧童变奏》、《快乐的旋律》、《花之舞》、《舞姬变奏》等9个节目获得金奖。

28日，以“永远的朋友”为主题的第十届中国国际合唱节在北京展览馆剧场开幕。受国家文化部邀请，由罗湖区委、区政府和深圳交响乐团精心打造的大型原创文化精品《交响山歌·客家新韵》在开幕式上演出。

28日，由深圳美术馆主办的“深圳记忆——纪念深圳经济特区建立30周年何煌友摄影展览”开幕。

29日，由关山月美术馆和上海美术馆联合主办的“青萍残影——李青萍艺术作品展”在关山月美术馆开幕，展出李青萍的作品95幅。湖北省美协原副主席鲁慕迅，西安美术学院教授、著名美术理论家彭德，上海美术馆馆长李磊、副馆长陈龙，深圳市文联主席董小明，深圳画院副院长严善錞和关山月美术馆副馆长颜为昕等出席了开幕仪式。

29日，上海世博会深圳特别日在世博园宝钢大舞台启动，上海市副市长赵雯，中国贸促会秘书长、上海世博会中国馆馆长徐沪滨出席启动仪式并致辞。作为世博会组委会在全世界范围内特别邀请的46个在世博会举办“特别日”活动的城市之一，深圳在“特别日”期间在世博园内外举办“创意之城·时尚之都”系列大型文艺活动，展示城市“青春、时尚、先锋、多元”的风采。

31日，为迎接深圳经济特区建立30周年，30名宝安书法家在宝安区文化艺术馆展厅一同挥毫书写30米长卷黄扬略撰写的《深圳赋》。此次活动由宝安区委宣传部和区文联主办，区书协、区文化艺术馆承办。

本月，文化部组织实施的“2010年度国家文化创新工程项目”立项评审工作完成，深圳市民文化大讲堂等10个项目成功立项。

本月，由中国新闻漫画研究会、中国图书馆学会等联合主办的“第二届全国读书漫画大赛”在北京闭幕，深圳漫画家禹天建的作品《自助》获得全国优秀奖，成为获此奖项的两位广东漫画家之一。

本月，中国纪录片导演、深圳大学教授郭熙志独立创作的纪录片《喉舌》获得2010年第三届华语纪录片节“长片竞赛单元”季军。该片还获得2010年第七届中国纪录片交流周“长片竞赛单元”特别提名奖。

本月，来自深圳的蒙古族跨界女歌手玉萨携手奥地利维也纳交响乐团WSO及指挥家Koen Schoots，与蒙古族原生态呼麦、长调等表演艺术家一起，在维也纳金色大厅演出。

8月

1日，深圳原创电视连续剧《兵峰》剧组在北京举行研讨会，中国文联原副主席、著名文艺评论家仲呈祥、李准，中国电视艺委会副主任兼秘书长、国家广电总局宣传管理司副司长王丹彦，中国电视艺委会副秘书长武桂林、张效岩，解放军总政宣传部文艺局影视主管李洋，中国传媒大学博士生导师、教授王伟国，著名文艺评论家范咏戈，中国电视艺术交流协会秘书长张乃嘉，深圳市委宣传部副部长刘璋飙，市文联党组书记罗烈杰，北京大学影视艺术学院副院长彭吉象，清华大学新闻与传播学院副院长尹鸿，深圳广电集团深广传媒有限公司董事长徐奔奔，该剧编剧邓一光、导演刘岩、执行制片人汪莉、主演沈佳妮、江柯以及来自《光明日报》、《文艺报》、《解放军报》和深圳方面的影视评论家彭程、丁临一、陈先义、张德祥、高小立、刘建明、申晓力、胡野秋等和深圳警备区、市公安边防支队的基层官兵，参加了研讨会。

1日，由福田区委、区政府主办的福田区第十届社区艺术节群众歌会暨首届深圳合唱节福田合唱专场比赛在市群众艺术馆剧场开幕。此次活动以“感恩春天”为主题，是福田区纪念深圳经济特区建立30周年暨福田建区20周年系列活动的一项重头戏。

2日，市委常委、宣传部长王京生主持召开会议，专题研究深圳经济特区建立30周年成就展调整工作。市委办公厅、市委宣传部、市发改委、市规划国土委、市文体旅游局、市博物馆等单位负责同志参加会议。

3日，“深圳的路——宝安区纪念深圳经济特区建立30周年原创交响音乐会”在宝安区委、区政府礼堂上演。

4日，市委宣传部副部长刘璋飙主持召开“心连心”艺术团来深慰问演出工作协调会。市机关事务管理局、市文体旅游局、市文联、华侨城集团、深圳广电集团、团市委、深圳特检站、深圳港龙公司等单位负责人参加。

5日，由龙岗区委、区政府主办，龙岗区大运会执行办承办的“迎接大运会倒计时一周年大地艺术创作暨‘大运风采’图片故事征集启动仪式活动”在区体育中心举行。市委常委、常务副市长吕锐锋，大运会执委会副主席、大运会执行局局长梁道行，龙岗区区长张备，区委常委、宣传部长熊国伟等与2000多名来自龙岗区各街道、各行业及系统的市民群众代表共同参与活动。

6日，“中国作协调研组深圳网络文学座谈会”在深圳市文联举行，中国作协办公厅副主任、中国作家网主编胡殷红，深圳市文联党组书记罗烈杰、副主席杨宏海，市作协主席彭名燕等与多位深圳网络作家以及新浪网、Tom网、深圳新闻网等多家网络媒体代表参加了座谈会。

6日，由市委宣传部、市文体旅游局、市文联共同主办的《追光逐影——苏伟明摄影艺术作品展》在关山月美术馆展出。市文联主席董小明、副主席姚峰出席开幕式。

11日，市委常委、宣传部长王京生主持召开“心连心”艺术团来深慰问演出工作协调会。市委办公厅、市委宣传部、市接待办、市直机关工委、市卫人委、市教育局、市公安局、市文体旅游局、市城管局、市气象局、市机关事务管理局、团市委、市文联、深圳警备区、武警深圳市支队、广东省公安边防总队第七支队、报业集团、广电集团、盐田港集团公司、华侨城集团、中国电信深圳分公司、深圳供电局、福田区、罗湖区、南山区、盐田区、宝安区、龙岗区、光明新区、坪山新区等单位相关负责人参加。

12日，盛大文学在上海书展上发布了“双城记——京沪小说接龙”暨“寻找中国100座文学之城”十城揭榜活动，最终晋级的十座城市分别是北京、上海、广州、深圳、杭州、武汉、成都、重庆、天津、南京。

12日，“世界大学生运动会美术节”系列活动之一——中国名家书画展在深圳大运博物馆开展，展出范曾、文怀沙、张海、史国良等中国泰斗及名人书画家的120幅作品，并邀请表演艺术家、书法家卢奇、张金玲等17位国内名人书画家莅临现场参与笔会。

12日，由深圳市委、市政府主办，大运会

执行局、深圳广电集团承办的深圳第26届世界大学生夏季运动会倒计时一周年晚会在深圳体育场隆重举行。广东省省长黄华华，中国大体协主席、大运会组委会副主席章新胜，全国政协教科文卫体委员会副主任蒋效愚，广东省委常委、深圳市市委书记王荣，广东省副省长林木声，大运会组委会副主席许德立，深圳市市长许勤等共同开启大运会倒计时杠杆。

12日，由深圳广电集团主办的第二届深圳动漫节开幕式在深圳会展中心举行。本届动漫节由品牌展览、活动盛典两大板块组成。220多家来自中国香港、台湾、内地的优秀动漫机构和60组来自杭州、广州、深圳的创意团队参展，“深圳第26届大运会特许商品”也在本届动漫节上启动首发式；Scaf Girl阳光美少女选拔赛、Cosplay挑战赛、城际街舞大赛、电子竞技大赛、摄影大赛、动漫名家签售等六大主题活动于开幕式当日正式启动。深圳广电集团副总经理郑鼎文出席了开幕式。

13日，美国当地时间8月14日，一场由深圳市平面设计协会和美国平面设计协会联合举办的“深圳平面设计展”在拉斯维加斯东区艺术区美术馆揭幕。 此次展览应美国平面设计协会的邀请，来自深圳的设计师代表毕学锋、冯志锋、孔森、杜峰松、高鸣、韩湛宁、杨振等一行16人，以及来自美国平面设计协会等机构的美国设计师近两百人共同出席了展览的开幕式以及酒会。

14日，市委统战部与我市文艺家代表举行座谈会，市委常委、统战部长张思平，市文联党组书记罗烈杰以及市作协、市剧协、市音协等12个协会的负责人和文化艺术界知名人士进行座谈。

17日，由市委宣传部、市直机关工委、市文体旅游局、市教育局、市总工会、市文联联合主办，各区委宣传部和各区文化(体)局、市群艺馆、市音协、市群文学会、市合唱学会等承办，深圳报业集团和广电集团协办的首届深圳合唱节在深圳音乐厅举行。市委常委、宣传部长、首届“深圳合唱节”组委会主任王京生出席活动并宣布开幕。

21日，中央电视台“心连心”艺术团在深圳市民中心广场慰问演出。广东省委常委、市委书记王荣，市长许勤，市政协主席白天，市委副书记王穗明等观看演出并在演出前会见了中央电视台副台长、“心连心”艺术团团长胡恩，著名词曲作家、中国音协分党组书记徐沛东一行，市文联负责全程接待工作。

23日，深圳读书月组委会办公室、深圳出版发行集团和海天出版社重点图书《深圳读本——感动一座城市的文字》(2010版)首发。新版《深圳读本》约40万字，分为散文卷、诗歌卷、歌词卷、小说·报告文学卷四部分，共收录散文32篇、诗歌51篇、歌词13首、小说及报告文学8篇。

23日，由广东省美协、深圳市美协、深圳宝安区委宣传部、区文化局、区文联主办的梁冰雕塑壁画展在宝安区群艺馆举行。宝安区委常委、宣传部长李桦，市文联副主席杨宏海等出席开幕式。此次展出的30件雕塑壁画作品是梁冰专为庆祝深圳经济特区建立30周年而作。

24日，由深圳美术馆主办的“纪念深圳经济特区建立30周年深圳美术馆典藏精品特展”在深圳美术馆开幕。

25日，由市文联主办、市摄影学会承办的《深圳一日·定格30周年》摄影大赛在深圳中心书城正式启动。广东省文联党组副书记、副主席廖曙辉，中国摄影家协会副主席、省文联副主席、省摄影家协会主席李伟坤，深圳市文联党组书记罗烈杰、主席董小明、副主席谢君心等领导，广东十大摄影家沙军、唐卫东、陈显耀、张村成，深圳摄影家苏伟明、孙成毅等以及众多深圳本土摄影家、摄影爱好者出席了启动仪式。

25日，一幅由30位深圳书法家挥写的30句的五言诗句共长30米的书法作品在中心书城展出，卷中诗句配合“深圳改革开放30年成果展”，每句配以说明文字，清晰地勾勒出深圳而立之年的30个“脚印”。

25日，由市文体旅游局、市民俗摄影学会联合举办的“沧海桑田——纪念深圳经济特区建立30周年”图片展在市民中心开展。

25日，福田区庆祝深圳经济特区建立30周年、福田建区20周年美术书法摄影作品展在深圳福田会堂开幕。

25日，《深圳，我用歌声赞美你——罗湖区纪念深圳经济特区建立30周年大型演唱会》在罗湖体育馆举行。区委书记刘学强，副书记、代区长倪泽望等区几套班子领导，长期在罗湖工作过的老领导和建设者代表，著名词曲作家蒋开儒、叶旭全、王佑贵、姚峰等和罗湖辖区群众千余人共庆特区30岁生日。

25日，由南方都市报、奥一网、聚橙网联合主办的“30年·深圳梦典”大型诗乐晚会在深圳音乐厅举行，余光中携手张家声献礼特区生日。

25日，第25届中国电视金鹰奖评选结果出炉，“深圳制造”的电视剧《马文的战争》荣获优秀电视剧奖。此剧曾获2009年第三届东京国际电视节海外电视剧特别奖、2009年广东省第七届精神文明建设“五个一工程”奖。

26日“一同走过从前——罗湖30年”大型摄影展在思月书院开展。展览通过新旧对比的形式，集中展现罗湖改革开放30年来的巨大变化。罗湖区委书记刘学强、区委副书记曾节等出席了开幕式。

26日，为纪念深圳经济特区建立30周年，“宝安区《当代诗词创作与批评》学术研讨会”在宝安区委党校举行。廖启良、许可青、钟鸣、李经纶、林峰、翁寒春、李汉源、唐冬眉、李高扬、郑少波、魏俊峰等来自广东、香港、深圳的专家学者及40多位诗词爱好者参加研讨会。

26日，“庆祝深圳经济特区建立30周年美术作品展”在关山月美术馆开幕，开幕式由副市长吴以环主持。广东省委常委、深圳市委书记王荣，文化部艺术司司长董伟，市委常委、宣传部长王京生，市人大常委会副主任闫小培，市政协副主席林洁等市领导，市文体旅游局长陈威、副局长陈新亮，市文联党组书记罗烈杰、主席董小明、副主席谢君心、王廉运以及潘喜良、宋玉明、于长江、梁宇、杨晓洋等数十名参展画家出席了开幕仪式并参观了展览。

28日，上海世博会深圳案例馆分会场活动“2010深圳·大芬国际壁画邀请展”在深圳大芬美术馆开幕。

29日，由中国书法院、《中国书画》杂志、中国汉字艺术中心作为学术主持，深圳和济南两市青年书法家协会共同主办的“深圳·济南青年书法家提名展”在济南美术馆展出。

30日，由大运执行局和深圳广电集团联合主办的“大运之星”(礼仪)选拔赛总决赛新闻发布会在深圳东部华侨城召开。来自北京、上海、西安、成都、深圳、广州六个赛区的36名选手齐聚深圳，首次集体亮相。深圳广电集团副总编辑陈志荣出席了新闻发布会。

本月，第四届“至高荣耀”维也纳国际青少年音乐节在举世闻名的维也纳音金色大厅举行。在世界各国26支团队的角逐中，深圳高级中学交响乐团荣获交响组金奖第三名。

本月，由市长青诗社主编的《拓荒牛诗词选集》出版。书中辑录了近千首古体、近体诗词以及新体诗词作品。该书由广东省委常委、深圳市委书记王荣作序，原市委书记厉有为主编。

9月

2日，南山区庆祝深圳经济特区建立30周年文艺活动重头戏——“京韵华章”大型京剧交响音乐会在蛇口风华大剧院上演。

2日，市委宣传部召开新闻发布会，公布“特区30年30位杰出人物”名单。深圳文艺界4人榜上有名，其中，著名词作家蒋开儒荣获“杰出创新人物”；市义工联艺术团原团长丛飞(已去世)，深圳经济特区报徐华工作室主任、作家徐华，深圳艺术学校教授但昭义荣获“杰出模范人物”。

3日，俄罗斯中国文化节开幕式在莫斯科中央美术宫举行。开幕式上，深圳歌舞团在中央美术宫前的小广场上表演了组舞“中国元素·中国风”和民乐合奏等节目。

3日，由中国报告文学学会主办的“石花杯”第四届徐迟报告文学奖评奖活动结果揭晓，深圳作家杨黎光的《中山路》等五篇(部)作品荣获大奖。

6日， 由广东省作协主办的“首届广东省青年文学奖”在东莞举行颁奖典礼，深圳作家有7部作品获奖：厚圃的长篇小说《结发》、王顺健的中篇小说《四十岁出门远游》、吴君的短篇小说《陈俊生大道》、曾楚桥的短篇小说《幸福咒》、秦锦屏的散文《女子女子，你转过来》、旧海棠的诗集《平原上的细雨》、于爱成的文学评论《现代城市经验与文学书写》。

9日，由华强数字动漫有限公司制作出品的52集二维爆笑动画片《小鸡不好惹》登陆央视少儿频道的《动画梦工厂》。

10日，市委常委、宣传部长王京生召开工作协调会，研究“9.27”大型交响合唱音乐会和赴京深圳文化周等活动的有关工作。市文体旅游局局长陈威，市文联领导罗烈杰、董小明、姚峰，深圳广电集团陈志荣、夏枫、曲实，平面设计师协会负责人及文化策划人田地参会。

12日，深圳参与的电视连续剧《春暖南粤》座谈会在深圳举行，市委宣传部、市文体旅游局、市文联相关专家学者与电视剧主人公原型代表、剧中主演等参加了座谈会。

13日，由市委宣传部、市文体旅游局、市投资控股公司主办的“庆祝深圳经济特区建立30周年暨深圳粤剧团成立30周年庆典活动”开幕，主要包括粤剧团30周年图片巡展、30周年庆典酒会、精品粤剧展演以及“深圳粤剧的发展与未来”研讨会、粤港澳戏迷大联欢等系列活动。

13日，广东潮剧院一团在市民中心礼堂为2000多名潮籍人士演出《告亲夫》，由国家一级演员、梅花奖得主张怡凰领衔主演，知名演员林武燕、林初发、吴奕敏、林燕云、刘小丽等同台献艺。

14日，深圳市宣传文化系统举行座谈会，传达贯彻胡锦涛总书记在深圳经济特区建立30周年庆祝大会上的重要讲话精神。市委常委、宣传部长王京生和副市长吴以环出席座谈会。

15日，第七届中国舞蹈“荷花奖”揭晓并举行颁奖晚会，深圳舞蹈《英雄无悔》勇夺银奖，与深圳送选参赛的另一部舞蹈作品《城中人》一同获得“十佳优秀作品奖”，深圳市舞协被大赛组委会授予“优秀组织奖”。

16日，首届深圳合唱节的9位专家评委参加“深圳文化沙龙”，以“合唱艺术与文化品牌”为主题，为深圳合唱事业的发展建言献策。中国歌剧舞剧院原院长田玉斌、中国合唱协会副理事长、广东省合唱协会会长徐瑞琪、中国音乐家协会合唱联盟副主席田晓宝、市文体旅游局副局长陈新亮分别作了发言。

17日，中国散文学会在北京举行《中国散文家大辞典》、《中国散文家代表作集》首发式暨“中国当代散文奖”颁奖典礼、中国散文创作高峰论坛。中国作协会员、中国散文学会会员、中国诗歌学会会员、深圳市文联机关干部江冠宇的个人辞条入编《中国散文家大辞典》，散文作品《竹子恋》入编《中国散文家代表作集》，并荣获中国散文学会颁发的“中国当代散文奖”。

20日,“与歌声同行”首届深圳合唱节闭幕颁奖晚会在深圳音乐厅举行,市政协副主席林洁和各主办单位负责人为获奖者颁奖。12支获奖合唱团登台汇报演出,香港城市合唱团和华中师范大学“Tian Kong”合唱团也到场展演。

20日，由上海市文化广播影视管理局、深圳市文体旅游局、市文联主办的“我负丹青——上海美术馆馆藏吴冠中作品展”在关山月美术馆展出，41件艺术杰作涵盖了吴冠中自1960年代至今的各个重要创作阶段。

21日，庆祝南山建区20周年大会暨《小平，您好！》专场演出活动在保利剧院举行。南山区委书记叶民辉陪同深圳市委原书记李灏、省政协原副主席李统书等观看此大型多媒体音乐诗剧。

21日，《罗湖的故事》征文大赛颁奖仪式在罗湖区委举行，胡业铭的《罗湖赋》以64898张投票获得网络人气奖第一名。

23日，香港艺术节艺术总监梁掌玮，深圳大学传媒学院教授、乐评人辜晓进，评论家许石林等在中心书城“音乐时空”论坛与深圳歌剧爱好者举行“深圳、香港城市歌剧的发展与未来”主题座谈会。

24～27日，在嘉兴举行的“第十二届中国老年合唱节暨第八届中国·嘉兴南湖合唱节”上，代表深圳市参赛的福田区文化馆霞光老年合唱团，荣获红船奖(金奖)第三名，并获得“我最喜爱的合唱团”称号。

24日，第12届平壤国际电影节在平壤人民文化宫闭幕，深圳原创的中国故事片《走路上学》和中国纪录片《手》分获最佳影片奖和最佳纪录短片奖。

24日，由长三角美术馆协作机制和刘海粟美术馆策划主办的“江南城色——长三角地区书画名家迎世博作品展”在深圳美术馆展出，共展出江浙沪45位名家的80幅书画作品。

25日，由中国致公党深圳市委主办，市文联、市美协协办的“骄傲中国·大型组画《春天颂》”画展在市民中心举行。该组画共30幅，单幅高1.75米，宽4米，全长120米，是由著名画家段然教授历时3年多完成的巨作，被媒体誉为“深圳历史的清明上河图”。

26日，“异域行旅——20世纪50～70年代中国画家国外写生专题展”在关山月美术馆展出，傅抱石、李可染、赵望云、黎雄才、关山月、赖少其、张仃、刘蒙天、石鲁、亚明等20世纪名家作品共110余件参展。期间，关山月美术馆举办了相关学术研讨会，就20世纪中后期的50～70年代中国美术家国外写生的相关学术问题进行了讨论。

26日，由甘肃省文联、深圳市文联共同主办的甘肃——深圳书法联展在甘肃省博物馆开幕。甘肃省文联党组书记、副主席马少青，副主席张永基，甘肃省书协副主席兼秘书长林涛等，深圳市文联党组书记罗烈杰、副主席谢君心、市书协主席陈钦硕，副主席兼秘书长陈浩，副主席黄开稼、童志雄等书法家出席了开幕式。展览期间，还举行了专题研讨会。

26日，应台湾财团法人金鼎文教基金会的邀请，深圳粤剧团前往台湾演出折子戏与现代粤剧《风雪夜归人》。期间，台湾戏剧界、文学界诸多专家还举行了《风雪夜归人》研讨会。

26日，《北京文学》创刊60周年庆典暨第四届老舍散文奖揭晓与颁奖活动在京举行，深圳青年作家秦锦屏作品《女子女子，你转过来》获得该奖。

28日，第十四届深圳大剧院艺术节在深圳大剧院开幕。焦晃、张家声、童自荣、方明、姚锡娟、肖雄、田华、严晓频等12位著名艺术家，演绎了一批经典诗词和原创新作。市委常委、宣传部长王京生，老领导邹尔康、李伟彦到场观看了演出。

29日，“深圳一日 · 定格30周年”优秀作品摄影展暨颁奖仪式在中心书城开幕。市委宣传部副部长刘璋飙，市文联党组书记罗烈杰、主席董小明等出席了开幕式。

29日，由南山区文化局主办，南山区文化馆承办的“庆祝深圳经济特区成立30周年暨南山区建区20周年群众文艺联欢晚会”在深圳湾举行。

30日，由深圳市政府主办的深圳国际旅游文化节开幕式在深圳欢乐谷景区欢乐剧场举行。深圳市市长许勤宣布开幕，副市长吴以环致开幕词。市政协副主席林洁等市人大、市政府、市政协以及市文体旅游局等相关部门、各区政府负责人和国家旅游局亚洲旅游交流中心、广东省旅游局、香港、澳门、广州、珠海、东莞、惠州等城市旅游部门负责人、国际旅游文化节成员单位负责人以及海内外嘉宾、游客、新闻媒体记者共1200多人参加了开幕式晚会。

本月，深圳市高级中学交响乐团赴奥地利参加第四届维也纳国际青年音乐节，荣获金奖，并获得组委会额外颁发的唯一最佳组织表现奖。

本月，深圳市文联、市作协组织编选的《深圳30年散文选》和《深圳30年散文诗选》由云南人民出版社出版。

10月

4日，在第26届法国戛纳国际电视节MIP JUNIOR 2010及同期举办的青少年节目展MIP JUNIOR上，深圳华强数字动漫有限公司的《生肖传奇》系列动画入围电视节儿童评审团大奖和电视节亚洲内容交易展，成为唯一入围的亚洲动画片。

10日，第二届万像国际华语电影节在英国电影电视学院BAFTA闭幕，深圳原创的《走路上学》荣获最佳剧本奖。

11日，“深圳文化周暨庆祝深圳经济特区建立30周年美术展”在北京中国美术馆开幕。文化部党组成员、中纪委驻文化部纪检组组长李洪峰，中国文联党组成员、副主席、书记处书记冯远，中国文联副主席、中国美术家协会主席刘大为，深圳市委常委、宣传部长王京生等出席开幕式并剪彩。本次参展作品评审团靳尚谊、詹建俊、水天中、吴长江、安远远等专家和美术家，深圳市文联党组书记罗烈杰、主席董小明、副主席谢君心、姚峰，市委宣传部、市文体旅游局相关领导出席了开幕式并参观了展览。展览展出国画、油画、版画、雕刻、水彩、装置等艺术作品50余件。

11日,“庆祝深圳经济特区建立30周年大型交响音乐会”在北京音乐厅上演。国务院原副总理李岚清，广东省委常委、深圳市委书记王荣，市长许勤，市委常委、宣传部长王京生，中国音协分党组书记、副主席徐沛东以及文化部、中央音乐学院相关负责人一同出席观看了演出。

12日，由深圳市委、市政府主办，市委宣传部、市文体旅游局、市文联、清华大学美术学院承办的“深圳平面设计回顾邀请展” 在北京清华大学美术学院美术馆开幕。开幕式由市文联主席董小明主持，市委常委、宣传部长王京生，清华大学党委副书记邓卫，市文体旅游局局长陈威等出席开幕式并为展览剪彩。

12日，纪念深圳经济特区建立30周年暨深圳平面设计回顾邀请展学术论坛在清华大学美术学院美术馆举行。论坛由深圳市美协副主席孙振华主持。中国平面设计界名师陈汉民，中央美院设计学院院长王敏，清华大学美术学院视觉传达系主任马泉、设计学院副院长宋协伟，深圳市平面设计协会名誉主席王粤飞、主席毕学锋、秘书长孔森，前主席韩家英、副主席张达利，市文体旅游局副局长尹昌龙，山东工艺美术学院副院长苗登宇教授，北京服装学院院长贾荣林教授，雅昌集团董事长万捷等围绕对此次回顾展的观感、探讨深圳平面设计与深圳城市发展的关系、深圳现象对中国设计界的启示等方面展开研讨。

15日，第三届深圳市、区政协委员书画展在深圳美术馆开展。市政协主席白天，副主席邓基联、姚欣耀、林洁，市老领导刘波等为画展剪彩。本次书画展共展出作品107幅，其中绘画作品58幅，书法作品49幅，作者以我市市、区政协委员、书画家和社会各界书画爱好者为主体。

16日，“第十届中国合唱节暨第二届星海国际合唱节” 闭幕，深圳音协合唱团获得混声合唱金奖第一名，宝安区大浪羊台山青工艺术团与深圳烟草男子合唱团荣获男声组金奖，黄贝凤凰女子合唱团获老年组金奖，指挥高俐获最佳指挥奖荣誉称号，深圳相约合唱团获铜奖。

16日，由中国西部文化产业博览会执委会、中国广播电视协会主办，陕西文化产业投资控股集团公司、中国广播电视协会纪录片委员会共同承办的首届“中国·西安国际民间影像节”颁奖晚会在西安举行，深圳市越众影视有限公司出品的《寻找少校》荣获“最佳人气大奖”，并获1万美元奖金。

16日，由市文联、深圳出版发行集团主办，市美协承办的“建设者之歌——为深圳大运建筑工人造像”李仕明国画作品展在深圳艺廊展出。

19日，由中国美协组联部、江苏省美协、广东省美协等联合主办的“庚寅墨韵——陈湘波花鸟画展”在常熟美术馆举行，展出深圳画家、关山月美术馆馆长陈湘波近年来创作的72幅佳作。

19日，作家王十月在深圳创作的的中篇小说《国家订单》获得第五届鲁迅文学奖中篇小说奖。

23日，第三届深圳原创网络文学拉力赛颁奖典礼在深圳文艺会堂举办。中国作协党组成员、副主席、书记处书记高洪波，广东省作协党组书记、主席廖红球，江苏省作协主席范小青，深圳市委宣传部副部长吴忠，市文联党组书记罗烈杰，专职副主席杨宏海、谢君心，市作协常务副主席李兰妮等出席了颁奖典礼并为获奖者颁奖。28部长篇小说类和非虚构类的作品获得了本次大赛的各个奖项。

23日，第11届深圳读书月重点主题活动——由深圳市文联、市教育局、深圳经济特区报社主办，市中学生文联、市作家协会、市文艺评论家协会、深圳青少年报社、特区教育杂志社、深圳海天出版社、翠园中学承办的“首届深圳校园文学节”开幕，中国作协党组成员、副主席高洪波，著名儿童文学作家李东华，广东省作协副主席温远辉，深圳市文联党组书记罗烈杰、副主席杨宏海，市教育局副局长唐海海，市文体旅游局副局长尹昌龙，深圳经济特区报副总编侯军，深圳大学文学院副院长南翔等著名文学评论家、专家，与深圳青春文学作家代表及各中学文学社近300社员为第三届深圳十佳文学少年颁奖，并参与深圳青春文学研讨会和图书漂流活动。

25日，由中国美协、江苏省委宣传部、省文化厅、省文联等共同主办的“现实·超越2010中国百家金陵画展(油画)”终评结果在南京揭晓。大芬油画村青年画家何永兴描绘龙岗2011年大运会建设工地的《广阔天空》、黄胜贤《塬上人家系列——秋阳》油画作品荣获金奖。

26日，“首届聚橙话剧季新闻发布会暨深港两地戏剧名家高峰论坛”在深圳中心书城举行。香港著名戏剧导演林奕华和深圳本土戏剧界代表人物王维斌、从容等就深港两地戏剧的文化氛围和发展展开对话。

26日，由深圳华强数字动漫有限公司打造的励志动画片《猴王传》登陆央视少儿频道《银河剧场》，上演一个顽皮小猴频遭变故，自强不息，终于破茧化蝶成为一代猴王的奋斗传奇。

29日，著名钢琴教育家但昭义携爱徒张达、黄怡连、李玟娟在深圳音乐厅举办专场音乐会。深圳交响乐团原音乐总监、现任中央歌剧院院长俞峰执棒指挥。

30日，由文化部、市文体旅游局主办，深圳画院承办的“2010非洲文化聚焦·深圳，特靓！——非洲客座艺术家作品展”在深圳画院开幕。市文体旅游局副局长陈新亮，文化部外联局非洲处处长赵海生，市文联主席、深圳画院院长董小明以及来自非洲5国的客座画家等出席开幕式并为展览剪彩。

30日，由市委宣传部、市文体旅游局、市文联和深圳广电集团共同主办的“鹏城歌飞扬”深圳原创音乐2010年第三季度颁奖典礼在园博园欢乐剧场举行。在“深圳放歌”主题征歌活动中脱颖而出的新歌《南方以南》荣获“十佳金曲”。

本月，应英国国标舞Inernational(国际)锦标赛组委会的邀请，深圳港龙舞蹈文化机构主席王永刚连续3年前往英国担任该项大赛评审。

本月，女子十二乐坊把在国内唯一的音乐基地设在深圳外国语学校分校。

本月，深圳书法家方斌的书法作品仿古线装本《金刚经》、《六祖法宝坛经》一套两卷，被广东省社科院文化传播学会评为“中华国艺奖金奖”。

本月，由国家体育总局体育指导中心、中国体育舞蹈联合会主办的在山东青岛大学举行的2010中国第七届“七彩华龄杯” 全国健身交谊舞锦标赛上，深圳龙岗区横岗街道代表队表演的集体编队舞《梦》获得金奖。

本月，应美国圣马刁艺术委员会邀请，由深圳书画艺术学院和深圳市书画艺术学会组织的“华情聚翠，翰墨凝香——深圳书画家北美交流展”先后在美国洛杉矶和旧金山展出。

11月

1日，由香港艺术发展局和深圳市文联主办，香港艺术发展局文学组和深圳市作家协会承办的港深作家座谈会在香港中央图书馆举行。座谈会以“作家的社会责任”为主题，由香港艺术发展局文学组主席寒山碧、市文联副主席杨宏海主持。香港方面的嘉宾有潘耀明、黄仲鸣、夏马、林曼叔、梁新荣、郑炜明、黄劲辉、邓小桦等，深圳方面的嘉宾有杨黎光、李亚威、李兰妮、杨光、邓一光、于爱成、赵婧、吴君、厚圃、毕亮、林培源、赵荔等。

2日，第三届广东诗歌节暨首届深圳诗歌节在深圳音乐厅举行。吉狄马加、叶延滨、梁小斌、西川、曹纪祖、翟永明、黑大春、蓝蓝、老巢、李霞、敬文东等著名诗人与100多名来自广东各地和深圳的诗人欢聚鹏城。广东省作协党组书记、主席廖红球，深圳市委宣传部副部长刘璋飙，市文联党组书记罗烈杰、副主席杨宏海，市作协主席彭名燕、副主席李兰妮等出席了诗歌节开幕式暨大型诗歌朗诵会。

3日，“30年广东诗歌学术报告会暨座谈会”在深圳文艺会堂举行。研讨会由市文联副主席杨宏海主持，吉狄马加、叶延滨、西川等著名诗人在会上发言。广东省作协党组成员、专职副主席廖琪、温远辉，深圳市文联副主席、市作协主席彭名燕等出席研讨会。

3日，由内蒙古自治区摄影家协会、深圳市文联、内蒙古自治区国家税务局、深圳市国家税务局主办，呼伦贝尔市国家税务局、深圳摄影学会承办的“风从草原来——庆祝深圳经济特区建立30周年大型摄影作品展”在深圳艺廊举行。呼市副市长金昭，内蒙古摄影家协会名誉主席、呼市国税局局长、党组书记范国才，旅游局局长钱瑞霞，国税局党组成员、副局长刘勇；深圳市政府副秘书长、市机关事务管理局局长李朝华，市文联党组书记罗烈杰、副主席谢君心，市国税局党组成员、审计师李显著等出席了开幕式。

4日，由广东省作协党组成员、副主席温远辉主持，第三届广东诗歌节暨首届深圳“和美杯”深圳原创诗歌大赛颁奖典礼、《深圳30年新诗选》首发式、诗歌节闭幕式在深圳文艺会堂依次举行。

4日，“观澜版画展——深圳观澜版画原创产业基地入驻艺术家作品展”在中国美术馆开幕。中国文联副主席、中国美协主席刘大为，文化部艺术司司长董伟，中国美协副主席、中国美术馆馆长范迪安，深圳市文联主席董小明等有关领导为画展剪彩，参展艺术家代表、数十家媒体及百余观众出席开幕式。

5日，应澳门文化局邀请，市文联党组书记罗烈杰带领各区文联主席一行8人前往澳门参加第24届国际音乐节，并顺访了珠海市文联。

9日，由市企业联合会、市企业家协会、市企业文化研究会、深圳广电集团联合主办的“2010(第四届)深圳企业文化节颁奖典礼”在深圳大剧院大剧场举行。深圳市特发集团有限公司、深业鹏基(集团)有限公司、深圳市联创科技集团等企业荣获“2010年度深圳企业文化建设十佳单位”称号。市政协副主席林洁，市老领导厉有为、郑良玉、崔晓汉、吴井田，市委宣传部副部长刘璋飙出席了颁奖典礼。深圳广电集团总编辑陈君聪、副总经理郑鼎文出席了颁奖典礼。

9日，由深圳广电集团、深圳青年杂志社、市史志办、市新闻影视中心、深圳农村商业银行、市千堆雪文化传播有限公司联合拍摄的30集大型纪录片《沧海桑田——深圳村庄30年》研讨会在深圳举行。

10日，由市人大常委会教科文卫委、市文体旅游局、市政协文史和学习委、市文联主办的“中华名家中国画邀请展(河北)”在关山月美术馆开幕。市人大常委会常务副主任谭国箱、市政协副主席张效民出席了开幕式。

10日，《印为心造——李岚清篆刻艺术展》在深圳博物馆开幕，中共中央政治局原常委、国务院原副总理李岚清在中共中央政治局委员、广东省委书记汪洋陪同下出席展览。

10日，2010年中国播音主持金话筒奖颁奖典礼在国家大剧院举行。深圳广电集团下属深圳卫视主持人王梅荣获2010年中国播音主持“金话筒”奖，成为深圳广电集团成立后第一位获此殊荣的主持人。

12日，由市委宣传部、市文联、中国诗歌学会、福田区委宣传部主办，市剧协、深圳音乐厅、深圳广播电台飞扬971承办的“首届中国诗剧场——我听见深圳在歌唱”首届中国诗剧场成功上演，市文联党组书记罗烈杰观看演出并致辞祝贺，市文联专职副主席杨宏海、姚峰等观看了演出。

13日，《杨应彬诗词》书画作品选在深圳关山月美术馆展出，共展出100多件精品。

13日，市美协主席骆文冠、关山月美术馆馆长陈湘波、福田区美协主席李文秀、罗湖区美协主席曹剑新、龙岗区美协副主席黄广才、盐田画院院长乔广洋、深圳企业家书画协会会长翟先立，著名画家庄锡龙、黎楚池齐聚明珠艺城，出席深圳美术家沙龙“明珠轩”开幕试笔。

17日，美国圣路易斯国际合唱节成功举办，深圳市音协合唱团夺得决赛总冠军、混声合唱A组金奖、宗教S组银奖第一名和观众喜爱奖的合唱团等4个奖项。

17日，《美国当代版画艺术展》中国巡展从中国美术馆到达深圳，美国8个最有实力的版画工坊的50位艺术家近90件不同风格的版画作品在关山月美术馆亮相。

18日，由中国美术家协会、关山月美术馆联合主办，中国观澜版画基地协办的“直面生命——吴长江青藏高原作品展”在深圳关山月美术馆开幕。

18～22日，深圳市粤剧团赴港演出4场。粤剧团著名演员苏春梅、黄伟坤、李翠翠、吴晓毅的大批香港戏迷纷纷前往新光戏院观看演出。

19日，被誉为工业设计“奥斯卡”的中国创新设计红星奖在北京揭晓，来自英国、德国、澳大利亚、美国、韩国、日本等14个国家及国内26个省市地区的106家企业196件产品脱颖而出，获得相关奖项。其中，深圳的中兴通讯、康佳、创维等10家深圳企业的11件工业设计产品夺得中国创新设计“红星奖”。

19日，2010年度“茅台杯”人民文学奖颁奖典礼在北京中国现代文学馆隆重举行。深圳知名作家杨争光的《少年张冲六章》以高票折桂“长篇文学奖”，深圳打工作家萧相风以其《词典：南方工业生活》获得今年人民文学奖新增设的非虚构奖项。

21日，由市文联、市作协汇编的《深圳30年散文选》暨《诗路花雨》首发式、朗诵会在深业鹏基(集团)公司举行。该活动由市作协、中外散文诗学会深圳分会、鹏基集团、香港散文诗协会联合举办，市文联副主席杨宏海、市作协主席彭名燕、香港散文诗学会会长夏马，以及王成钊、王丛飚、刘虹等知名散文诗人近200人出席活动。

22日，由中国艺术摄影学会、宝安区委宣传部、宝安区文化局、深圳市群众艺术馆和深圳市艺术摄影学会主办，宝安区群众文化艺术馆、宝安区摄影协会承办的全国第五届“群艺杯”——中国人的面孔摄影艺术展在宝安开幕。中国艺术摄影学会主席杨元惺，著名摄影师吕厚民、朱宪民，深圳摄影师苏伟明等，以及深圳市、宝安区相关领导和摄影行家近300人出席。

23日，由广东省文化厅、中国艺术摄影学会、深圳市文体旅游局共同主办，由深圳关山月美术馆承办，深圳市广业龙澄环保能源集团有限公司协办的“江山·领袖·人民——杨元惺、吕厚民、朱宪民摄影作品展”在关山月美术馆开幕。展览展出三位著名摄影家拍摄的近80幅作品。广东省文化厅副厅长杜佐祥，深圳市委常委、宣传部长王京生出席了展览开幕式。

23日，“书香鹏城”面点王杯读书楹联大奖赛颁奖仪式在深圳图书馆举行，市委常委、宣传部长、读书月组委会主任王京生，市老领导、读书月总顾问厉有为等为获奖者代表颁奖。

26日，“南山杯”首届全国曲艺新人新作邀请赛颁奖晚会在深圳保利剧院上演。中国曲协领导刘兰芳、姜昆，深圳市文联党组书记罗烈杰，著名曲艺家李金斗、侯耀华等出席了颁奖晚会并为获奖者颁奖。

27日，深圳青年作家张秀娟《每个孩子都会长大》新书发布会暨签名售书活动在深圳书城罗湖城举行。广东省作家协会副主席温远辉、市文联党组书记罗烈杰、副主席杨宏海，市教育局副局长唐海海，市作协主席彭名燕等出席活动。

27日，由深圳市委宣传部、深圳报业集团和深圳读书月组委会主办，深圳经济特区报承办的第四届“诗歌人间”活动在深圳经济特区报业大厦举行。活动以“诗脉永续：向陆游致敬”为主题，举行了诗歌朗诵会和诗剧《红酥手》的演出。

28日，2010年度十大好书评选揭晓。陈子善、江晓原、李长声、袁伟时、止庵、杨小洲、马家辉等32位专家学者和国内部分报刊读书版主编一起评出了他们心目中的2010“年度十大好书”。

28日，由宝安区委区政府、市读书月组委会、市文联、深圳报业集团联合主办的第六届全国打工文学论坛在宝安区举行，中国作协创研部主任胡平、办公厅副主任胡殷红，广东省作协副主席廖琪、温远辉，市委宣传部副部长刘璋飙，市文联党组书记罗烈杰、副主席杨宏海，宝安区委副书记张洪华，区委常委、宣传部长李桦，市作协主席彭名燕、副主席南翔等出席论坛。本届论坛邀请了雷达、谢有顺、周建平、胡野秋等著名评论家及打工文学作家、作者百余人。

28日，由深圳华侨城股份有限公司主办，何香凝美术馆、何香凝美术馆OCT当代艺术中心承办的“艺术的华侨城——庆祝华侨城成立25周年艺术收藏展”在华侨城OCT当代艺术中心展出。

30日，由深圳市“设计之都”推广办公室和深圳市创意文化中心主办、由市宣传文化事业发展专项基金提供支持的以“密码”命名的联合国教科文组织创意城市网络“设计之都”海报大赛获奖作品展在深圳华·美术馆开展，展览共展出70幅获奖作品，分别来自深圳、柏林、布宜诺斯艾利斯、神户、蒙特利尔、名古屋、上海等7个“设计之都”城市。

30日，市委常委、宣传部长王京生主持召开第六届“创意12月”活动工作会。市委宣传部办公室、外宣办、宣传处、文艺处负责人，市文体旅游局副局长陈新亮，市文联党组书记罗烈杰、副主席姚峰，深圳报业集团总编辑宣柱锡，深圳广电集团总编辑陈君聪，出版发行集团副总裁曹宇，以及平面设计师协会、工业设计协会、室内设计师协会负责人出席。

30日，深圳本土画家、罗湖区美术家协会

副主席周天涯的美术作品《朝拜者》在第七届智利比尼亚德尔马国际水彩双年展上获得“比尼亚德尔马赌场奖”。

本月，由中国电视艺术家协会主办的全国第二届农村题材优秀电视剧评奖结果揭晓，由深圳市委宣传部、市广播电影电视局、华夏英杰墨宝园联合摄制的电视连续剧《春暖南粤》荣获一等奖。

本月，国家文化部、国家旅游局公布《国家文化旅游重点项目名录——旅游演出类》第一批名录入选剧目共35部，其中华侨城集团独得两部，分别是旗下东部华侨城的《天禅》和世界之窗的《天地浪漫》。

本月，由中国国家广电总局、文化部和土耳其文化旅游部等多家机构共同举办的“中国电影展”于土耳其当地时间29日正式开幕，深圳出品的电影《走路上学》作为开幕影片首度与土耳其观众见面。

本月，深圳作家秦锦屏创作的小品——《家访》在文化部文化司和天津市委宣传部共同主办的“天穆杯”全国第二届小品展演活动中获得优秀剧目奖、优秀表演奖、最佳组织奖、个人组织奖4个奖项。

12月

1日，市委宣传部副部长刘璋飙组织召开30周年大型音乐会和图片展工作会议。市文体旅游局负责人陈威、陈新亮，市文联副主席姚峰及报业集团、广电集团、文化策划人田地等参加会议。

1日，深圳大学师范学院美术系主任刘声雨教授被乌兹别克斯坦政府授予该国艺术科学院荣誉院士称号。

1日，由甘肃省文联、深圳市文联共同主办的甘肃·深圳书法联展在深圳美术馆开幕。甘肃省文联党组书记、副主席马少青，副主席张永基，甘肃省书协副主席兼秘书长林涛等，深圳市文联党组书记罗烈杰、副主席谢君心、市书协主席陈钦硕，副主席兼秘书长陈浩，副主席黄开稼、童志雄等书法家出席开幕式。展览期间还举行了专题研讨会。

3日，“视觉深圳——深圳经济特区建立30周年大型图片展”在香港会展中心展出，共展出170幅摄影作品。

3日，第六届连州国际摄影年展在广东连州市开幕。市文联副主席谢君心带领各级摄影家协会负责人和部分摄影家参加此活动，与中外摄影家交流。

3日，为期13天的首届中国(深圳)大芬国际油画博览交易会暨2010大芬国际油画节在龙岗区大芬油画村开幕。

3日，由英国总领事馆文化教育处携手欧洲当代著名行为艺术策展人乔纳斯·斯坦普(Jonas Stampe)共同主办、雅库艺术空间与深圳中学协办的“深圳现场——中英现场行为艺术文化交流”活动先后在深圳中学和华侨城雅库艺术空间上演。

4日，首届深圳校园文学节——深圳学校阅读文化建设研讨会暨深圳十佳文学少年报告会在红岭中学举行，著名学者曹文轩、白烨、李敬泽等围绕“青少年经典阅读”展开深度对话。

4日，央视《百家讲坛》推出深圳作家梅毅演讲，他主讲的题目为《梅毅话英雄系列之鲜为人知的杨家将》。

4日，首届深圳湾国际艺穗节在南山举行。南山区委书记叶民辉，区委副书记、代区长李小甘，区委常委、副区长罗敏等出席了开幕式。

6日，由中国美术家协会版画艺委会、保加利亚美术家协会主办的“中国·观澜版画展”在保加利亚首都索菲亚文化部艺术中心展出。该展共展出版画精品30幅，其中15幅出自中国画家笔下，其余的由外国画家在观澜版画基地创作。

6日，由深圳作家吴亚丁担任总撰稿、河源电视台拍摄制作的长篇电视纪录片《天下客家》在广州召开的2010中国(广州)国际纪录片大会暨“广东日”活动颁奖典礼上，获得2010年中国南派优秀纪录片奖(综合)和最佳摄影奖(单项)两个奖项。

6日，由市委宣传部、市文明办、市市场监督管理局、市文体旅游局、深圳“设计之都”推广办联合主办，深圳广电集团承办的设计之都(中国·深圳)公益广告大赛颁奖仪式在深圳华侨城洲际酒店宴会厅隆重举行。本届大赛吸引了来自全国19个省市、自治区、港澳台以及加拿大、美国、法国、德国、日本等国家的参赛者，共评出51件获奖作品。由广州市光合品牌策划有限公司吴文波选送的《对话框篇》获得平面类金奖；由中央电视台新闻频道编辑部选送的《真诚沟通——我，不是主角》获得影视类金奖；由陕西人民广播电台选送的《请耐心对待老人》获得广播类金奖。市委常委、宣传部长王京生，深圳广电集团总裁王茂亮出席了颁奖仪式。

7日，首次在中国举办的联合国教科文组织(UNESCO)创意城市网络2010年深圳国际大会开幕式在华侨城洲际酒店举行，来自全球17个国家的23个创意城市代表在为期3天的会议中，围绕设计、文学、音乐、电影、美食、民间艺术、媒体艺术7个创意产业门类展开交流。联合国教科文组织大会主席戴维森·赫本，联合国教科文组织文化表达和创意产业局局长嘉里·萨乌马·费雷德，中国联合国教科文组织全国委员会代表、教育部原副部长章新胜，广东省委常委、深圳市委书记王荣，市长许勤出席大会开幕式，并共同启动深圳2010年“创意12月”活动。大会开幕式由许勤主持。深圳市领导王京生、王毅、吴以环等出席开幕式。

7日，由国家广电总局、深圳市政府主办，市文体旅游局、深圳广电集团承办的第二届中国国际新媒体影视动漫节短片金鹏奖启动仪式在深圳华侨城洲际酒店宴会厅举行。联合国教科文组织大会主席大卫森·郝伯恩、副市长吴以环、市文体旅游局局长陈威，深圳广电集团总裁王茂亮、总经理张合运、副总经理郑鼎文出席了启动仪式。

8日，全国第八届杂技魔术比赛在广州举行，深圳市宝安区辛宽魔术团的《扇韵》获金奖和最佳道具两项大奖，福永杂技团的《火之灵——技巧造型》获银奖第一名。

9日，大芬本土青年画家何永兴、黄胜贤在南京双双获得2010中国百家金陵画展(油画)金奖。何永兴反映深圳龙岗2011年大运会建设工地的《广阔天空》和黄胜贤的《塬上人家系列——秋阳》油画作品，当日被江苏省美术馆收藏。

9日，由市、区文联扶持、宝安区舞协和福永街道文体中心共同创作的群舞《快乐的建筑工》在农业部、文化部、中国文联主办的“首届中国农民工艺术节”闭幕式上演出。全国人大常委会副委员长华建敏，全国政协副主席、中国文联主席孙家正，中国文联党组书记、副主席胡振民，全国政协社会和法制委员会副主任黄晴宜，中国文联领导覃志刚、李牧、冯远等中央有关部委、人民团体负责人出席并观看了晚会。

9日，由市文体旅游局、罗湖区政府共同主办的第三届深圳(罗湖)粤剧节开幕式暨精品演出在市少年宫举行，来自海内外的一大批粤剧名角和港、澳地区的优秀演员登台献艺，拉开了为期4天的粤剧盛典序幕。

9日，“深圳·新客家风采国际谜会”开幕，来自新加坡、泰国、中国香港、台湾以及内地部分省市的近80位谜坛人士展开论坛、“中华灯谜王中王”争霸赛、即席命题创作与自由题材创作比赛等活动。市文联副主席杨宏海，中华灯谜学术委员主任郑百川、市灯谜学会会长李德生等出席开幕式。

10日，第11届深圳读书月经典诗文朗诵会在深圳广电集团演播厅举行。市委常委、宣传部长王京生出席了朗诵会。方明、丁建华、许还山、姚锡娟、宋春丽、严晓频、薛飞、康庄等著名艺术家以及深圳广电集团著名主持人悉数登场朗诵经典美文。

10日，联合国教科文组织文化部文化表达与创意产业局局长嘉丽·萨乌玛·弗雷德、创意产业发展部处长乔治·普萨等一行到观澜版画原创产业基地参观考察。

10日，由深圳读书月组委会、深圳广电集团主办的“第11届深圳读书月经典诗文朗诵会”在深圳广电集团大厦1800平方米电视演播大厅举行。作为深圳读书月的品牌活动之一，本届经典诗文朗诵会以“向梦想致敬”为主题，分为《春风化雨》、《拓荒南方》、《心灵家园》、《致敬梦想》四个部分。宋春丽、方明、丁建华、康庄、许还山、姚锡娟、严晓频等著名艺术家朗诵了经典诗篇，以诗歌的名义向深圳经济特区30年取得的辉煌成就致敬。深圳广电集团总裁王茂亮、总编辑陈君聪、党组副书记刘焯铿、副总编辑李静出席了朗诵会。

11日，深圳举办的“中国深圳·新客家风采国际谜会”之“中华灯谜王中王”争霸赛评出结果，80位参赛者中，吴健、郭少敏、陈挺、潘灏、李创龙、曾庆滨、薛道达和陈见生8位猜谜界选手获得前8名。

11日，第11届深圳读书月表彰总结大会于深圳图书馆五楼报告厅举行。读书月组委会副主任、副市长吴以环以及在读书月中表现突出的单位和先进个人近400人出席总结表彰大会。

12日，深圳朗诵艺术家协会成立大会在深圳图书馆举行。市政协副主席林洁等出席了成立大会并为协会揭牌。著名朗诵表演艺术家张家声、张颂、姚锡娟等被聘为协会艺术顾问。

12日，在首届中国(深圳)大芬国际油画博览交易会暨2010大芬国际油画节上，101名大芬原创油画家精品油画亮相“大芬原创精品油画拍卖会”，共成交102幅作品。

14日，由深圳市政府主办，深圳画院承办，关山月美术馆和华·美术馆协办的“第七届深圳国际水墨双年展”在关山月美术馆开启。开幕式由市文联主席董小明主持，全国政协教科文卫体委员会副主任、中国文联副主席陈晓光，文化部艺术司副司长诸迪，中国美协党组书记、执行副主席吴长江，深圳市副市长吴以环，市政协副主席林洁，市文体旅游局局长陈威，市文联党组书记罗烈杰、副主席谢君心，香港康乐文化事务署助理署长吴志华等出席了开幕式。

14日，澳门特别行政区行政长官崔世安一行，在深圳市副市长陈改户的陪同下，到大芬油画村参观。

15日，第六届深圳创意舞大赛颁奖典礼在保利剧院举行。中国文联副主席白淑湘，市人大常委会副主任及聚声，市委宣传部副部长刘璋飙、市文联党组书记罗烈杰、市文联领导杨宏海、姚峰、钱强等出席典礼并为获奖者颁奖。

16日，第六届“创意12月”重点主题活动“深港文化创意论坛”在深圳举行。市文体旅游局副局长、评论家尹昌龙代表深圳方解读深港创意文化合作发展的核心内容。

16日，全球艺术界享有盛誉的2010年法国“卢浮宫艺术展”在巴黎卢浮宫举行。深圳画家肖勇的油画作品《粉红色》获“铜奖”，市康芾儿文化传播有限公司选送的剪纸作品《老虎》夺得最佳“墙面艺术奖”，成为本次参展作品中唯一获得此奖的作品。

18日，由市委宣传部、市文联主办，市影视家协会承办的“中国纪录片在深圳日”活动在深圳雕塑家园举行。特邀北京大学教授、中国纪录片研究中心主任张同道以《新媒体纪录片创作》为题做讲座。

18日，由福田区委、区政府组织创作，深圳实验幼儿园近400名3岁至6岁的小朋友出演的大型儿童童话剧《宝宝回家》一连义演3场。广东省委常委、深圳市委书记王荣、副书记王穗明为此题词，广东省文化厅副厅长杜佐祥、深圳市副市长唐杰等领导观看了演出。

18日，“第十四届深圳大剧院艺术节”闭幕式演出《聆听最强音——魏松、廖昌永、沈洋经典三声部演唱会》在深圳大剧院上演。

21日，由市委宣传部、市文联主办，市书协承办的深圳第二届创意书法展在大芬美术馆开幕。中国国家画院书法篆刻研究院执行院长曾来德，广东省书协副主席李远东，山东曲阜市文联党组书记、主席孔令君，世界华人艺术家协会执行主席、水墨艺术家一墨，国内知名专家学者朱中原、斯舜威、汪永江、蔡树农、陈行建、丁正、王见等，市人大原副主任邱玫，市委宣传部副部长刘瑋飙、市文联党组书记罗烈杰、主席董小明等各有关方面领导和嘉宾共300多人出席了开幕式。开幕式由市文联副主席谢君心主持。

21日，“歌飞南澳——客家文化节”开幕式暨“艺韵客家”晚会在龙岗区南澳开幕。市政协副主席林洁，龙岗区委常委、宣传部长熊国伟，市文联副主席杨宏海，龙岗区政协副主席陈红等出席开幕式。

21日，市委宣传部副部长刘瑋飙主持音乐工程2010年10首重点歌曲评选，评出《谢谢你》、《我和春天有个约》、《迎风飘扬的旗》、《纸上的新娘》、《我在这里》等10首歌曲。刘洋、刘世倩、王俊、冷炳冰参加评审。

23日，“庆祝深圳经济特区建立30周年系列活动图片展”在深圳音乐厅开幕。广东省委常委、市委书记王荣致辞并宣布开幕。市长许勤、市人大常委会主任刘玉浦、市政协主席白天、市委副书记王穗明等市几套班子领导，市老领导李灏、厉有为、秦文俊、邹尔康、李统书，深圳经济特区30年30位杰出人物代表以及市民代表出席了开幕式。开幕式由市委常委、宣传部长王京生主持。

23日，由市委办公厅、市委宣传部、市文体旅游局、市文联、深圳广电集团共同主办的“我们依然激情燃烧——庆祝深圳经济特区建立30周年大型交响合唱诗歌音乐会”在深圳音乐厅举行。

23日，由市文联、市出版发行集团和市政协书画院共同主办的山东书法家吕学平个人书法展在市中心书城深圳艺廊展出。市政协副主席姚欣耀等出席开幕式。

23日，广东省作协党组副书记孙丽生、《作品》杂志常务副主编展锋、副社长欧阳露及黄金明、郑旭彬、王十月、郑小琼等作家、编辑一行受邀赴龙岗，与龙岗区作协会员开展交流座谈活动。

23日，由深圳博物馆与汕头市博物馆联合主办的《思接千载：吴南生捐赠书画作品展》在深圳博物馆老馆开展。

25日，由何香凝美术馆主办的“纸道——来自美国的纸上艺术”展览在该馆开幕。

27日，在2010深圳高端生活展会上，深圳青年油画家李博的《舞者之一：对撞的力量》被某国际艺术基金以880万元的天价收藏。

28日，由中国作家协会创作研究部、广东省作家协会为指导，深圳市宝安区委、区政府、深圳“读书月”组委会、深圳市文联主办，深圳市作家协会、宝安区委宣传部、宝安区文联承办的第六届全国打工文学论坛在宝安举行。

29日,挂靠市文联社会组织2010年度总结及2011年工作务虚会在市文联二楼会议室召开,会议由市文联副主席王廉运主持,市文联党组书记罗烈杰出席了会议。

29日,由中国美术家协会、河南省文联主办,河南省美术家协会承办的“第二届中国画线描艺术展”在河南省美术馆展出。深圳画家周波的作品《戏山曲径》获优秀奖。

30日,市文联召开“市专家联谊会文艺专家新春茶话会”。市文联党组书记罗烈杰、主席董小明,党组成员、副主席杨宏海、谢君心、王廉运与胡经之、姚关荣、杨庶正、龙兆曙、黄启成、蒋开儒、应天齐、杨黎光、陈伟、苏曼华、卓佩丽等文艺专家参会。

30日,由市委宣传部、市文体旅游局主办,深圳交响乐团、碧桂园控股承办的一年一度的深圳新年音乐会在音乐厅举行。

31日,“深圳卫视跨年音乐季——声震世界·深圳站”在深圳世界之窗隆重举行。深圳卫视跨年音乐季此前已分别在上海、北京、南京三个城市举行了演唱会,“声震世界·深圳站”是此次深圳卫视跨年演唱会的最后一场。韩庚、陈坤、周迅、SHE、郑中基、杨千嬅等两岸三地的著名歌手为现场及电视机前的观众演唱了各自的经典歌曲。深圳广电集团总裁王茂亮、总编辑陈君聪、党组副书记刘焯铿、副总编辑李也平出席了晚会。

31日,为庆祝中国共产党成立90周年,被中宣部列为重大题材项目、并由中央新闻纪录电影制片厂摄制的大型文献纪录片《光辉》在深圳(宝安)劳务工博物馆开拍。

31日,由罗湖区委宣传部、区委统战部联合主办,区文联、区美协、行知职业学校联合承办的“罗湖记忆——纪念深圳经济特区建立30周年名家美术作品邀请展”美术画展在华润万象城揭幕。区领导刘学强、曾节、刘石磊、康雅丽、张跃仑等出席开幕式并参观了展览。

本月,“客家音乐流行风”专场晚会在保利剧院举行。晚会由杨宏海客家文化与艺术工作室策划,会同广州陈小奇音乐有限公司等单位联合推出。来自国内音乐界、民间文艺界的陈小奇、陈洁明、赵铁信等专家学者,梅州市委常委、宣传部长林碧红,副市长陈丽霞,深圳市文联党组书记罗烈杰等领导观看了演出。

本月,由市委宣传部、市文体旅游局、市文联主办,深圳报业集团、深圳广电集团、深圳出版发行集团协办,市文联文艺创作室、市影视家协会承办的“深圳优秀影视海报展”在中心书城展出。市委常委、宣传部长王京生前往参观了展览。

本月,第五届创意剧场——深圳30年全国获奖小品精品大展在少年宫开展。市政协副主席张效民,市委宣传部副部长李瑞琦,深圳大学校长章必功,市文联党组书记罗烈杰,市文体旅游局副局长陈新亮,著名表演艺术家句号,中央电视台著名导演王晓,深圳晚报总编、著名作家杨黎光,市文联副主席杨宏海、姚峰,团市委副书记张志华,市妇联副主席蔡巧玉,市委宣传部基金办李建阳主任,广东省剧协秘书长陈艳冰,省艺术研究所所长梅晓,深圳电视台娱乐频道总监夏枫,市政协文化文史和学习委员会专职副主任李振河,南山区文联主席段钢,盐田区文联负责人蒋祖逸,深圳设计界孔森、王粤飞,深圳剧协主席从容等观看了演出。

本月,“杨宏海客家文化与艺术工作室”推出熔客家传统风情与创新歌曲为一炉的《客家金曲》音乐大碟。专辑包括由杨宏海作词、梁军作曲的《中华儿女共婵娟》,蒋开儒作词、饶荣发作曲的《客家娘酒》,胡晓曼作词、姚峰作曲的《客家妹》,陈洁明作曲的《月光光》,陈小奇创作的《乡情是酒爱是金》和华D创作的《客家人系有料》等12首作品。

(曾培新收集整理)

2010年深圳市文艺作品获国家级、省级常设文艺专业(政府)奖一览表

文艺门类	作品名称	作者名称	奖项名称	奖项等级	颁奖单位	颁奖时间	备 注
文学 · 长篇小说	《我是我的神》	邓一光	北京政府奖		北京市政府	2010 · 12	
文学 · 长篇小说	《我是我的神》	邓一光	第二届中国出版政府奖		国家新闻出版总署	2010 · 12	
戏剧 · 小品	《守候》	编剧：张福生 导演：邱叙然 表演：穆 荣	全国第十五届“群星奖”	“群星奖”	文化部	2010 · 6	
戏剧 · 小品	《大话环保》	编导：邱叙然 表演：穆 荣	全国第十五届“群星奖”	“群星奖”	文化部	2010 · 6	
戏剧 · 小品	《码头童话》	邱叙然	广东省群众作品文艺评选	三等奖	广东省文化厅	2010 · 6	
戏剧 · 粤剧	《密码》	编剧：陆火琰 导演：李梅	广东省群众文艺作品评选	三等奖	广东省文化厅	2010 · 6	
戏剧 · 小品	《成长》	刘强 范晓霞 胡奥卢俊安 等	第十五届“群星奖”	金奖	文化部	2010 · 6	
戏剧 · 小品	《通往天堂的电话》	罗民帜 李亮亮 唐秀明 李学军徐圆圆等	第九届中国艺术节奖	优秀演出奖	文化部	2010 · 6	
戏剧 · 小品	《家访》	秦锦屏(编剧)	“中华颂”第二届全国小戏小品曲艺作品评比奖	金奖	文化部、中国剧协	2010 · 8	
戏剧 · 小品	《情寄雪山》	秦锦屏(编剧)	“中华颂”第二届全国小戏小品曲艺作品评比奖	铜奖	文化部、中国剧协	2010 · 8	
电视剧	《马文的战争》	深圳广电集团等单位出品	第25届中国电视金鹰奖	优秀作品	中国文联、中国电视艺术家协会	2010	
电视纪录片	《珠江》	市委宣传部等	第25届中国电视金鹰奖	三等奖	中国文联、中国电视艺术家协会	2010	

文艺门类	作品名称	作者名称	奖项名称	奖项等级	颁奖单位	颁奖时间	备 注
电视文艺节目	深圳广电集团少儿艺术团揭牌仪式暨庆六一晚会	深圳广电集团等制作	第25届中国电视金鹰奖	三等奖	中国文联、中国电视艺术家协会	2010	
电视音乐节目	声震世界·唱迎2010——深圳卫视跨年演唱会	黄仁忠 韩静 李光明 曹志华 黄鹤 敖誌 林璜等	2009年度广东省广播电视节目奖	一等奖	广东省广播电影电视局	2010	
电视文艺专题节目	《歌声中的深圳》	陈志荣 夏枫 曲实 王艳 黄欣 李玮等	2009年度广东省广播电视节目奖	一等奖	广东省广播电影电视局	2010	
电视原创歌曲	《走向复兴》	王茂亮 陈君聪 黄仁忠 毛嘉等	2009年度广东省广播电视节目奖	二等奖	广东省广播电影电视局	2010	
电视剧	《亲爱的“敌人”》	《亲爱的“敌人”》剧组集体创作	2009年度广东省广播电视节目奖	二等奖	广东省广播电影电视局	2010	
电视戏曲节目	京剧咚咚锵之梅派专题	王宇红 郑玄雨金苓	2009年度广东省广播电视节目奖	三等奖	广东省广播电影电视局	2010	
广播音乐节目	《谷奶奶的新学堂歌——儿歌创作新希望》	李静 王颖 陆晓鸣	2009年度广东省广播电视节目奖	一等奖	广东省广播电影电视局	2010	
广播音乐节目	《复兴之歌》	刘世倩 刘洋 刘倩	2009年度广东省广播电视节目奖	三等奖	广东省广播电影电视局	2010	
广播音乐节目	《月照围楼》	刘倩 张激激 夏明 张祖嘉	2009年度广东省广播电视节目奖	三等奖	广东省广播电影电视局	2010	
广播小品和长篇连播节目	《山楂树之恋》	苏洋 刘畅	2009年度广东省广播电视节目奖	三等奖	广东省广播电影电视局	2010	
电视纪录片	《唐卡》	深圳市越众影视有限公司	“2008~2009年度中国电视纪录片长片好作品奖”	“好作品”奖	中国电视艺术家协会，中国视协电视纪录片委员会	2010·1	

文艺门类	作品名称	作者名称	奖项名称	奖项等级	颁奖单位	颁奖时间	备 注
电视纪录片	《寻找少校》	深圳市越众影视有限公司	“2008~2009年度中国电视纪录片长片十佳作品奖	全国十佳	中国电视艺术家协会，中国视协电视纪录片委员会	2010 · 1	
电视纪录片	《中国有个署立里》	李亚威	同上	全国十佳	同上	2010 · 4	
电视音乐MTV	《火塘 · 阿朵玛西》	李亚威	云南广播奖	一等奖	云南省政府	2010 · 12	
音乐 · 合唱	合唱	深圳音协合唱团(指挥 陈光辉)	第十届中国合唱节暨第二届星海国际合唱节比赛	混声组金奖第一名、男声组金奖	文化部	2010 · 1	
音乐 · 弦曲	《走山》	尹良(作曲)	第十五届全国“群星奖”	金奖	文化部	2010 · 3	
音乐 · 合唱	合唱	深圳音协合唱团	全国第十五届“群星奖”	“群星奖”	文化部	2010 · 6	
音乐 · 声乐	《永远的小平》	唐跃生(词)袁文莉(曲)陈光辉(指挥)	全国第十五届“群星奖”	“群星奖”	文化部	2010 · 6	
音乐 · 锯琴	《客乡集锦》	李元庆(演奏)	全国第十五届“群星奖”	优秀表演奖	文化部	2010 · 6	
美术	《荔园》	江汉城	广东省群文优秀美术作品展	二等奖	广东省文化厅	2010 · 11	
美术	《墨竹》	张家梁	广东省群文优秀美术作品展	优秀奖	广东省文化厅	2010 · 11	
美术	《晨》	李振飞	广东省群文优秀美术书法摄影作品展览	三等奖	广东省文化厅	2010 · 11	
舞蹈 · 群舞	《走山》	韩建东 王摸(编导)	第九届中国艺术节“群星奖”	“群星奖”	文化部	2010 · 5	
舞蹈 · 群舞	《快乐的建筑工》	莫梓材 肖酉玲 肖惠霞(编导)	全国第十五届“群星奖”	作品奖	文化部	2010 · 6	
舞蹈 · 少儿舞蹈	《鱼灯乖乖》	常虹等	全国第十五届“群星奖”	优秀展演奖	文化部	2010 · 6	

文艺门类	作品名称	作者名称	奖项名称	奖项等级	颁奖单位	颁奖时间	备 注
舞蹈·群舞	《围屋·女人》	王蓉等	全国第十五届“群星奖”	“群星奖”	文化部	2010·6	
舞蹈·群舞	《英雄无悔》	林健 黄雁飞(编导)	第七届中国舞蹈当代舞现代舞“荷花奖”比赛	“荷花奖”	中国舞协	2010·9	
舞蹈·群舞	《城中人》	韩鹏 陶莹莹(编导)	第七届中国舞蹈当代舞现代舞“荷花奖”比赛	“荷花奖”	中国舞协	2010·9	
杂技	《火之灵——技巧造型》	深圳市宝安区福永杂技艺术团	“文华奖”全国杂技(魔术)比赛	银奖	文化部	2010·12	
杂技	《火之灵——技巧造型》	深圳市宝安区福永杂技艺术团	“文华奖”全国杂技(魔术)比赛	创新奖	文化部	2010·12	
魔术	《扇韵》	深圳市辛宽魔幻杂技艺术团有限公司	“文华奖”全国杂技(魔术)比赛	金奖	文化部	2010·12	
魔术	《扇韵》	深圳市辛宽魔幻杂技艺术团有限公司	“文华奖”全国杂技(魔术)比赛	最佳道具奖	文化部	2010·12	
曲艺·天津快板	《打工轶事》	深圳市宝安区实验曲艺团刘延璐 张云晖 张瀚文 盛恩齐	第九届中国艺术节奖	优秀奖	文化部	2010·6	
曲艺	《快乐的打工妹》	王敬宇	全国第十五届“群星奖”	“群星奖”	文化部	2010·6	
摄影	《清洁家园》	廖俊鸿	2010年全国第23届摄影艺术展览	金奖	中国摄影家协会	2010·1	
摄影	《漂浮在头上的行李》	廖俊鸿	2010年全国第23届摄影艺术展览	优秀奖	中国摄影家协会	2010·1	
摄影	《江城民居》	孙成毅	中国·大埔“客家世界的香格里拉”全国摄影大展奖	优秀奖	中国摄影家协会	2010·4	

文艺门类	作品名称	作者名称	奖项名称	奖项等级	颁奖单位	颁奖时间	备 注
摄影	《陶瓷专来镇之三》	孙成毅	中国·大埔“客家世界的香格里拉”全国摄影大展奖	优秀奖	中国摄影家协会	2010·4	
摄影	《泉涌珍珠》	刘惠帆	2010年第23届全国影展奖	商业类银奖	中国摄影家协会	2010·8	
摄影	《光明》	杨伟民	2010年第23届全国影展奖	商业类银奖	中国摄影家协会	2010·8	
摄影	组照《深圳“农民工”》	钟国华	2010年第23届全国影展奖	纪实类优秀奖	中国摄影家协会	2010·8	
摄影	《杯中静影》	郑 义	2010年第23届全国影展奖	商业类优秀奖	中国摄影家协会	2010·8	
摄影	《白果猪肚粥》	刘惠帆	2010年第23届全国影展奖	商业类优秀奖	中国摄影家协会	2010·8	
摄影	《海珠啤酒之欢》	刘惠帆	2010年第23届全国影展奖	商业类优秀奖	中国摄影家协会	2010·8	
摄影	《比画》	谢建伟	2010年第23届全国影展奖	纪实类优秀奖	中国摄影家协会	2010·8	
摄影	《Simgways客厅》	陈军	2010年第23届全国影展奖	商业类优秀奖	中国摄影家协会	2010·8	
摄影	《戴珍珠的女孩》	贺建华	2010年第23届全国影展奖	商业类优秀奖	中国摄影家协会	2010·8	
摄影	《水趣之黑珍》	贺建华	2010年第23届全国影展奖	商业类优秀奖	中国摄影家协会	2010·8	
摄影	《钻石的灵感》	贺建华	2010年第23届全国影展奖	商业类优秀奖	中国摄影家协会	2010·8	
摄影	《北川废墟上的幸存者》	赵青	2010年第23届全国影展奖	优秀	中国摄影家协会	2010·8	
摄影	《建筑构成》	杨晓蔚	2010年第23届全国影展奖	优秀	中国摄影家协会	2010·8	
摄影	《打工梦》	张长江	2010年第23届全国影展奖	优秀	中国摄影家协会	2010·8	
摄影	《瑜伽姐妹》	魏玉明	2010年第23届全国影展奖	优秀	中国摄影家协会	2010·8	
摄影	《花落》	杨晓蔚	2010年第23届全国影展奖	优秀	中国摄影家协会	2010·8	
摄影	《镜像构成》	杨晓蔚	2010年第23届全国影展奖	优秀	中国摄影家协会	2010·8	
摄影	《心绿》	胡国庆	2010年第23届全国影展奖	银奖	中国摄影家协会	2010·8	

2010年深圳市文艺作品获国际常设权威文艺专业奖一览表

文艺门类	作品名称	作者名称	奖项名称	奖项等级	颁奖单位	颁奖时间	备注
戏剧·音乐	《云衫水袖》	林泳均 何青贤	第五届香港中华文化艺术节国际音乐艺术大赛	金奖	香港中华文化艺术节组织委员会等		
电视·纪录片	《寻找少校》	深圳市越众影视有限公司	2010西安国际民间影像节	最佳人气奖	中国广播电视协会	2010·1	
电影	《走路上学》	彭家煌	第12届平壤国际电影节最佳影片奖	最佳影片奖	平壤国际电影节	2010·9	
电影	《走路上学》	彭家煌	第二届万像国际华语电影节	最佳剧本奖	第二届万像国际华语电影节组委会	2010·10	
音乐·钢琴	演奏	古静丹	第十一届亚洲肖邦国际钢琴比赛	派遣组金奖	波兰肖邦协会和国际肖邦基金会	2010·1	五年一届
音乐·钢琴	演奏	潘 露	第35届意大利卡斯特费达多国际手风琴比赛	古典音乐青年组第二名	第35届意大利卡斯特费达多国际手风琴比赛组委会	2010·1	
音乐·钢琴	演奏	陈颖君	第四届中新国际音乐比赛 钢琴4组	公开组第一名	新加坡中新国际音乐比赛组委会	2010·2	
音乐·钢琴	演奏	陈颖君	第四届中新国际音乐比赛 钢琴4组	肖邦作品组第一名	新加坡中新国际音乐比赛组委会	2010·2	
音乐·钢琴	演奏	黄杞莹	第20届巴莱特国际青少年钢琴比赛	四手联弹A组第一名	第20届巴莱特国际青少年钢琴比赛组委会	2010·4	
音乐·钢琴	演奏	黄杞莹	第20届巴莱特国际青少年钢琴比赛	独奏B组第二名	第20届巴莱特国际青少年钢琴比赛组委会	2010·4	
音乐·钢琴	演奏	赵忻宜	第20届巴莱特国际青少年钢琴比赛	独奏D组第一名	第20届巴莱特国际青少年钢琴比赛组委会	2010·4	

文艺门类	作品名称	作者名称	奖项名称	奖项等级	颁奖单位	颁奖时间	备注
音乐·钢琴	演奏	许宁舒 赵忻宜	第20届巴莱特国际青少年钢琴比赛	四手联弹 C组第一名	第20届巴莱特国际青少年钢琴比赛组委会	2010·4	
音乐·钢琴	演奏	许宁舒	第20届巴莱特国际青少年钢琴比赛	独奏E组第一名	第20届巴莱特国际青少年钢琴比赛组委会	2010·4	
音乐·钢琴	演奏	许宁舒	第五届莫扎特国际钢琴比赛	高级组第二名及莫扎特最佳演奏奖	意大利斯里维斯音乐学院	2010·5	
音乐·钢琴	演奏	许宁舒	第五届莫扎特国际钢琴比赛	“Alfredo Casella”特别奖	意大利斯里维斯音乐学院	2010·5	
音乐·钢琴	演奏	刘晓龙	第十一届美国俄罗斯音乐国际钢琴比赛	少儿组第二名	第十一届美国俄罗斯音乐国际钢琴比赛组委会	2010·6	
音乐·声乐	演唱	蒋安琪	美国青少年国际音乐比赛	青少年组第四名	美国青少年国际音乐比赛组委会	2010·6	
音乐·声乐	演唱	蒋安琪	美国青少年国际音乐比赛	青少年组唯一最佳音色奖	美国青少年国际音乐比赛组委会	2010·6	
音乐·民乐	演奏	张斯彦	第三届美国世界杯中国民乐国际比赛	青年组铜奖	美国飞扬艺术团	2010·8	
音乐·钢琴	演奏	康　楠	2010维也纳国际钢琴比赛	A组第二名	2010维也纳国际钢琴比赛组委会	2010·8	第一名空缺
音乐·钢琴	演奏	黄泽宇	第十九届西班牙伊比萨国际钢琴比赛	少年组第三名	第十九届西班牙伊比萨国际钢琴比赛组委会	2010·9	
音乐·钢琴	演奏	黄英伦	第十九届西班牙伊比萨国际钢琴比赛	评委特别荣誉奖	第十九届西班牙伊比萨国际钢琴比赛组委会	2010·9	
音乐·合唱	合唱	深圳音协合唱团(指挥 陈光辉)	美国圣路易斯国家合唱节全场总冠军	总冠军	德国国际文化交流基金会	2010·11	

文艺门类	作品名称	作者名称	奖项名称	奖项等级	颁奖单位	颁奖时间	备注
音乐·合唱	合唱	深圳音协合唱团(指挥 陈光辉)	美国圣路易斯国家合唱节混声合唱A组(最高级别)金奖	冠军	德国国际文化交流基金会	2010·11	
音乐·合唱	合唱	深圳音协合唱团(指挥 陈光辉)	美国圣路易斯国家合唱节宗教S组	银奖第一名	德国国际文化交流基金会	2010·11	
音乐·合唱	合唱	深圳音协合唱团(指挥 陈光辉)	美国圣路易斯国家合唱节最受观众喜爱奖(唯一一支队伍)	最受观众喜爱奖	德国国际文化交流基金会	2010·11	
美术	智利国际展海报	周天涯	第七届智利比尼亚德尔马国际水彩双年展	第二名	智利比尼亚德尔马市府厅	2010·11	
舞蹈·芭蕾舞	表演	余晓彤	第38届瑞士洛桑国际芭蕾舞比赛15~16岁女子组	优秀表演奖	第38届瑞士洛桑国际芭蕾舞比赛组委会	2010·1	
舞蹈·芭蕾舞	表演	余晓彤 蓝志明	2010年纽约国际青少年芭蕾舞大赏赛15~19岁女子组	二等奖	2010年纽约国际青少年芭蕾舞大赏赛组委会	2010·3	
舞蹈·芭蕾舞	表演	余晓彤	韩国首尔芭蕾舞比赛	女子青年组三等奖	韩国首尔芭蕾舞比赛组委会	2010·3	文化部颁发《荣誉证书》
舞蹈·芭蕾舞	表演	刘烙斌	韩国首尔芭蕾舞比赛	男子青年组三等奖	韩国首尔芭蕾舞比赛组委会	2010·3	文化部颁发《荣誉证书》
舞蹈·现代舞	表演	吕程亮	2010第七届首尔国际舞蹈比赛	少年组(现代舞)第一名	首尔国际文化交流会	2010·7	
舞蹈·芭蕾舞	表演	梁咏琳	2010日本筑波国际芭蕾舞比赛	少年3组银奖	日本筑波国际芭蕾舞比赛组委会	2010·8	
杂技	《蹬人空竹》	深圳市宝安区福永杂技艺术团	法国“明日”国际杂技比赛	共和国总统奖(最高奖)	法国政府	2010·1	

2010年深圳市各级文艺家协(学)会会员统计表

会员类别 / 单位名称	国家级协会		省级协会			市级协(学)会 (含国家级、省级会员)	各区文联 (含国家、省、市、区级各协(学)会)
	会员	理事	会员	理事	副主席		
作家协会	89	1	245	22	1	967	
戏剧家协会	25		62			356	
影视家协会	58	9	52	7	4	176	
音乐家协会	76		266	14		728	
美术家协会	120	1	386	5	1	793	
舞蹈家协会	30		35	1		775	
民间文艺家协会	9	1	32			171	
书法家协会	73		211			638	
杂技家协会	15		15		2	95	
曲艺家协会	12		32			44	
文艺评论家协会			90	1		100	
摄影学会	137		197	1	1	748	
福田区文联	105		10			345	1860
罗湖区文联	92		288	6		449	950
南山区文联	23		118	4		246	975
盐田区文联	14		54			115	416
宝安区文联	42		46	5		126	1425
龙岗区文联	19		84	2		209	584
合计	939	12	2223	68	9	7081	6210

说明：(1)此表由市文联各协(学)会和各区文联统计。

(2)统计数字截止于2010年12月31日。

(3)市级协(学)会统计本协会国家、省、市级会员、理事、副主席人数；

各区文联统计本区文联国家、省、市级会员、理事、副主席及本区各协会会员人数。

2010
深圳市宣传文化系统
相关文艺单位
领导名录

2010深圳市宣传文化系统相关文艺单位·领导名录

一、市委宣传部、文艺处领导及各区区委宣传部长

(一)市委宣传部

市委常委、宣传部长：王京生
市委宣传部副部长：吴　忠　罗烈杰　刘章飙　苏会军　李瑞琦
市对外宣传办公室主任：陈金海
市网络管理办公室主任：钟海帆

(二)各区区委宣传部长

福田区区委常委、宣传部长：王　强
罗湖区区委常委、宣传部长：刘石磊
南山区区委常委、宣传部长：梁展鹏
盐田区区委常委、宣传部长：孙　静
宝安区区委常委、宣传部长：李　桦
龙岗区区委常委、宣传部长：熊国伟

(三)市委宣传部文艺处

处　长：钱　强
副处长：胡　滨
邮　编：518009
地　址：深圳市深南中路市委大院
电　话：82103503

二、市文联和相关单位及各区文联领导

(一)市文联领导

党组书记：罗烈杰
主　席：董小明
党组成员、专职副主席：杨宏海　谢君心　王廉运　姚　峰
党组成员：钱　强
兼职副主席：杨黎光　杨争光　彭名燕　其加达瓦　全燕荣　郑凯南　林树森　熊源伟
秘书长：谢君心(兼)

(二)市文联部、室、协(学)会及相关单位领导

纪委
书　记：马一超
电　话：25588774

办公室

主　任：顾焕金

副主任：江冠宇

电　话：25583894

组联(理论)部

部　长：石　钢

副部长：李　华　陈　静

电　话：25582490

协会工作部

部　长：林晓东

副部长：许仕晋(主持工作)

电　话：25934344

文艺创作室

主任：李亚威

电　话：25576307

深圳市作家协会

主　席：彭名燕

副主席：李兰妮　杨黎光　杨争光　吴启泰　苏曼华　斯英琦　南　翔　陈秉安　林晓东　郁　秀

秘书长：于爱成

电　话：25587295

深圳市戏剧家协会

主　席：从　容

副主席：冯刚毅　陈慧中　李绍琴　刘　强　王维斌　毕大松

秘书长：孙清河 梅玉文

电　话：25563059

深圳市舞蹈家协会

主　席：李建平

副主席：林树森　杨素贤　付　宇　谭晓洪　刘兴范　黄启成　宋庆吉　赵　艳

秘书长：杨素贤(兼)

电　话：25563011

深圳市美术家协会

主　席：骆文冠

副主席：于长江　史文集　齐凤阁　孙振华　张小纲　陈湘波　钟　曦　梁　宇　鲁　虹

秘书长：杨晓洋

电　话：25582489

深圳市音乐家协会

主　席：熊家源

副主席：赖房千　冷炳冰　刘所成　许仕晋　徐祖桦　聂　冰　陈光辉　华　敏

秘书长：赖房千

副秘书长：佘凤兰(主持工作)

电　话：25576306

深圳市书法家协会
主　席：陈钦硕
副主席：陈　浩　黄开稼　邹　坚　金　龙　王宪荣　童志雄　王道国
秘书长：陈　浩(兼)
电　话：25576305

深圳市影视家协会
主　席：郑凯南
副主席：李亚威　杨争光　李岚华　刘健民　李也平　申晓力　黄仁忠　吴予敏
秘书长：李亚威(兼)
电　话：25576312

深圳市民间文艺家协会
主　席：杨宏海
副主席：张　奇　杨耀林　郑钢坚　吴克顺　戴有斌　秦健如　邹永演　饶荣发
秘书长：于爱成
电　话：25577461

深圳市文艺评论家协会
主　席：章必功
副主席：侯　军　尹昌龙　陈继会　孙振华　李　华(主持工作)
秘书长：刘上江
电　话：25582490

深圳市杂技家协会
主　席：王敬宇
副主席：石　钢　茹仙古丽　左福龙　叶　茂
秘书长：石　钢(兼)
电　话：25934343

深圳市摄影学会
会　长：何煌友
驻会副会长：钟国华
副会长：全燕荣　赵连勤　苏伟明　周顺斌　孙成毅
邮　编：518052
地　址：深圳市罗湖区笋岗东路宝安广场A座17F
电　话：25161411　25161203

深圳市曲艺家协会
主　席：吴金富
副主席：荆林野　侯继宽　刘　昭　任世和　王立海　李　活
秘书长：林学斌
邮　编：518052
地　址：深圳市南山区新桃园酒店17楼
电　话：2665989

深圳市特区文学杂志社
总　编：宫瑞华
电　话：25892237

深圳市焦点杂志社
社　长：胡大林
副社长：曾培新
主　编：达　舒
邮　编：518032
地　址：深圳市深南大道7002号财富广场B栋5A
电　话：82872017

《深圳文艺通讯》编辑部
总　编：赵小燕
编　审：曾培新
电　话：25576302(传真)

《深圳文艺年鉴》编辑部
主任：赵小燕　曾培新
电话：25576302(传真)
说明：市文联各部、室、协(学)会及相关单位邮编、地址除注明者外，其他均为：518008、深圳市红岭中路1038号文联大楼

(三)各区文联领导
福田区文联
主　席：卜茂华
秘书长：边成军
邮　编：518048
地　址：深圳市福民路123号福田区委大楼2412号
电　话：82918421
传　真：82918502

罗湖区文联
主　席：郑钢坚
专职副主席兼秘书长：吴亚丁
邮　编：518007
地　址：深圳市文锦中路罗湖管理中心3楼303
电　话：25666442 (传真)

南山区文联
主　席：段　钢
专职副主席兼秘书长：张若雪
邮　编：518058
地　址：南山区前海路中段爱心大厦9楼
电　话：26542653 26569693
传　真：86077883

盐田区文联
主　席：蒋祖逸
秘书长：王玉祥
邮　编：518081
地　址：盐田区深盐路2086号盐田区文化中心523室
电　话：25227639

宝安区文联
主　席：戴有斌
专职副主席：李汉源
秘书长：易　贞
邮　编：518101
地　址：深圳市宝安区宝城创业一路区行政中心大楼302-310室
电话：29996505

龙岗区文联
主　席：张　奇
专职副主席兼秘书长：赖房千
邮　编：518172
地　址：深圳市龙岗区中心城海关大厦西13楼1325-1327室
电　话：28949586

三、市文体旅游局、相关文艺处和直属文艺单位及各区文化(体)局领导

(一)市文体旅游局
党组书记、局长：陈　威
党组成员、副局长：岳川江　易能全　柯刚明(兼大运会执行局专职副局长)　尹昌龙　乔　鸿　陈新亮(分管文化艺术口工作)　韩星元
副局长：杜　勤
邮　编：518035
地　址：深圳市福田区福中三路市民中心C区二楼
电　话：82002248

(二)相关文艺处
文艺处处长：梁　宇
副处长：张晋文　刘　冬
电　话：82107963

(三)直属文艺单位
关山月美术馆
馆长：陈湘波
副馆长：颜为昕
艺术总监：文祯非
邮　编：518026
地　址：深圳市福田区红荔路6026号
电　话：83063176

深圳美术馆
馆　长：宋玉明
副馆长：张燕方
艺术总监：鲁　虹
邮编：518021
地址：深圳市罗湖区爱国路东湖二街32号(东湖公园内)
电话：25406106

深圳画院
院　长：董小明
执行院长：徐　章
副院长：严善錞
邮　编：518029
地　址：深圳市罗湖区银湖路金湖一街36号
电　话：25931750

深圳市群众艺术馆
馆　长：刘兴范
副馆长：刘　勇 朱晓玲
邮　编：518028
地　址：福田区燕南路95号
电　话：83206668　83351377(传真)

深圳艺术学校
校　长：刘所成
副校长：刘继韬 黄启成
邮　编：518028
地　址：深圳市福田区百花二路16号
电　话：83265494 83207252　传真：83327461

深圳交响乐团
团　长：陈川松
副团长：聂　冰　王　鹤
团长助理：张 庆
艺术总监：克里斯蒂安・爱华德
邮　编：518021
地　址：深圳市罗湖区黄贝路2025号
办公室电话：25406013　2540114　25405183
传　真：25421747　25528394

深圳大剧院
总经理、支部书记：郑文霞
副总经理：李汉语　富　文
助理总经理：张国良
邮编：518001
地址：深南东路5018号北门三楼
电话：25906369

(四)各区文化(体)局

福田区文化局

局　长：赖莲凤

副局长：赵小轩　王云英(分管社文)

邮　编：518048

地　址：福田区政府大楼23楼2308室

办公室电话：82918600或82918333转2317

艺术科地址：福田区政府大楼23楼2310室

电　话：82918922或82918333转2318

罗湖区文化局

局　长：张远翔

副局长：邓晓薇(分管文艺) 苏芬　谢军　赖轶

邮　编：518007

地　址：深圳市文锦中路罗湖管理中心大厦1515室

文化科地址：深圳市文锦中路罗湖管理中心大厦12楼A2

电　话：25666393　传真：25662857

南山区文化局

局　长：姜广华

副局长：杨幼一(分管文艺) 周保民

邮　编：518052

地　址：深圳市南山区桃园路2号南山区委大楼A1818

电　话：26542482

文化艺术科地址：深圳市南山区桃园路2号南山区委大楼A1816

电　话：26562525

盐田区文化局

局　长：曾荫明

副局长：肖文红　李志利

邮　编：518081

地　址：盐田区行政中心大楼703B

电　话：25228017

宝安区文化局

局　长：吴少平

党委书记：高伟光

副局长：佟建华(分管文艺) 纪东萍　廖云山

邮　编：518101

地址：宝安区创业一路1号行政中心383室

办公室电话：29998983、29998895

艺术科地址：宝安区创业一路1号行政中心383室

艺术科电话：29998390、29998876

龙岗区文体局
局　长：李　睿
副局长：鞠晓晨(分管文化) 孙立斌　陈振良
邮　编：518172
地　址：龙岗区清林中路77号海关大厦11楼
人秘科电话：28948658　传真：28948958
文艺科电话：28948386

四、相关文化产业集团及下属文艺部门

(一)深圳报业集团

党组书记、社长：黄扬略
党组副书记、副社长、总编辑：宣柱锡
党组副书记、副社长、总经理：刘　明
党组成员、副总编辑：杨黎光　陈　寅　姜东南
党组成员、纪检组组长：李　丽
副总编辑：张兴文　侯　军　周　斌　李南玲　旷　昕
副总经理：董向玲　关　飞
邮　编：518009
地　址：深圳市福田区深南大道6008号
总编办电话：83518195　83518858　83902691(传真)

深圳经济特区报总编辑：陈　寅
深圳经济特区报副总编辑：张兴文　侯　军
深圳经济特区报文体新闻中心主任：梁二平
邮　编：518009
地　址：深圳市福田区深南大道6008号
电　话：83518273

深圳商报总编辑：姜东南
深圳商报副总编辑：周　斌 李南玲
深圳商报文体副刊中心主任：张　清
邮　编：518034
地　址：深圳市福田区商报路2号
文体副刊电话：83519704

深圳晚报总编辑：杨黎光
深圳晚报编委兼文体副刊中心主任、特稿部主任：郭红飞
邮　编：518034
地　址：深圳市福田区商报路2号
文体副刊电话：83519734

晶报总编辑：胡洪侠
晶报人文副刊部主任：丁为民
邮　编：518009
地　址：深圳市福田区深南大道6008号
人文副刊部电话：83518070

(二)深圳广电集团

党组书记、总裁：王茂亮
总编辑：陈君聪
总经理：张合运
党组副书记：刘焯铿　叶勇彪
副总编辑：陈志荣　刘　强　李静　呼　和　于德江　杜　图　李也平
副总经理：郑鼎文　郭　莉
总工程师：傅峰春
邮　编：518026
地　址：深圳市福田区鹏程一路1号广电大厦
电　话：88310300　传真：88310333
娱乐频道总监：夏　枫
音乐频率总监：夏　明

(三)华侨城集团

1.集团公司
总经理、党委副书记：任克雷
党委书记、副总经理：郑　凡
党委常委、副总经理：董亚平
党委副书记、纪委书记：苏　征
党委常委：刘平春　陈　剑　王晓雯　侯松容　吴斯远
邮　编：518053
地　址：深圳市南山区华侨城办公大楼
电　话：总机 26600248、办公室 26600929

2.何香凝美术馆
馆　长：任克雷
副馆长：陈　剑　栾　倩　乐正维
电　话：26922855

3.深圳歌舞团演艺有限公司
法人代表：姚　军
电　话：26608000

4.国际传媒演艺公司
总经理：林树森
电　话：26935444　26926688

(四)深圳雅昌(企业)集团有限公司

董事长兼总裁：万　捷
副董事长：何曼玲
副总裁：潘剑平
邮　编：518100
地　点：深圳市南山区西丽龙井方大城A区
电　话：83366138

(五)F518时尚创意园

董事长：钟伟鹏
文艺事务：熊　玮
地　址：深圳宝安中心区宝源路F518时尚创意园
邮　编：518102
电　话：27905555　29558303
传　真：29666000

(六)深圳国家动漫画产业基地

服务中心主任：蔡大明
综合办公室主任：彭泰敏
邮　编：518021
地　址：深圳市罗湖区怡景路2008号
电　话：25160060
传　真：25160066

五、深圳大学及下属文艺院、系

(一)学校领导

党委书记：江潭瑜
校　长：章必功
党委副书记、纪委书记：陶士平
党委副书记：陶一桃
副校长：阮双琛　邢　锋　李永华　杜宏彪　李凤亮
邮　编：518060
地　址：深圳市南山区南海大道3688号
校办电话：26536190

(二)分管文学院、艺术设计学院领导和两学院领导及师范学院艺术系领导

1.文学院
联系校领导：李凤亮
院　长：景海峰
党委书记：杨东林
副院长：相南翔　范晓燕
党委副书记：张剑滨
电　话：26535266

2.艺术设计学院
联系校领导：杜宏彪
院　长：吴　洪
副院长：李新华　邹　明
党委书记：蔡　强
党委副书记：何　军
电　话：26536283

3.师范学院艺术系
主　任：钟　曦
副主任：王维斌(影视戏剧表演专业负责人)　赵　艳(舞蹈专业负责人)　华　敏(音乐专业负责人)　王　婷(播音主持专业负责人)
电　话：26536309　传真：26534170